웨슬리신학의 근간교리와 그 변천

로버트 차일스 지음
조 종 남 옮김
서울신학대학교 웨슬리신학연구소 편저

신교횃불

웨슬리신학의 근간교리와 그 변천

2017년 12월 20일 초판 1쇄 발행

지은이 로버트 차일스
옮긴이 조종남
발행처 선교횃불
등록일 1999년 9월 21일 제54호
등록주소 서울시 송파구 백제고분로 27길 12(삼전동)
전　화 (02) 2203-2739
팩　스 (02) 2203-2738
이메일 ccm2you@gmail.com
홈페이지 www.ccm2u.com

■ 파본은 교환해 드립니다.
■ 이 출판물은 저작권법에 의해 보호 받는 저작물이므로 무단전재와 무단복제를 금합니다.

웨슬리신학의 근간교리와 그 변천

로버트 차일스 지음
조 종 남 옮김
서울신학대학교 웨슬리신학연구소 편저

| 차례 |

- 6 · 서문
- 8 · 역자의 글
- 12 · 서론

24 · 제1장 감리교의 신학적 유산
- 26 · 1. 교리적 표준
- 33 · 2. 기본적인 교리들
- 41 · 3. 본 연구에 관련된 신학자들

48 · 제2장 감리교의 신학 역사
- 51 · 1. 웨슬리로부터 왓슨까지, 1790~1840
  - 1) 신학의 학적인 설명과 토착교회의 성장
  - 2) 왓슨의 웨슬리안 정통성
- 67 · 2. 왓슨으로부터 마일리까지, 1840~1890
  - 1) 도덕적 수정과 신학의 조직화
  - 2) 마일리의 윤리적 알미니안주의
- 83 · 3. 마일리로부터 누드슨 까지, 1890~1935
  - 1) 문화적 영향과 자유주의화
  - 2) 누드슨의 인격적 관념론

100 · 제3장 하나님의 계시에서 이성으로
- 103 · 1. 웨슬리안의 성서적, 경험적 종교.
  - 1) 성서를 통한 하나님의 계시
  - 2) 경험과 이성
  - 3) 웨슬리의 신학 방법론
- 117 · 2. 왓슨의 성서의 권위에 대한 견해
  - 1) 하나님의 계시로서의 성서
  - 2) 하나님의 권위에 대한 증거
  - 3) 권위와 신학하는 방법
- 129 · 3. 마일리의 신학적 과학에 대한 견해
  - 1) 신학의 원천 (자료)
  - 2) 과학적 확실성
  - 3) 신학의 조직화
- 143 · 4. 누드슨의 신앙의 이성적 변호
  - 1) 종교와 신학
  - 2) 인식론과 신앙
  - 3) 형이상학과 인격주의
  - 4) 신학 방법과 권위

- 158 · **제4장 죄인에서 도덕적 인간으로**
- 161 · **1. 웨슬리가 본 죄인으로의 인간.**
  - 1) 아담과 원죄
  - 2) 원죄의 죄책과 부패
  - 3) 죄인인 인간
- 173 · **2. 왓슨의 타락한 인간의 상태에 대한 견해**
  - 1) 인간의 원래 상태와 타락
  - 2) 타락의 결과들
- 182 · **3. 마일리의 사람이 구원받아야 할 필요에 대한 견해**
  - 1) 원래의 사람과 타락
  - 2) 사람의 타고난 부패와 결점
  - 3) 죄의 정의
- 192 · **4. 누드슨의 구원의 전제 조건들에 대한 견해**
  - 1) 인간의 가치와 자유
  - 2) 인간의 고통과 죄

- 204 · **제5장 값없이 주시는 하나님의 은혜에서 자유 의지로**
- 208 · **1. 웨슬리안의 값없이 주시는 하나님의 은혜**
  - 1) 하나님의 대속의 은혜
  - 2) 선행적 은총
  - 3) 의롭게 하시는 은혜
  - 4) 성결케 하시는 은혜
- 227 · **2. 왓슨의 예수의 대속과 그의 혜택에 대한 견해**
  - 1) 모든 사람을 위한 그리스도의 대속
  - 2) 은혜와 자유
  - 3) 은혜로 인한 구원
- 238 · **3. 마일리의 구원에 있어서 하나님 하시는 일에 대한 견해**
  - 1) 그리스도의 대속
  - 2) 은혜로 인하여 생긴 동기
  - 3) 칭의와 중생
- 253 · **4. 누드슨의 그리스도와 구원에 대한 견해**
  - 1) 그리스도 안에 계신 하나님
  - 2) 형이상학적 자유와 하나님의 은혜
  - 3) 그리스도인의 삶

- 266 · **제6장 실제적인 적용을 위하여**
  - 269 · 1) 신학적 변천의 개요
  - 272 · 2) 변천의 연속
  - 276 · 3) 변천의 동력
  - 284 · 4) 변천의 불가피성
  - 297 · 5) 영원한 불변성

- 302 · **부록**   메소디스트의 신학 문헌들

| 서 문 |

　웨슬리 신학연구소는 성결교회의 신학적 토대인 웨슬리 신학을 발전시켜 인간의 구원과 세계 선교에 힘쓰려는 목적으로 서울신학대학교가 설립한 기관입니다. 본 신학연구소는 한국 교회가 당면한 문제들을 직시하면서, 18세기 영국교회와 사회를 누난의 위기에서 구원하고 갱신하였던 웨슬리 신학이 오늘의 현실에 하나의 대안을 제시할 수 있다고 확신합니다.

　그러나 유감스럽게도 한국에는 웨슬리와 그의 신학의 소개가 충분히 되고 있지 못합니다. 이에 서울신학대학교 웨슬리신학 연구소가 저명한 웨슬리신학 서적들을 번역하여 출판함으로서 한국 교회와 신학계에 공헌하고자 하는 바 입니다.

　이번에 번역된 저서는 우리 연구소의 웨슬리신학저서 출판사업의 두 번째 저서로 나오는 것입니다. 특히 이 차일리스(Robert E. Chiles)의 책은 1790년에서 1935년 사이에 있어서, 웨슬리신학의 근간 교리가 미국 감리교회에서 어떠한 과정을 거치면서 어떻게 변천되어 왔는가를 상세히 고찰한 책입니다. 저자가 지적하는 대로, 웨슬리의 후예들이 근대주의(Modernism)의 정신으로, 무엇인가 새롭게 그리고 당대의 사상과 사람의 기대에 어울리도록 신학을 전개하려는 동기 내지는 유혹에서 귀중한 유산을 변질시키는 과오를 범한 것입니다. 또한 이는 당시의 신학자들이 웨슬리가 신학을 전개하는 그 건설적인 방법을 충분히 이해 못했기 때문입니다. 이는 오늘의 신학도들에게 귀중한 교훈을 주고 있습니다. 그러면서 저자는 본래의 웨슬리에게로 돌아갈 것을 호소하고 있습니다. 대단히 귀중한 책입니다.

이글을 번역하신 분은 오랫동안 웨슬리신학을 교수하시며, 이 책을 웨슬리신학 세미나의 교재로 쓰시던, 조종남 박사입니다. 그래서 이 번역은 더 힘이 있는 것 같습니다.

이 기회에, 이 책이 빛을 보도록 도와주신 최헌 목사님과 은광 교회에 깊은 감사를 표합니다. 아무쪼록 본 연구소의 웨슬리신학 저서 출판 사업을 통하여 한국교회와 신학계에 갱신운동이 불같이 일어나기를 간구합니다.

본서는 군산의 은광(성결)교회 성도들의 헌신으로 이루어졌습니다.

2017년 12월 10일
황덕형
(신학박사, 웨슬리신학 연구소 소장, 서울 신학대학교 부총장)

| 역자의 글 |

이 책의 원저서, *Theological Transition in Americana Methodism*는 1790년에서 1935년 사이에 있어서의 미국감리교회에서의 웨슬리안 신학의 변천의 과정을 다룬 책입니다. 저자 차일스(Robert E. Chiles) 박사는 목회자로서, 그의 석사논문에서도 웨슬리 신학에 대하여 썼는데, 이 책은 그가 미국의 유니온 신학교에서 쓴 박사학위 논문을 정리한 것입니다.

저자는 이 책에서 웨슬리가 강조하던 웨슬리안 신학(주요 교리)이 미국에 건너와서 거의 반세기를 지나는 동안에 어떻게 변천되었는가를 역사적으로 다룸에 있어서, 왜 그렇게 되었는가하는 그 원인과 과정을 깊은 통찰력을 가지고 다루었습니다.

저자가 잘 지적하고 있듯이 18세기 영국에서 일어난 웨슬리 운동은 그들의 예배양식, 활동이나 또는 그 운동의 결과 등에서 그 특징을 말할 수도 있겠지만 진정한 특징은 그의 신학에 있었습니다.

웨슬리 신학운동은 모든 인류를 사랑하시는 하나님의 사랑과 은총에 대한 감격에서 시작하여 하나님의 은혜가 인류의 모든 문제를 해결하신다는 확신에서 앞으로 다가올 하나님의 진노에서 벗어나기를 원하는 사람들 모두를 환영하며 전도하며 온 땅에 성결의 복음을 외치는 교회 갱신 운동이었습니다.

웨슬리는 그의 선교에서 하나님의 사랑, 모든 인류에게 값없이 주시는 하나님의 은혜를 강조했습니다. 동시에 그는 인간의 죄를 지적하면서 회개를 강조했습니다. 인간은 죄인인 까닭에 하나님의 은혜가 아니고서는 선한 것은 아무것도 할 수 없을 뿐 아니라 구원을 기대할 수가 없기 때문이었습니다. 이런 강조는 이성의 추리에서가 아니라 하나님의 계시에서 오는 진리였습니다. 여기에 저자는 웨슬리 신학의 근간은 하나님의 계시, 인간의 죄, 그리고 값없이 주시는 하나님의 은혜로 요약된다고 보았습니다.

웨슬리의 신학은 이런 상황에서 전개된 것이기 때문에 그의 신학은 논리적인 추리나, 추상적인 것이 아니고 역동적(dynamic)인 것으로서, 설교(전도)와 듣는 자(신앙생활)에서 적응점을 찾는 것이었습니다. 와인크버가 지적하였듯이 이런 면에서 웨슬리 신학은 종교개혁자들의 정통신학을 활성화시킨 것입니다.

그러므로 웨슬리안 신학은 그의 뜨거운 정신과 전도 그리고 훈련(discipline)과 분리시켜 접근하면 정당한 이해를 할 수 없습니다. 따라서 웨슬리 신학의 특징은 그 내용을 말하기 전에 그 접근방법에 대한 통찰이 더 긴요합니다.

이런 신학이 웨슬리 사후에 감리교 신학자들에게 전수되면서 그들은 학문의 대상으로 다루고 개진하게 된 것입니다. 학문적으로 다루기에 논리적으로 정리하려 하며 증명하려고 했습니다. 이때에 설교, 곧 인격적 관계에서 역동적으로 접근되었던 그의 신학은 추상화될 뿐 아니라, 그 시대의 사상과 상황에 무의식적으로 적응되어 웨슬리의 입장과는 다른 신학으로 변질된 것을 저자는 예리하게 지적하고 있습니다. 그 예로서, 계시를 강조한 웨슬리 신학이 감리교에서 이성을 더 강조하는 것으로 점진적으로 변천되었으며, 인간의 자유를 주장하다 보니 웨슬리가 이해하였던 죄인 곧 인간의 전적 타락은 점진적으로 부인되고, 도덕적 인간 곧 인간의 자유를 주장하는 감리교 신학으로 변천된 것입니다. 이렇게 되면서, 자연히 웨슬리가 강조했던 "은총만이요(sola Gratia)"의 대 전제가 흔들리게 되고 만 것입니다.

저자는 이 책에서 미국 감리교회에서 몇 세대를 거치면서 이런 변천이 이루어진 것을 잘 다루고 있습니다. 이를 다룸에 있어 저자는 방대한 자료들을 참작하였고, 그를 각주에 소개하며 여러 가지 설명을 첨가했습니다. 각주 내용이 너무 방대하여, 번역에 있어서는 일부를 생략했습니다.

저자는 그의 마지막 장에서, 교회에서 웨슬리 신학이 그런 변천이 이루어지게 된 원인이 웨슬리의 특징적 신학 접근 방법을 떠난 데서 기인된 것을 잘 지적하며, 오늘의 감리교 신학이 웨슬리 신학이 가지고 있는 그 역동적 신학으로 돌아갈 것을 호소하고 있습니다.

그러므로 이 책은 웨슬리안 신학의 변천을 소개할 뿐 아니라 신학하는 방법론에 대한 깊은 통찰력을 보이고 있습니다. 그래서 역자는 이 책을 웨슬리 신학 세미나의 교재로 사용하여 왔습니다. 이런 면에서 이 책은 신학 하는 학도들에게 큰 도움을 줄 것입니다.

　마지막으로 이 책을 번역함에 있어 도움을 준 미국 아즈베리신학교의 교수 킹혼(Ken Kinghorn) 박사와 원고정리를 도와준 양주혜 전도사, 그리고 이 번역 프로젝트를 총괄하는 황덕형 교수에게 감사의 뜻을 표합니다.

2017년 12월

역자 조 종 남

| 서론 |

감리교 신학의 역사는 초창기의 웨슬리 신학으로부터 신학적 변절의 세계로 타락한 이야기일까? 최근 정통성에 관심을 가진 세대의 사람들은 그렇게 생각하기가 쉽다. 이로 인해 그들은 감리교 신학의 역사를 해석함에 있어서 자신의 우월한 신학적 지혜를 펼쳐 보이고 싶은 유혹을 받기도 하고, 때로는 분개하여 심란하고 조소적인 언어를 사용하면서 반대하기도 하였다.

나는 이 연구에서 직접적으로 이러한 유혹들을 경험했다. 그러나 해를 거듭하면서 몇 가지 이유들로 그런 유혹들은 매력을 잃어갔다. 이들 이유들 가운데 중요한 이유는, 이와 같이 감정에 의해 유발된 논쟁들은 청중을 계몽하기보다는 청중을 실질로 소외시킨 것이다.

또 다른 이유들이 있다. 내가 신학적 변천 속에 함축된 역사적 정신적 과정들이 복잡한 것을 좀 더 잘 식별할 수 있게 된 것이다. 웨슬리 부흥운동과 같은 신학적 활력의 시대로부터 이탈되는 일이 무의식 중에 이루어졌다는 것을 믿게 될 것이다. 고의적인 왜곡이나 계획적인 유기로 인한 신학적 진리의 상실은 비교적 드물다. 이 신학적 진리의 상실이 의도적인 왜곡이나 포기 때문에 생기는 일은 매우 드물다. 또한 신학적 진리의 상실이 지적 무지나 영적 옹고집 때문에 일어나는 것도 아니다. 실상은, 신학자가 자기 시대에 적합한 언어를 구사하여 자신들의 영적 전통의 영향을 향상시키려는 것 때문에 그런 신학적 진리의 상실이 늘 일어나는 것이다. 각 세대마다 진지하게 신학에 대한 변증적 임무를 지닌 사람들이 있었다는 것은 칭찬할 만한 일이다. 그러나 과학과 철학의 새로운 세계에서 신학의 타당성(relevance)과 그 존경받을 만한 지위(respectability)를 견지하기 위해 애쓰면서, 신학자는 자신의 길을 잃을 수도 있다. 그의 신학은 변질되어 하나님이 구원하시기를 원하는 이 세상에 하나님의 말씀을 단호히 선포할 수 있는 능력을 상실하게 된다. 이렇게 되면 그리스도를 문화에 굴복하게 만드는 것이 된다.

변화하는 세계 속에서 영원한 믿음에 대한 타당성을 획득하고자 하는 의도가 신학을 포로의 신세(theological captivity)로 만드는 원인이었다는 것을 알게 될 때, 나는 지금 비평적 우월성을 견지한다는 것이 참으로 어설픈 것임을 알게 되었다.

내가 점차적으로 신학적 변천에 대한 중요성을 인식하게 하는데 또 다른 요소가 있다. 그것은 사실상 부흥의 위대한 시기가 구습과 곤경으로부터 인간을 해방시키며, 새로운 요구와 가능성으로 열어주어 인간의 삶을 실질로 갱신시킨다는 전제에서 나온 것이다. 부흥운동은 그리스도인에게 새로운 자유를 가져다준다. 이러한 새로운 양상은 너무 좋아서 비현실적으로 느껴지지만, 너무 좋아서 놓칠 수 없다. 이와 같은 위협적인 가능성에 직면할 때 인간의 자유는 어떤 외부적인 지지를 찾으려는 부담을 느끼게 된다. 어쩌면 그는 경전이나 도덕적 격언, 혹은 삶에 대한 합리적인 견해들로부터 이러한 지지를 찾을지 모른다.

그때 그는 자신의 잘못 둔 신뢰가 그의 전통에서 말하는 본래의 믿음을 왜곡한다는 사실을 알면서도 자신의 새로운 것을 고수한다. 그러기에 이것을 포기한다는 것은 정말로 기대할 수 없다. 자유와 유한함이 함께 어우러져 흐르는 조류 위에 떠 있는 삶은 때때로 사납고 위험하다. 그런 의미에서 피난처를 찾으려 애썼던 사람들에게 동정이 간다.

역사를 살펴볼 때, 보다 용이하고 안전한 곳에 안주하려는 자유의 흐름을 정지시키는 일을 한 증거는 아주 모호하다. 각 시대마다 종교의 몰락과정을 우려하면서 그들 조상들의 믿음을 회복하려고 애쓰는 사람들이 있었다. 그러나 두려워하며 자유로부터 멀어지는 경향은 자유를 보다 안전하게 만드는 일로만 저지될 수 있으며, 이 일은 인간이 생산하고 통제할 수 있는 힘을 초월하는 하나님의 도움이 있어야 한다. 참으로, 종교의 부패를 막지 못하고, 종교적 부흥을 일으키지 못하는 인간의 무능력은 간접적으로 하나님이 주권자이심을 증언하는 것이다. 또한 인간이 하나님께 철저히 의존하고 있다는 사실은 인간이 자신의 전통의 쇠퇴를 인정하기를 주저하고 있다는 것을 의미하는 것이 될 수 있다. 그 전통을 갱신할 수 있는 힘이 자신의 지배하에 있지 않는데 어떻게 그가 그리 인정할 수 있겠는가?

그리하여 나는 신학적 전통에는 어떤 타협들이 있을 수밖에 없다는 것, 또한 우리들이 알고 있는 어떤 강력하고 우주적인 영적 동력들(dynamics)이 불가피하게 연관된다는 것을 알게 되었다. 그런 까닭에 내가 보기에는, 신학적 변천에 대한 연구는 오만한 자세에서 벗어나 동정적인 이해를 가지고 해야 잘 될 것으로 생각한다. 신학적 변천이, 일시적 적응을 위하여 고귀한 목적을 전환함에 있어 또는 하나님의 선한 선물들을 보유하는데 대한 불안 속에서, 그리고 필연성과 보편성에서, 다루어지다 보니 어떤 것들이 빠지곤 하는 것이다. 그러나 이런 일은 신학자가 함께 관여하는 가운데서 생기는 실패이다. 그러므로 신학자는 자신의 사랑을 지키라는 충고를 받고 있다.

그렇다고 해서 농성석인 이해의 마음가짐으로 연구한다는 것이 이미 발생된 신학적 변화나 또는 중요하지 않다고 생각하는 것들에 대한 확신을 비판적으로 연구하는 일을 부정하는 것은 아니다. 진리를 간과함으로 해서 얻어지는 것은 아무것도 없다. 비록 이해할만 하지만, 진실을 알고 싶어 하지 않는 것은 갱신의 길에 있어 첫 커다란 걸림돌이 될 수 있다. 그러므로 나는 미국 감리교에서 일어난 수정(modifications)을 지적함에 있어서, 그리고 그것들을 웨슬리 신학과 대조시킴에 있어, 솔직하게 다루었으며 변명적인 태도를 취하지 않았다. 관용의 마음으로 오래 주저함으로 그 관용이 진리를 모호하게 만드는 경우가 있기 때문이다.

정직하게 더 시인하겠다. 나는 웨슬리의 후계자들에 의해 만들어진 신학보다는 웨슬리 자신의 신학을 보다 좋게 여긴다. 이제 나는 내가 과거에 한 때 생각했던 것보다도 지금은 더 많이 웨슬리의 후계자들을 이해하고 존경하고, 그들의 노력에 감사한다. 그리고 그들의 변증적 논쟁점(apologetic purposes)의 중요성도 인정한다. 그러나 여전히 나는 웨슬리의 신학을 좋게 여기기 때문에 그들의 신학을 포기한다. 그 이유는 아주 간단하다. 나는 웨슬리의 신학이 그들의 신학보다, 더 견고하고 확실하게 하나님과 인간의 실재에 대해 가르치고 있다고 느끼기 때문이다.

그렇게 말한다고 해서 웨슬리의 신학이 오래 전의 것이며 또 그 안에 미해결된 문제들이 있다는 것을 부인하는 것은 아니다. 웨슬리는 신학을 전개함에 있어 그 시대에 일어나고 있는 과학적, 철학적 정세들을 언제나 참작하지는 못했다. 그 신학은 죄책, 자유 의지, 확신, 그리고 성화 등에 대한 설명에 있어 다소 불확실한 면을 후대에 남겼다. 그러므로 그런 약점들을 참작할 때, 웨슬리의 후계자들에게 웨슬리 신학과의 일치를 인위적으로 시도하라고 강요하는 것은 유감스러우며 잘못된 일이다.

그렇게 하는 것은 애석할 뿐 아니라 무익한 일이다. 나아가 나는 가장 굳게 지키고 있는 신념이 하나 있다. 나는 신학은 인간의 전(全)존재(total being)를 다루는 정신적 활동이라고 믿는다. 신학은 보다 깊고 심오한 종교적 실재에 대한 합리적 표현이다. 신학은 어느 정도 우리가 경험한 종교적 실재를 설명하고 확인해 주는 것이 사실이지만, 보다 중요한 것은 신학은 그 신앙체험에 의존하여 생겼으며, 그 신학이 그 실체에 대한 설명을 제공한다는 사실이다. 그릇된 신학이 삶을 매우 위협하게 타락시킨다는 가정을 내가 계속 주장하기는 힘들다. 실은, 훨씬 복잡하고 불가사의한 상황에서, 삶에 대한 흐릿하고도 독단적인 태도가 그릇된 신학을 만들어내는 것이다. 만일 이러한 생각들이 옳다면, 자신도 잘 모르는 하나의 종교적 성향을 신학체계를 형성하는 데 이용할 수 없다는 것이 명백해지는 것 같다. 정통으로 돌아온 사도들이 이러한 일을 때때로 발견하고 놀랐다.

이런 신학의 파생작인 성격에 대한 믿음이 있으니, 다음과 같은 것(implication)을 말하게 된다. 첫째, 신학의 정통성의 타협이라는 것은 지적인 이유 때문이 아니라 구속적 실재(redemptive reality)의 고갈을 가져올 경향이 있기 때문에 심각하다. 이는 단지 신학적인 주상의 타당성이나, 신학자의 적합성의 문제가 아니라, 인간 삶의 본질(quality)에 관한 문제이다. 둘째, 신학이 깊은 실재를 본질적으로 반영한다는 신념은, 신학자가 매우 제한적이지만 역사에 영향을 끼치거나, 갱신의 횃불을 일으키고 쇠퇴의 물결을 억제하는 힘을 가지고 있다는 것을 의미한다.

신학자의 일은 부분적이며 제한된 것이며 일시적인 것이다. 그러므로 신학자는 그의 신학적 작업에 있어서 조심해야 한다. 우리의 이성이 우리를 구원하지 않는다면, 신학도 우리를 구원하지 않는다.

내가 주장하는 것은 신약성경과 전통적 기독교가 말하는 진리, 곧 인간은 은혜로 인하여 믿음으로만 의롭게 된다는 진리이다. 우리가 웨슬리와 그의 후계자들의 신학을 연구함에 있어서도 이와 같은 생각이 지배적이어야 한다.

나는 이런 기본적인 확신을 가지고 연구를 했다. 나의 연구와 나의 삶 사이에는 친밀할 관계가 있다. 이 연구는 나와는 분리할 수 없는 명백한 역사를 가지고 있기 때문이다. 내 삶의 역사는 3대째 5명의 감리교 목사를 배출한 집안의 감리교 목사관에서 시작했다. 따라서 감리교회가 나의 삶뿐 아니라, 사고방식에도 내가 알고 있던 것 이상으로 영향을 주었다.

내가 가렛(Garret) 신학교에서 공부할 때, 공부 중반기 쯤 되어 감리교(Methodism) 연구라는 과목을 수강하면서 웨슬리 신학을 접했다. 그 때 나는 웨슬리 신학에 매료되었다. 나의 이러한 관심 때문에, 열성적인 친구와 함께 신학에 관한 웨슬리의 글들을 폭 넓게 연구하였다. 그 결과 신학에 관한 웨슬리의 글들을 수집하였다. 그 후, 이 자료들을 기초하여, 「웨슬리 신학 개요」(*A Compend of Wesley's Theology*)라는 책을 출판하는 기쁨을 누렸다. 내가 웨슬리의 사상을 배우면 배울수록 웨슬리 신학과 내가 아는 감리교 신학의 차이는 더욱 큰 것을 발견했다. 나는 그 이유를 찾고자 했다. 웨슬리의 시대와 나의 시대 사이에 무엇이 일어난 것일까? 이리하여 박사과정에서 연구논문 제목을 선택할 때 의심할 여지없이 웨슬리 신학에 대한 연구를 택했다.

이러한 기초적 질문에 답하기 위한 간헐적인 조사가 12년 이상 걸렸다. 많은 사람들로부터 나는 매우 귀중한 도움을 받았다. 특별히 이러한 관심을 고무시켜준 가렛신학교의 교수님들과 이 책이 완성되기까지 연구를 지도해준 유니온신학교와 콜롬비아대학교의 교수님들에게 감사한다. 아울러 토론과 조사를 통해 웨슬리 연구에 있어서 많은 도움을 준 나의 동료들에게 진심으로 감사를 드린다. 끝으로, 교역자 연회와 웨슬리 학회 모임, 평신도 신학반과 세미나 과정에 참여한 사람들의 나의 글에 대한 논평들이 이 책의 내용을 확실하게 향상시켜 주었다.

이 연구를 전개하면서 중요한 개정이 필요하게 되었다. 두 교리들(속죄와 기독교 완전)은 부속적인 것으로 취급했고, 웨슬리의 네 번째 후계자(쉘던)를 주요 인물들의 목록에서 빼버렸다. 그리고 보다 예리한 관점에서의 신학적 변천을 기술하기 위해, 모호한 역사적 순서를 따라 저술하기보다는 체계적인 순서를 따라 저술하였다. 따라서 이 책에서 보는 대로, 나의 질문에 내답을 쓰는 형식으로 저술하였다.

독자는 임의로 기대하지 않기 위해 몇 가지를 미리 알아야 한다.

첫째, 이 책은 기독교 사상사에 대한 연구보다는 조직신학적인 면에서의 연구이다. 이 책의 부록에 기재된 문헌을 봐서 알겠지만, 이 두 가지 연구는 모두 필요한 것이며, 최근에 들어 주목을 받고 있다. 그러나 이 책에서 특별한 관심을 갖는 것은 미국 감리교에서의 신학적 발전에 대한 작품들의 연대기(chronology)에 있는 것이 아니라 교리적 변화를 체계적으로 비교하는 데 있다. 비록 이 책에서 언급한 역사의 요점(outline)이 깊이 있고 광범위한 것이라 주장할 수는 없으나, 교리적 분석을 위한 배경으로서 그리고 다른 자료들이 부족한 상황에서는 유용한 것이 될 수 있을 것이다.

둘째, 미국 역사에 있어 어떤 문화적이고 지적인 영향이 어떤 중요한 교리들을 형성하는 데 도움을 주었다고 시사되기는 하지만, 주요 관심은 무엇(what)이 일어났는가에 있다. 어떻게(how) 또는 왜(why)에 있는 것이 아니다. 우리가 이미 일어난 일들에 대한 설명 때문에 제기되는 까다롭고 미심 찍은 과제들에 관심을 쏟기에 앞서서, 무슨 일이 일어났는가에 대한 폭 넓은 묘사의 합의를 도출하는 것이 옳을 것이다. 감리교의 전통을 밝히기 위하여 연구한 많은 책들을 참고문헌에 열거하였다. 이 책들은 미국 개신교 안에서의 신학적 변천을 소개하며 설명하고 있다. 아마도 교리 발전에 대한 명백한 묘사는, 오늘의 감리교로 하여금, 교리적 발전이 이전의 전통을 상습적으로 무시해 온 일을 논박함으로써, 주체성에 대한 보다 분명한 견해를 갖도록 하는 일에 어느 정도 도움이 될 수 있을 것이다.

셋째, 이번 연구를 위하여 세 명의 주요학자들을 택하였는데, 그렇다고 이 세 분이 감리교 신학의 발전에 직접적으로 그리고 결정적인 영향을 끼쳤다고 가정하거나 주장하는 것은 아니다. 그러한 영향을 끼친 사람은 과거에도 있었으며 또한 앞으로도 종종 나타날 것이다. 그러나 나는 왓슨(Watson)과 마일리(Miley), 누드슨(Knudson)을 대표적인 인물들로 선별하였다. 그리고 이러한 영향의 기준에서 이차적으로 추적할 수 있는 사람들이 있다. [아마도 버틀러(Butler)가 있고, 더 중요한 사람으로 웨돈(whedon)과 보우네(Bowne)를 들 수 있다.] 또한 여러 학자들 간의 관계들도 언급하였으며, 그 외 중요한 감리교 신학자들에 의하여 논의된 것들도 종종 언급하되, 특히 각주에서 설명하였다.

넷째, 여기에서 하나의 규범처럼 제시된 웨슬리 신학에 대한 설명을 보고, 이 책에서 채택한 각 견해에 대하여 포괄적인 설명을 원하는 사람들과 또 채택된 입장들에 대한 공평한 논평을 원하는 사람들은 실망할 것이다. 지면의 한계와 연구의 성격상 전자에 대한 포괄적인 설명은 불가능하다. 그리고 요구하는 후자에 대한 논평은 나의 학문적 입장에서 거절하였다. 여기에서 웨슬리의 신학은 본질적으로 그리고 뚜렷한 프로테스탄트(protestant)이다. 웨슬리 신학은 종교개혁파와 전통적 기독교를 계승하였다. 그것은 단순히 복음적 알미니안주의나 진정한 영국 국교회주의도 아니다. 이러한 신념들은, 소수의 주장일지는 모르나, 그렇지 않을 수도 있다고 말하는 자들과의 논쟁을 반복하여 왔지만 아직까지 연명하고 있다. 그러나 이런 신념들이 뻔뻔스럽게 독단한 것이 아니기를 바란다. 또는 반론을 좋아하기에 무턱대고 왜곡한 신념이 아니기를 바란다. 정직하게 말해서, 내가 웨슬리 신학을 이해하고 설명하는 데는 내 자신의 삶과 목회경험이 중요한 영향을 끼쳤다.

거듭 말하지만 이 연구에서 다루는 문제들은 개인에게뿐 아니라, 감리교 신학도와 목회자, 그리고 평신도에게도 시기적절한 것이요, 중요한 것임이 틀림없다. 나는 우리가 함께 공유하고 있는 관심사항이 각 시대의 교회를 위해 제일 먼저 필요한 것이 무엇인가에 대한 인식을 반영하고 있다고 믿는다. 웨슬리 신학은 생명력이 있다. 그러나 웨슬리안 신학자들이 가끔 그 신학의 처음 생명력을 손상시켰다. 이에 그 처음 생명력이 있었던 때에서의 승리의 자랑스러운 기억과 그를 손상시켰던 아픈 기억을 회복해야 한다. 나는 이러한 회복에 기여하고자 이 책을 바친다. 사람을 구원하고 교회를 갱신하는 것은 지식이 아니라 믿음이라는 것을 나는 충분히 알고 있다.

1. 교리적 표준

2. 기본적인 교리들

3. 본 연구에 관련된 신학자들

제1장
감리교의 신학적 유산

제1장
감리교의 신학적 유산

요한 웨슬리는 하나님께서 메소디스트(methodist)라고 불리는 사람들을 선택하셔서, 특별한 사역(witness)을 하셨다는 그의 확신을 종종 기록하고 있다. 그는 6개 되는 소책자에서 그런 사역을 한 사람들이 어떤 뜻을 지닌 사람들인가를 설명하고 있다.[1] 그 사람들(곧 메소디스트)은 다가오는 진노를 피하길 원하는 죄인들을 위한 안식처가 되려는 사람들이었다. 그들은 18세기에 생겨난, 신약성서가 말하는 친교의 회원들이 되고자 하는 사람들이었다. 그들은 특별한 의견이나 예배 양식에 의해서가 아니라 모든 필요를 충만히 충족시키는 하나님의 은총을 확신함에 있어 구별되고자 했다. 그들은 온 땅에 성서적 성결(Scriptural holiness)을 퍼트리기 위해 부름 받은 자들이었다. 웨슬리가 역사에 끼친 중요한 공헌은 기독교의 개정(revision)이 아니라 기독교의 갱신(renewal)이었다.

50년 이상을 복음적 부흥운동을 위해 수고한 웨슬리는 초기의 복음전도에 대한 뜨거운 열정을 저지하려는 타협들에 직면했었다. 알다

---

1) 이들 소논문은 *The Works of the Rev. John Wesley*, A. M., ed. Thomas Jackson, in Vol. Ⅷ 에 있다. "The Principles of a Methodist," 359-74; "The Character of a Methodist," 339-46; "A Plain Account of the People Called Methodist," 248-68; "A Short History of Methodism," 347-50; and "Advice to the People Called Methodist." 351-58.

시피, 그는 자신의 후계자들에게 처음의 열심에 견고히 머물러 있기를 권고했다. 그는 기록하기를 "나는 메소디스트라고 불리는 사람들이 유럽이나 아메리카에서 사라지는 것을 두려워하지 않는다. 그러나 나는 그들이 단지 능력 없는 종교의 형태만을 가진 죽은 단체로 남아 있지 않을까 염려한다. 그들이 처음에 지녔던 그 교리와 그 정신, 그리고 그 훈련을 다 같이 견고히 붙들지 않는다면, 그들은 틀림없이 그렇게 될 것이다."라고 했다. 그는 이 유산에 충실한 감리교가 개신교 안에 영원히 남아있을 것이라고 믿었다. 그래서 그는 그렇게 열심히 노력했다. 그리고 말하기를, "해와 달이 계속 지속하는 것과 같이 [메소디스트]가 그런 굳건한 근거 위에 서 있게 하기 위해 계속해서 믿음으로 걸어가고 선행으로 그들의 믿음을 보여준다면 그렇게 될 것이다. 그렇지 못할 바에는 그들에 대한 기억이 이 땅에서 말살되기를 나는 하나님께 기도한다."[2]라고 했다.

수년에 걸쳐 몇 번이고 웨슬리는 동일한 어법으로 역사적 신앙을 표현했다. 동시에 그의 말들은 감리교 공동체의 가치 있는 신학적 유산이 되었다. 요컨대, 본서의 목적은 이 유산의 본질적인 면들을 검토하고 이것을 이어받은 후대의 미국인들이 어떻게 그것을 받아들이고 표현했는가를 살펴보는 데 있다. 특별히 메소디스트들이 이 기초 위에서 어떻게 그 전통적 요소들을 보존했으며, 또 어떻게 과도기적으

---

2) 첫 번째의 잘 알려진 인용문은 "Thoughts Upon Methodism," published in the Arminian Magazine in 1787, quoted in Luke Tyerman, *The Life and Times of the Rev. John Wesley*, M. A., Ⅲ, 558에서 인용했다. 두 번째 인용문은 "Thoughts Upon Some Late Occurrences," Works, ⅩⅢ, 250에서 인용했다.

로 적응했는가를 주목해 보고자 한다.

1. 교리적 표준(Doctrinal Standards)

신학이 웨슬리의 궁극적 관심이 아닐지라도, 그는 신학이 그리스도인의 생활과는 무관한 것이거나 임의적인 것으로 여기지 않았다. 여러 세기동안 근대의 감리교는 자신들을 늘 실제적이며 전도하는 것에만 강조하면서 "신학적인 것에는 별로 관심이 없다"(non theological)고 만족스럽게 말해 왔다. 그런 태도가 흔히 웨슬리 자신은 신학에 대하여는 무관심했다고 보게 만들었다. 그러나 많은 교회들이 자신들의 신학 정통의 근원에 대한 신학적 관심을 재개함으로 인하여 감리교회도 영향을 받았다. 특히 셀(George Croft Cell)이 1935년에 「요한 웨슬리의 재발견」(*The Rediscovery of John Wesley*)이라는 책을 출판함으로 감리교회도 그런 신학적 관심을 드러냈다. 그러한 태도는 그 후 주목할 만큼 쇠퇴되었다. 그러나 지금은 학자들 간에 웨슬리는 신학적으로 박식하였으며, 메소디스트 운동을 위한 건전한 터전을 유지하려고 매우 힘썼다는 사실을 논박하는 경향은 거의 없다. 비록 그의 관용의 정신(Catholic Spirit)과 그가 기독교의 체험적인 면을 강조한 것 때문에 후기 감리교가 신학의 역할이 별로 중요하지 않는 것으로 여기는 경향이 있었지만, 지금은 그렇게 생각하는 것이 웨슬리의 의도와 그의 활동에 대한 바른 평가가 아니라

는 것이 널리 인식되어졌다.³

웨슬리가 신학의 중요성을 강조하였다는 것을 뒷받침하는 문건들이 많이 있지만, 특별히 두 가지 점을 언급하고자 한다. 즉 그가 메소디스트의 교리적 표준을 설정하였다는 것과 그가 신학을 언급할 때 "중요한 기독교의 교리들"(grand, fundamental doctrines)과 "단순한 의견"(mere opinions)을 구분하여 설명한 것에서 그가 신학의 중요성을 강조하였다는 것이 잘 나타나고 있다.

1763년에 웨슬리는 하나의 표준증서(Model Deed)를 작성했다. 이 표준증서는 메소디스트 채플의 강단에서는 "웨슬리의 「신약성서 주해」(Notes Upon the New Testament)와 4권으로 된 「표준설교집」(Sermons)에 담겨있는 교리와 반대되는 다른 교리는 설교할 수 없다고 규정하고 있다.⁴ 이렇게 매소디스트는 합법적인 교리적 표준이 제정되었고, 영국 감리교회는 이를 1932년의 연합증서(The Deed of Union)에서 이를 재확인한 후 현재까지 사용하고 있다.

독립전쟁 이후 미국에서 메소디스트들이 불가불 독립교회를 형성하게 되었다. 그 때에 웨슬리는 미국에 있는 교역자들에게 서한을 보내어 다음과 같이 당부했다. "여러분 모두는 4권의 표준설교집과 신약성서 주해, 그리고 회의록(The Large Minutes of the Conference)

---

3) S. Paul Schilling은 이 논쟁의 양측 입장을 조사했다. 그의 책, *Methodism and Society in Theological Perspective*, VOI. Ⅲ *of Methodism and Society*, 23-43을 보라.; 또한 Umphrey Lee의 essay "Freedom from Rigid Creed," in Methodism, ed. William K. Anderson, 128-38. 그리고 Colin Williams, *John Wesley's Theology Today*, 13-22를 보라.
4) *The Journal of the Rev. John Wesley*, A. M., ed. Nehemiah Curnock, VIII, 335-41; 영국감리교에서의 증서(the Deed)와 그것의 위치는 Henny Carter의 책, *The Methodist Heritage*, pp. 236f.에서 논의되고 있다.

에 있는 메소디스트의 교리와 규율에 머무르도록 다짐하십시오."[5] 웨슬리는 또한 그가 영국 국교회의 39개 신앙개조를 일부 축소하여 24개조로 된 신앙개조(Articles of Religion)를 주일예배 예식서(Sunday Service)와 영국 국교회의 기도서(Book of Common Prayer)에 있는 몇 가지 규정들과 함께 미국으로 보냈다. 그리고 1784년에 있은 크리스마스 연회(Christmas Conference)에서, 그 신앙개조에 미국의 통치자에 관한 조항 하나를 첨가하여, 25개조의 신앙개조를 채택하여, 이를 미국 감리교회는 교리적 기초로 삼았다. 또한 웨슬리가 제정한 그 외 교리적 표준(doctrinal standards)도 받아들였다.

미국의 감리교회는 1808년의 총회(General Conference)에서 이런 교리적 표준들을 더 중요하게 여겨, 이에 헌법의 지위를 부여하였다. 그곳에서 채택된 첫 번째 "제한규정"은 규정하기를 "총회는 우리의 신앙개조를 폐지하거나 변경 혹은 바꾸지 못할 것이며, 현재 가지고 있는 확정된 교리적 표준에 반대되는 어떠한 새로운 교리적 표준이나 규정도 세울 수 없다."고 하였다. 이는 회칙(the General Rules) 가운데, 유일한 규정으로서, 이것을 수정하기 위해서는 연례 연회(the annual conference)에서 4분의 3 이상의 찬성을 요한다고 규정하였

---

5) *The Letters of the Rev. John Wesley*, A. M., ed. John Telford, v11, 191, "To the Preachers in America," October 3, 1783. Norman W. Spellmann은 "크리스마스 연회"에 대해 밝히는 논의에서 교리와 예식 그리고 예배의식에 대해 취해야 할 행동을 기술하고 있다-*The History of American Methodism*, ed. Emory S. Bucke, Ⅰ, 213-23. 이것들이 형성된 해(years)와 그 사건에 대한 유용한 설명은 다음의 글에서 찾을 수 있다.: Wade Crawford Barclay의 *History of Expansion*; Paul S. Sanders의 "An Appraisal of John Wesley's Sacramentalism in the Evolution of Early American Methodism," unpublished Ph. D. dissertation, Union, 1954, 187-234, 338-89; William Warren Sweet의 *Methodism in American History*, chaps.Ⅰ-Ⅹ, 그리고 *Religion on the American Frontier*, 1783-1840, V01. Ⅳ, The Methodists.

다. 사실, 이 첫 번째 규정은 결코 지금까지 수정된 적이 없고, 지금은 규율 제9항에 변함없이 남아있다. 저명한 학자들의 말에 의하면, 이 제한규정에서 언급된 교리적 표준이 바로 25개 신앙개조, 웨슬리의 표준설교, 신약성서 주해라는 것이다. 이 사실은 역사적으로 증명될 수 있다. "이것들은 (웨슬리에 의하여) 교육자나 평신도 모두가 '확정된 교리적 표준'에 반대되는 것을 가르치는 것을 금하였을 때에 만들어진 것이다(단락 944, 962, 969)."[6]

그러나 미국의 감리교회가 이들 교리적 표준을 따랐다고 보거나 또는 그렇게 할 의무를 느껴왔다고 단정할 수는 없다. 처음부터 감리교에서는 웨슬리안 유산에 머물러 있는 것을 교회의 신학적 근거를 삼으려는 사람들과 현재의 종교적 삶의 신학적 표현에서 신학적 근거를 찾으려는 사람들 사이에서의 논쟁이 계속되어 왔다. 감리교가 에큐메니칼 운동과의 관계에 대한 관심이 커지면서 이 논쟁은 더 심해졌다. 에큐메니칼 토론에 참여하고 있는 일부 메소디스트들은 웨슬리안 유산을 다시 찾아 인정하는 것이 매우 중요하다고 느끼는가 하면,

---

6) John Deschner의 *Wesley's Christology*, 9, 13; 또한 Franz Hildebrandt의 "Is Methodist Emphasis Rooted in the New Testament?" *London Quarterly and Holborn Review*, 28(1959), 232를 보라. 이와 같은 상황에서 이 글은 1784년과 1808년 사이에 *The Doctrines and Discipline of the Methodist Episcopal Church*의 다른 판들이 주로 웨슬리에 의해서 6권의 교리적 소책자로 출판되었다고 한다. 이후 그들은 상당한 자리(space)를 차지하였고, 순전히 실천적인 이유 때문에 신도예규(Discipline)에서 빠지게 되었으며, 1812년부터 나누어서 출판되었다. 그러나 이것은 1832년까지는 독자적으로 나오지 못했다. 1808년 이후 교리는 메소디스트 신도예규에 포함되어 있긴 했으나 거의 자리를 차지하지 못했었다. 최근 판에 남아있는 모든 것은 "25개 교리신조"에 대한 진술이다. Schilling의 *Methodism and Society in Theological Perspective*, 28f., 그리고 John L. Peters, *Christian Perfection and American Methodism*, 98을 보라. 자체의 제한규정을 따라 미국 감리교의 헌법을 채택한 1808년의 총회에 대한 논의를 살펴보기 위해서는 Frederick A. Norwood의 *The History of American Methodism*, I, 474-80을 보라.

다른 메소디스트들은 웨슬리안 표준들을 다시 일으키려는 시도를 맹렬히 비난하며, 그들은 "감리교회의 실체(reality)는 요한 웨슬리가 아니며 또한 그와 관련되어 지켜온 전통 위에 있는 것도 아니라, 오늘의 주님(Lord)을 섬기기 위해 실제로 예배하고, 살아가며, 노력하는 감리교회라야 한다고 주장하였다."[7] 이 논쟁을 미리 판단하려는 것은 아니지만, 우리는 20세기 미국의 감리교는 역사적으로 그리고 이론상으로 아직도 구속력을 지니고 있는 그 본래의 교리적 유산을 보전하려는 것보다는, 오늘의 문제들과 과제들에 보다 더 관심을 가지고 왔다고 말하는 것이 공평할 것이다. 여하튼간에 감리교 신학의 변천에 대한 본 연구가 이 논쟁에서 쟁점이 되고 있는 문제들에 대한 증거를 제공할 수 있다면 그것으로 가치 있는 일이다. 여기서 미리 결론을 논의하거나 해결책을 제시하지는 않겠다.

그러므로 변화들을 정의함에 있어서 무엇이 발생했는가를 명확히 보여주기 위해서는 웨슬리의 견해들을 표준으로 받아들여야 할 것이다. 그래서 우리가 본 연구에서 3장(章)에 걸쳐 하나님의 계시, 죄, 그리고 은총에 대하여 다룰 것인데, 각 장은 각각 웨슬리의 입장에 대한 요약을 소개함으로 시작할 것이다. 그리고 웨슬리 후에 있은 발전들을 조사해 나가는 데 있어 계속하여 웨슬리의 입장과 대조하며 참고하여 나갈 것이다. 그러나 이렇게 하여 확인된 변천에 대하여 비평적 평가를 하는 것은 또 하나의 다른 작업이다. 그 의미와 결과들에 대하

---

7) Harold Bosley의 *A review of Religion in Life*, 29(1960), 616; Colin William의 *John Wesley's Theology Today*를 보라.

여 몇 가지 제안은 이 책의 결론 장에서 할 것이다. 그러나 그런 것들에 대하여 무엇을 해야 할 일이 있다면, 그것은 웨슬리안 유산의 상속자들이 직면해야 할 중요한 과제이다.

2. 기본적인 교리들(Fundamental Doctrines)

풍자적으로 묘사한 메소디스트의 초상은 뜨거운 가슴과 펼쳐진 손을 가진 사람으로 보일 것이다. 그렇다고 몇 가지 기본적인 것이 없다는 것은 아니다. 웨슬리는 "(언급할 만한 가치가 없는 단순하고 하찮은) 의견들"에 대해서는 싸우지 않았다. 그리고 그는 할 수 있는 모든 것을 다하여 자기와 의견을 달리하는 자들과 공통점을 찾으려고 하였다. 이것이 그의 전형적인 모습이었다. 그는 자신이 늘 주장하는 보편적 형제애와 관용정신을 충실하게 구체적으로 나타내며 살아왔다. 그리고 그는 구원하시는 하나님과의 만남의 실재 자체가 그것에 대한 어떤 신학적 설명보다 훨씬 더 중요하다는 견해를 언제나 분명히 가지고 있었다. 동시에 그는 "모든 의견들에 대한 무관심"(곧 아무 교리에도 관심이 없는 태도)에 대하여는 "지옥의 자식"에게 하듯이 거부하였다. 그리고 참된 관용의 정신을 가진 사람은 "중요한 기독교 교리들에 대한 판단은 태양이 고정하고 있듯이 분명한" 사람이라고 주장하였다.[8]

---

8) Letters, VI, 61; 또한 *Wesley's Standard Sermons*, ed. Edward H. Sugden, II, 143.

그는, 늘 일관되게 또는 분명하지는 않았지만, "의견"과 "중요한 기독교의 교리들"을 구분한다. 기독인의 신앙과 예배 형식, 그리고 정치(polity)의 차이점들을 귀히 여기지만, 그것들이 기독교의 근본에 타격을 주지 아니한다고 그는 인정하였다. 이런 문제에 관하여는 "우리는 이렇게 생각하고 저들은 그렇게 생각하라(We think and let think)"고 하자고 하였다. 그러나 어떤 특별한 교리적 해석들이 기독교의 실체를 위태롭게 하거나 부인하는 것처럼 보일 때에는 그는 즉시 그것들을 수정하였다.[9] 한 곳에서, 그는 중요한 성서적 교리는 바로 원죄, 이신득의, 성결의 3대 교리라고 말하고 있다. 그리고 다른 곳에서는 "우리들의 주요 교리(Our main doctrines)"는 회개, 믿음, 성결이라고 말하고 있으며, 또 다른 곳에서는 "중요한 교리는 … 신생과 이신득의"이라고 말하고 있다. 이 문제에 대해 콜린 윌리암스(Collin Williams)는 조심스럽게 자신의 견해로서, 그는 웨슬리가 본질적인 교리라고 여러 가지 이름으로 주장한 것들을 종합해 보면, 웨슬리의 본질적 교리는 원죄, 그리스도의 신성, 속죄, 이신득의, 성령의 사역(신생과 성결), 그리고 삼위일체의 교리들이라고 하였다.[10]

웨슬리는 어떤 중요한 교리들을 강조하고 그렇게 중요하지 않은 의견(more peripheral opinions)에 대해서는 관용을 베푸는 것을 강조했을 뿐 아니라, 감리교가 기본적으로 "특이한 것들(singularities)", "새롭게 도입한 것들" 혹은 "별난 의견들"로 설립되었다는 것은 아니

---

9) Works, VIII, 341.
10) Letters, IV, 146; II, 268; V, 224f.; 그리고 Williams의 *John Wesley's Theology Today*, pp. 16f.

라도 강하게 주장했다. 사실은 그는 감리교야말로 영국 교회와, 종교 개혁, 그리고 신약성서의 신앙의 참된 표현이라고 했다. 이 믿음은 너무도 오랫동안 잊혀왔기에, 그 믿음이 되살아날 때는, 그것이, 마치 새로운 것인 양, 항상 의심하고 반대하였다.[11]

대체로 이러한 반대의 비난은 감리교회가 확신과 기독자 완전을 강조하는 것을 반대하는 데서 왔다. 그러나 종종, 이러한 비난들은 18세기의 사람들이 하나님의 은총이 사람의 삶과 역사 속에서 계속 효과적으로 역사하실 수 있다는 것을 인식하지 못한 것을 반영하는 것이다.

그러면 웨슬리안 신학을 비평적으로 살펴보는 데 있어 이 "중요한 기독교 교리" 가운데 어떤 교리가 중심적인 교리일까? 비록 기독교역사에서는 웨슬리와 메소디스트들은 성령의 증거와 성결의 삶을 강조하는 것으로 많이 알려져 있지만, 메소디스트의 본질이 이 세 가지 교리에 걸려 있다는 것은 잘 모른다.[12] 어쩌면 이 교리들은 그 자체가 다른 중요한 교리들에 존속되어 있어 다른 교리들의 생기의 썰물처럼

---

11) Letters, Ⅱ, 49; Ⅳ, 131; Ⅲ, 291.
12) 이 점에 대해 John Deschner는 *A Handbook of Christian Theology*, eds. M. Halverson and A. A. Cohen. (New York: Living Age Books, 1958), 232이하에 실린 그의 논문, "메소디즘"에서 몇 가지 수긍이 가는 말을 하고 있다: "이 나라에 있는 메소디즘(Methodism)은 웨슬리안 가슴(heart)을 가지고 있으나, 머리(head)는 미국 머리를 가지고 있다. 감리교의 특징적인 강조점들은 웨슬리의 설교의 핵심인 '가슴의 종교'와 '도덕적 갱신'이다. 이들 중심이 되는 강조점들을 강화하려는 일이 견고하지 못하며 계속되지 못하고 밖으로부터의 자극과 영향에 개방되는 경향이 있었다. 부분적이지만 이러한 상황이 감리교회가 신학을 체험에 예속시키는 데 이르렀다. … 보다 깊은 차원에서 이러한 메소디스트의 신학적 절충주의는 메소디즘이 교회로서가 아니라 영국국교회주의 내(內)에서의 하나의 운동으로 태어났다는 사실을 증언하는 것이다. 또한 이것은 웨슬리안의 핵심이 몇 번이고 '메소디스트의 교리'를 넘어서 퍼지기를 바라며, 또한 우선적으로 웨슬리가 강조하는 성서적 계시와의 연결을 새롭게 하며, 또한 영국국교회주의를 통해서 에큐메니칼 신학적 전통과의 접촉을 새롭게 하고자 함을 나타내는 것이다.

보일지 모른다. 여기서, 웨슬리가 "중요한 기독교 교리"들을 말할 때에는 그는 마음속에 습관적으로 보다 본질적이며 공통된 기독교의 실체 곧 세 가지 교리를 생각하고 있었다고 생각된다. 이 세 가지 교리가 바로, 우리가 깊은 연구를 위하여 선정한, 하나님의 계시, 죄 그리고 은혜에 관한 교리이다.

신학은 각개의 교리는 전체교리(the whole body of doctrine)를 전제로 하고 또한 그와 연관되어 있다는 의미에서 단일적(unitary)이면서도 또한 순환적(circular)인 성격을 가지고 있다. 그러므로 하나의 교리를 다른 교리들과 분리해서 연구한다는 것은 궁극적으로 불가능하다. 그러나 신학적 관심에서 볼 때, 몇몇 교리는 다른 교리보다 더 중요하다. 그래서 이 중요한 교리들은 한 신학적 입장의 참 취지와 또한 그 교리들이 변경되는 것이 얼마나 심각한가를 보다 분명하게 속히 드러낸다. 필시 계시, 죄, 그리고 은총의 교리가, 모든 신학에서는 아닐지라도, 웨슬리안 신학에 있어서는 이러한 결정적인 특성을 갖고 있다.[13]

넓은 시야에서 볼 때, 계시의 교리는 조직신학을 정밀하게 구성하고 전개함에 있어 그의 기초가 된다. 여러 교리들의 전개 그리고 전체적인 체계를 설명함에 있어, 신학의 출발점과 사용하는 자료들과 신학에서의 궁극적 권위는 중요한 역할을 한다. 따라서 이 부분을 간과

---

13) David C. Shipley는 "Methodist Arminianism in the The Theology of John Fletcher," unpublished Ph. D. dissertation, Yale, 1942에서 똑같이 세 개의 영역, 즉 신학적 방법, 인간론, 그리고 구원론에 초점을 모으고 있다. 여기에서 전제된 "신학적 범주"(theological circle)는 Paul Tillich의 *Systematic Theology*에서 잘 다듬어지고 있다.

하게 되면 신학적 흐름의 가장 중요한 길잡이 하나를 놓쳐버리게 되는 것이다.

웨슬리안 신학에 있어 몇 가지 본질적인 교리가 이 계시론에 연루되어 있다. 웨슬리의 세계에서 볼 때, 이신론(deism)은 하나님의 구원하시는 자기계시를 인정하지 않았다. 그리고 기독교 구원의 드라마를 미심쩍고 역행하는 것처럼 만들었다. 웨슬리의 사역은 하나님이 주권자(sovereign Lord)시요, 은혜로운 아버지로서 세상 가운데서 결정적인 역사를 하시는 분이라는 것을 보여줌으로써, 이런 경향을 뒤집는 결과를 가져왔다. 이는 복음적 신앙체험을 인정하는 여지를 만들었다. 그런 신앙 체험을 단순한 광신이라고 무시해 버릴 수 없게 되었다. 또한 믿음의 생활이 냉랭한 이성의 지시에 의해서 조종될 수 있다는 것을 부인하게 하였다. 계시에 대한 갱신된 개방성(openness)이 또한 성서를 하나님의 계시의 창고요, 계시의 매체로 회복시켰고 또한 그리 회복되는 일을 촉진하였다.

마침내, 이는 성령, 확신, 그리고 영의 증거에 대한 교리들을 감리교의 독자적인 훌륭한 교리로 표현케 하였다. 웨슬리의 후계자들이 갖고 있었던 이러한 관심들이 이 연구에 있어서 중요한 한 부분을 차지한다.[14]

죄에 대한 교리는 또한 신학적인 유사점과 그 변화들을 추적하는 데 있어서 중요하다. 이 교리는 수정이 불가피한 다른 교리적 강조점

---

14) 확신의 교리와 성령의 증거, 그리고 열매에 대해서는 간단히 고찰하고자 한다. 이를 위해서는 Lycurgus M. Starkey의 Jr., *The Work of the Holy Spirit: A Study in Wesleyan Theology*, 그리고 Arthur S. Yates의 *The Doctrine of Assurance*를 보라.

들과 중요한 관계를 지속해 왔다. 감리교 신학에 있어서 죄의 교리는 특별히 신학적 환경의 변화에 민감하였다. 왜냐하면 선재 은총의 보편적 영향을 강조하는 웨슬리안 신학에 인간의 부패와 무력함에 대한 어거스틴-칼빈주의자의 이해가 결합되었기 때문이다. 인간에 대한 견해는 이렇게 죄와 은총이 변증법적으로 복합되어 있는 까닭에, 감리교는 은총을 강조함으로 죄의 벌을 감추려고 하는 유혹과, 게다가 바로 은총에 속하는 재능을 인간에게 돌리려는 성급한 유혹들을 끊임없이 물리쳐야만 했다. 여기서 어느 한쪽으로 치우치게 되면 하나님 앞에 선 인간의 모습은 근본적으로 다른 모습이 되고 만다. 웨슬리의 죄의 교리는 분명하지 않다. 그의 죄와 은총의 관계를 설명하는 방법이 불충분하다. 그러므로 우리의 두 번째 중요한 관심은 죄의 교리를 다루게 될 것이다. 웨슬리 후계자들이 그 동안 해석해 온 것을 평가하기 위해서 우리는 죄의 부패성의 본성과 죄책의 근거, 그리고 이 두 가지가 어떻게 대대로 전달되었는가를 조사하게 될 것이다.

세 번째로 다룰 교리는 은총의 교리이다. 웨슬리는 "하나님의 전적인 역사"(the entire work of God)라는 말을 사용하는데, 이는 하나님의 은혜가 전반적으로 역사하는 것과 단독으로 역사하는 두 가지 개념을 지적하는 것이다.[15] 첫째로, 이는 은총의 포괄적 성격 곧 모두가 하나님의 역사라고 말하는 것인데 이것이 감리교가 특별히 강조하는 것이다. 이것은 웨슬리가 선행적 은총을 말하며 기독자 완전을 말

---

15) Sermons, II, 444-60; Henry Cartes는 웨슬리 신학에 대한 공정한 해석의 열쇠로서 바로 이 구절을 사용한다. *The Methodist Heritage*, 162-87.

하는 데서 현저하게 나타난다. 선행적 은총은 구원받기 전에 사람의 삶에 미치는 은총을 말하며, 기독자 완전은 구원을 성취케 하는 은혜를 말한다. 이들 두 교리는 인간의 삶 속에서 하나님의 역사를 제한하는 것에 대하여 웨슬리가 일관되게 반대한 것을 반영한다.

구원에 앞서 우리에게 주어지는 선재은총의 결정적 역할은 인간이 하나님께로 돌아서기 전에 하나님이 먼저 인간을 찾으신다는 웨슬리의 확신을 나타낸다. 이러한 보편적 은총을 통해서 웨슬리는 전적으로 구원을 이루시는 하나님의 주도권과 인간의 응답을 연결시킨다.

그러므로 구원은 전적으로 하나님이 하시는 일이지만, 사람의 참여 없이는 이루어지지 않는 것이다. 이런 면에서 웨슬리안 신학이 기독교에서의 신학적 대화에서 말할 장조적 어휘(word)를 갖고 있다고 할 것이다.

기독자의 완전(perfection)을 이루게 하는 은총의 능력은 "하나님의 온전한 역사"의 급진적인 관념을 나타내는 것이다. 웨슬리의 "은총의 낙관주의"는 메소디스트가 계속해서 완전을 주장하여 나가고자 하는 데서 확실하게 구체적으로 나타난다.[16] 성화(sanctification)와 완전에 대한 이러한 강조는 개신교 가운데서 감리교가 홀로 독자적으로 주장하는 것이다. 그러나 여기에서는 단지 간략하게만 다루려고 한다. 미국 감리교의 역사에서의 기독자 완전의 위치에 대하여서는 이미 존 피터스(John Peters)가 상세하게 다루었다. 그의 책은 감

---

16) Gordon Rupp의 *Principalities and Power*, 77ff. 그는 메소디스트 신학에 대한 한편의 유용한 소논문을 가지고 있다. 이 논문에서는 "은총의 낙관주의"와 "본성의 비관론"을 시사적으로 대조하고 있으며, 웨슬리의 주요 유산은 은총의 충만함에 대한 그의 개념에서 찾을 수 있다고 주장한다.

리교의 신학세계에서의 중요한 부분을 시정하는 데 도움이 되었다.[17] 그의 조사가 보여주는 바와 같이 기독자 완전의 교리는 그것만으로도 하나의 충분한 주제가 될 수 있다. 그러므로 지면을 절약하기 위해서 이 교리는 더 이상 다루지 않으려고 한다. 그렇게 하는 최종적인 이유는 은총의 교리에 있어 우리가 다루어야 할 보다 중요한 것들이 있다고 생각되기 때문이다.

은총의 교리는 또 다른 중요한 면을 갖고 있다. 역사적으로나 조직적으로 웨슬리안 신학이 말하는 "하나님의 전적인 역사"는 구원이 오직 은총에 의한(by grace alone) 것이라고 주장하는 것이다. 구원은 하나님 오로지 하나님이 하시는 사역이다. 웨슬리에 있어서는 은총의 포괄적인 특성도 중요하지만, 은총이 단독으로 역사하신다는 배타적인(exclusive) 작용은 더 중요하다. 힐데브란트(Franz Hildebrand)가 말했듯이, 오직 은총만으로(sola gratia)를 강조하는 웨슬리안 신학은 "종교개혁의 부흥"을 의미한다.[18] 웨슬리안 부흥운동의 역동성은 하나의 특유한 신학적 주제에서가 아니라, 바로 이 '은총만으로'라

---

17) Peters의 포괄적인 연구에 덧붙여, Edward M. Fortney는 그의 "The Litterateur of the History of Methodism," *Religion in Life*, 24(1955), 443-51에서 1946년과 1950년 사이에 완성된 기독자 완전에 대한 다음의 5편의 발표되지 않은 교리적 연구들을 기록하고 있다. Robert B. Clark(Temple, 1946); George A Turner(Harvard, 1946); Orrin A. Manibold(Boston, 1946); Claude Thompson(Drew, 1949), James Coggin(Southwestern Baptist, 1950). 끝의 세 편은 미국의 감리교가 기독자 완전에 대해서 뚜렷한 주의를 기울이고 있음을 보여주고 있다. Timothy L. Smith 또한 이 분야에 대한 권위 있는 기술을 하고 있다.; "The Holiness Crusade," in *The History of American Methodism*, II, 608-27, 그리고 *Revivalism and Social Reborn in Mid Nineteenth-Century America*, 114-47을 보라.

18) *From Luther to Wesley*, 110-57. 웨슬리안 신학과 종교개혁 신학의 본질적인 일치성에 대한 더 많은 확인된 기록을 찾기 위해서는 Shipley, Williams, Deschnerr가 쓴 책을 보고 또한 George Croft Cell의 *The Rediscovery of John Wesley*을 보라.

는 것을 역사적으로 재긍정하고 있다는 데서 발견되어야 한다. 해를 거듭하면서 그들의 논증적이며 변증적인 관심으로 인해 메소디스트는 종종 그리스도인의 진실에 관심을 가지며, 종종 메소디스트의 "특색"(peculiarities)을 많이 주장해 왔다. 혹은 웨슬리의 교리를 윤리적으로 적용하는데 몰두하여, 그들은 구원이 선한 삶을 가능케 한다는 사실을 잊고 있었다. 그러나 어느 쪽으로 가든, 메소디스트들은 위험한 모험을 시작한 것이었다.

감리교 신학이 모두가 하나님의 은혜라고 주장하는 것을 경시하거나 무시하는 양 해석하는 일도 있음을 조심스럽게, 그리고 싫지만, 인정한다. 그러나 아마도 보다 중요한 것은 감리교가 주요한 강조점을 개신교나 전통적 기독교와 함께 공유할 수 있다는 것을 알아야 한다. 그러므로 은총관을 다룸에 있어서 구원은 오직 은혜에 의하여 믿음으로 받는다는 분명한 사실에 신중하게 초점을 맞추었다. 특히 은총관의 연구는 하나님의 은혜와 인간의 죄가 만나는 접점(point)에 집중할 것이다. 여기에서 감리교가 웨슬리의 깊은 통찰력에 충실함을 드러내야 한다.

3. "연구 과정"에 관련된 신학자들(Theologians in the "Course of Study")

웨슬리에서부터 시작하여 1935년까지 계속되는 감리교의 신학적 문헌은 실로 방대하다.

신학적 변천이 어떤 경향으로 변해 왔는가를 알아보며, 또한 중요한 신학적 표현이 연속적으로 달라지는 면을 찾아 조사하기 위해, 이 연구와 관련된 몇몇 대표적인 신학자들을 선택하였다. 이러한 방법에 의하여, 쉽고도 명료하게 "중요 기독교교리"의 발전을 추적하고 그것들을 웨슬리안의 표준과 비교해 보게 될 것이다. 이 연구를 1935년까지만 하기로 한 것은 앞으로의 전망을 위한 필요와, 보다 중요하게는, 그 때에, 정통신학에 대한 새로운 관심이 일어났고 동시에 웨슬리안 신학에 대한 재평가가 일어나는 조짐이 있었기 때문이다.

이 문헌들이 150년간의 길고도 다채로운 기간에 걸쳐 메소디스트들에 의해서 만들어졌지만, 그 문헌들은 감리교 내(內)에서조차 충분히 알려지지 않았고 연구되지 않았다. 따라서 미국의 역사에서 대표적인 감리교 신학자들이 누구인지를 일반은 몰랐다. 그리고 누구라는 데 일치한 의견도 없었다. 학생이 대표적인 신학자들을 찾아 알아내려 하면 두 가지 측면에서 도움을 받아야 하고 또한 확인해야 했다. 가장 중요한 신학자들—특히 19세기에서의 중요한 신학자들을 알아내는 데 도움을 준 것은 "연회의 연구과정"(the Conference Course of Study)이었다. 두 번째 도움이 되는 자료는 때때로 감리교 신학사(神學史)에서 조사하여 내놓은 자료들이었다.

1816년도의 감리교 총회는 정식 신학교육을 받지 못한 전도자들을 위해 "연구과정(Course of Study)"을 정식으로 인가하였다. 교역자가 될 후보생들은 지정된 교재들로 공부하였으며 그것으로 시험을 치렀다. 1848년 이후 이 과정을 위해 지정된 책들을 4년간 계속해서 메소디스트 장정(Discipline)에 싣고 있었다. 이러한 책 목록들이 발표되기 전에, 연회의사록과 발행자들의 광고를 통하여 사용 중인 책들을 알리곤 하였다. 1848년 이전에는 또한 감리교 지도자들의 저서들에서 언급되는 인물을 보고, 주요한 저자들을 알게 되기도 하였다.[19] 19세기의 사분의 삼(3/4)를 지나면서 거의 대부분의 감리교 전도자들은 신학교에서 교육을 받은 것이 아니라, 이 연구과정을 통하여 교육을 받았다. 그렇기 때문에 연구과정의 영향은 컸다. 연구과정을 주의 깊게 조사하여 보면 12명 이상의 가장 영향력 있는 감리교 신학자들을 발견할 수 있다. 곧 그들이 클라크(Clarke), 왓슨(Watson), 웨돈(Whedon), 레이몬드(Raymond), 포프(Pope), 썸머스(Summers), 워렌(Warren), 마일리(Miley), 쉘던(Sheldon), 틸

---

19) Nathan Bangs은 연구과정의 윤곽을 보여주는 유익한 일련의 논문집을 썼다. 이 책은 *Letters to Young Ministers of the Gospel on the importance and Method of Study*(New York: N. Bangs and J. Emory, 1826)라는 제목으로 출판되었다. 1827년까지 일리노이즈 연회(the Illinois Conference)는 신학적 지식의 습득을 위해 다음과 같은 책들을 추천하였다.: The Bible, Wesley의 성경주해와 설교들. 그리고 Benson과 Coke와 Clarke의 Commentaries, Fletcher의 Checks to Antinomianism, Watson의 Institutes of Theology, Locke의 On the Understanding, Paley의 Philosophy, Watt의 Logic, The Methodist Discipline, 그리고 the Methodist Magazine(이것들이 Sweet의 *Religion on the American Frontier*, Vol. IV, *The Methodists*, 304에 기록되어 있다). Emory와 Hedding 감독이 1833년의 필라델피아(Philadelphia) 연회에 제출한 연구과정의 목록에는 아래의 책이 포함되어 있다. 곧 Watson의 *Biblical and Theological Dictionary*, Porteus의 *Evidences of Christianity*, Watson의 *Theological Institutes*, 그리고 Wesley의 *Sermon*; 그리고 꼭 필요한 것은 아니었지만 Fletcher의 *Works*, Baxter의 *Reformed Paster*, 그리고 Paley의 *View of the Evidences of Christianity and Natural Theology and Moral Philosophy*. Drew에서 발견된 "표준 커리큘럼"에 대해 논의하기 위해서는 James R. Joy의 *The Teachers of Drew, 1867-1942*, 9-13를 보라. 여기에서 Joy는 "이것이 모든 초기의 신학교에서의 과정과 거의 다른 것이 없다"고 말한다. Gerald O. McCulloh은 *The History of American Methodism*, II, 650-55에서 연구과정에 대해 도움이 되는 글들을 쓰고 있으며, 1880년경 사용되던 몇 가지 책 목록들을 싣고 있다.; Cannon에 의한 코멘트도 참고하라(Chandler, I, 669-72).

렛(Tillett), 커티스(Curtis), 롤(Rall), 루이스(Lewis), 그리고 누드슨(Knudson)이다. 이들 중 미국 감리교신학사에서 일정한 기간들을 대표하는 신학자로서 세 명을 선택하였다.

리차드 왓슨(Richard Watson, 1781~1833)은 웨슬리의 후계자들 가운데서 첫 번째로 중요한 조직신학자이다. 영국의 감리교에 현저한 공헌을 한 영국인인 그는, 그의 저서들 특히 「신학강요」(Theological Institutes)를 통해 미국에서도 큰 영향을 끼쳤다.[20] 이 책의 제1부는 (마지막 부분이 완성되기도 전(前)인 1825년에 정평 있는 교재가 되었다. 완성된 이 책은 1876년 내내 연구과정에 들어 있었다. 19세기 상반기에 있어, 왓슨의 신학적 지도력을 능가할만한 사람이 없었다. 미국에서는 아담 클라크(Adam Clark)와 죠셉 벤슨(Joseph Benson)이 그들의 성서주석과 기타 저서들로 알려져 있었다. 그러나 그들 중 누구도 조직신학서를 써내지 못했다. 그들의 저서들도 왓슨의 발행부수에 거의 미치지 못하였다. 비록 나단 뱅스(Nathan Bangs)와 윌버 피스크(Wilbur Fisk)가 미국 감리교의 초기에 결정적인 역할을 수행하긴 했지만 그들의 주요 신학적 공헌은 칼빈주의자들과의 논쟁에 국한되었다.

존 마일리(John Miley, 1813~1895)는 두 번째로 대표적인 미국의 감리교 신학자이다. 마일리는 1873년부터 죽을 때까지 22년 동안 드류(Drew)신학교의 교수로 있었다. 이곳에서 그는 수백 명의 학생들을 가르쳤으며, 그가 써낸 글들을 통해 수천 명 이상의 사람들

---

20) 각 사람의 대표적 저서와 각 책에 대한 설명은 부록에 있는 참고도서를 보라.

에게 영향을 끼쳤다. 이 글들은 1880년부터 1904년까지 연구과정의 목록에 실려졌다. 가장 주목할 만한 그의 저서는 두 권의 「조직신학」(Systematic Theology)이다. 이 책은 19세기 감리교에 나타난 신학적 경향을 체계적으로 기록하면서 웨슬리안 알미니안주의에 대해 주의 깊게 포괄적으로 표현하고 있다. 이 두 번째 시기에 있어서 몇몇 다른 사람들의 중요한 저서들도 있다. 가렛(Garrett)성서학교의 마이너 레이몬드(Miner Raymond)는 1877년에 「조직신학」(Systematics)을 저술했다. 그러나 그의 저서는 마일리보다 왓슨에 더욱 의존하고 있으며, 보다 새로운 경향들에 대해서도 민감하지 못한 점이 있다. 영국인 포프(W. B. Pope)의 3권으로 된 불후의 신학은 1880년부터 1888년까지 연구과정의 목록에 기록되었다. 포프는 미국에서 가르치지 않았고 또 그의 신학적 입장이 19세기 미국 감리교보다는 웨슬리와 더욱 일치되었던 까닭에 마일리만큼 대표적이지는 않았다.[21] 썸머스(T. O. Summers)의 신학은 미국 남부 교회에 잘 알려져 있었다. 그러나 대체로 마일리만큼 폭넓은 주목을 받지는 못했으며 특징적이지도 못했다. 다니엘 웨돈(Daniel D. Whedon)은 19세기 후반기에 유일하게 가장 중요한 감리교 신학자였다. 그러나 그도 조직신학을 쓰지 않았으며 그의 입장에 대한 충분한 이해는 후에 마일리에 의해서야 완전히 소개되었다.

---

21) Pope는 웨슬리 신학의 정수(essence)를 되찾기 위해 두드러지게 충성한 사람으로서, 감리교 신학에 우뚝 솟은 대표적인 인물 가운데 한 사람이다. 미국에서의 그의 중요한 위치는 E. Dale Dunlap의 "Methodist Theology in Great Britain in the Nineteenth Century," unpublished Ph. D. dissertation, Yale, 1956에 의해 그의 신학이 포괄적으로 연구와 아울러 소개되었다.

알버트 누드슨(Albert Knudson, 1873~1953)은 미국의 메소디스트가 인격적 관념론(personal idealism)을 각별히 강조하고 있던 20세기 초반의 신학을 대표하는 신학자이다. 인격적 관념론의 전개에 있어 결정적인 인물은 보던 파커 보우네(Borden Parker Bowne)였다. 그러나 보우네는 신학자로서가 아니라 철학자로서 연구를 했던 까닭에 인격주의 철학을 신학에 관련시키는 일은, 그의 제자인 누드슨이 하였다. 누드슨은 보스턴(Boston)대학에서 교수로서 오랫동안 현저한 경력을 쌓았으며 많은 책을 출판하였다. 그중 몇몇 저서들은 1916년부터 1948년까지 전도자들을 위한 연구과정의 교재로 지정되었다. 그가 "신론(The Doctrine of God)"과 "구속론(The Doctrine of Redemption)"에서 다루고 있는 조직신학은 가장 주목할 만한 공헌을 하였다. 마일리와 누드슨 사이의 기간에 활약한 신학자로서 헨리 쉘던(Henry C. Sheldon)과 올린 커티스(Olin Curtis)를 들 수 있다. 이들은 가르침(teaching)과 저술을 통해 감리교에 중요한 영향을 끼쳤다. 그러나 그들의 신학은 전체는 아니지만, 대체로 누드슨의 신학에 동의하는 과도기적인 것이었다. 해리스 프랭클린 롤(Harris Franklin Rall)은 누드슨보다 더 널리 알려졌으며, 감리교의 신학 발전에 보다 중요한 역할을 했던 것 같다. 그러나 그의 체계적 진술은 누드슨의 것처럼 포괄적이지 않았으며, 단지 널리 퍼지는 인격주의적 관념론의 영향을 간접적으로만 반영할 뿐이었다.

미국의 감리교 신학에서(가장 대표적인 신학자들에 대해서라기보다는) 가장 영향력 있는 인물들은 또 따로 있다. 하나의 실례로 가장 영향력이 있었던 지도자로서, 세 사람을 들 수 있다. 즉 유명하고 널리 사용된 "유추(Analogy)"를 저술하여 큰 영향력을 끼친 죠셉 버틀러(Joseph Butler), 결정적 저서인 "자유 의지(The Freedom of the Will)"를 통해 큰 영향을 끼친 다니엘 웨돈(Daniel D. Whedon), 그리고 영향력 있는 몇몇 저서들 중 "유신론(Theism)"을 통하여 영향력을 끼친 파커 보우네(Parker Bowne) 세 사람이 있다. 버틀러의 영향이 간접적이었고 왓슨을 능가할 수 없었던 반면, 웨돈과 보우네의 감리교 신학에 대한 영향은 마일리와 누드슨보다 확실히 더 컸던 것 같이 보인다.

이 모든 사람들에 대하여서는 제2장, 감리교신학의 역사에서 충분히 다룰 것이다. 그러나 계시, 죄, 은총에 내한 웨슬리안 교리가 후기 감리교에서 이루어진 변화에 대한 상세한 설명은 주로 왓슨과 마일리, 그리고 누드슨의 견해에 제한될 것이다.

1. 웨슬리로부터 왓슨까지, 1790~1840

    1) 신학의 학적인 설명과 토착교회의 성장

    2) 왓슨의 웨슬리안 정통성

2. 왓슨으로부터 마일리까지, 1840~1890

    1) 도덕적 수정과 신학의 조직화

    2) 마일리의 윤리적 알미니안주의

3. 마일리로부터 누드슨까지, 1890~1935

    1) 문화적 영향과 자유주의화

    2) 누드슨의 인격적 관념론

제2장
감리교의 신학 역사

제2장
감리교의 신학 역사

아마도 요한 웨슬리가 역사를 기록했다고 말하는 것보다는 역사를 만들었다고 하는 것이 보다 더 적절한 표현일 것이다. 그러나 그는 이 두 가지를 다 하였다. 4,000페이지 이상을 기록한 그의 일기(Journal)는 그가 65년 동안에 행한 아주 활동적이고 생산적인 생애를 기록하고 있다. 일기는 복음적 부흥운동(Evangelical Revival)의 출현과 전파를 연대순으로 기록하고 있어, 그것들은 지금 그의 이름을 지니고 부흥운동을 연구하는 학생들을 위한 풍부한 자료가 되고 있다.

웨슬리는 거듭하여 그 복음의 부흥을 "하나님의 역사"라고 말하고, 이 부흥을 "놀라운 부흥", "불가사의한 부흥", "감탄할 일", "영광스러운 부흥" 등으로 황홀한 용어로 묘사하고 있다. 웨슬리는 일찍이 그의 일지(Journal)를 통하여 이 땅에서 메소디스트들이 행한 것과 지금 행하고 있는 것을, 아니 그보다는 이 땅에서 하나님이 행하신 것과 지금도 행하시는 일들을 온 인류에게 선포하기로 계획하였다. 최근에 나타나고 있는 일들은 인간의 역사(work of man)가 아니다. 조용히 그것을 지켜본 사람은 모두는 "이것은 주께서 행하신 일이며, 우리의 눈에는 그저 놀라울 뿐이다."라고 말해야 한다. 그는 부흥운동은 인간의 책략에 달려 있는 것이 아니라, 하나님의 섭리하시는 역사에 대하여 민감하게 응답하는 데서 오는 것이라고 느꼈다.[22] 이와 같이 웨슬리는 부흥운동에는 하나님은 역사하시고, 자신은 충실한 종이 되어야 한다는 것과, 그리고 부흥운동은 성령의 강한 역사의 풍요한 결실이라는 것을 알게 되었다. 그의 신학에 대한 이해에서 그랬듯이 그는 부흥운동의 이해에서도 그는 하나님이 하시는 일이 최우선(priority)라고 인정하며, 하나님의 은총만이 인간과 교회를 새롭게 할 수 있다고 믿었다. 우리의 관심은 메소디스트라고 불리는 사람들의 역사와 특별히 웨슬리가 그들에게 전하는 은혜 중심의 신학에 있다. 한 세대의 신앙을 개관함에 있어서 중요하게 고려해야 할 것은 하나님의 자비로운 역사에 대하여 웨슬리안이 취한 입장을 분명히 밝히는 일이다.

1. 웨슬리에서 왓슨까지, 1790~1840

감리교를 신세계(the New World) 곧 미국으로 가지고 온 평신도들에 의해 뉴욕과 볼티모어의 교회들(societies)이 시작되었다. 그들이 교회들을 세운 직후, 곧 1769년에 요한 웨슬리는 첫 공식 선교사들을 미국에 파송하였다. 독립전쟁 이후, 1784년에 있은 크리스마스 회의(Christmas Conference)에서 감리교회(the Methodist Episcopal Church)는 독립된 종교단체로 시작하였다. 그리고 얼마 되지 않아 감리교는 급속히 성장하여 큰 종교단체의 하나가 되었다.

---

22) 웨슬리의 일지(Wesley's Journal), II, 67, 476, 또 65, 386-89, IV 27, 174, 331, 477, 519에서 인용하였음.

초창기에 웨슬리는 교회의 영적 아버지로 존경받았으며, 그의 저서들은 존 플레처(John Fletcher)의 저서, 그리고 찰스 웨슬리(Charles Wesley)의 찬송가와 더불어 신앙과 신학의 표준이 되었다. 그러나 시간이 경과함에 따라, 미국의 감리교회가 영국 감리교로부터의 합법적으로 분리되고, 영국으로부터 고립되고, 미국교회 안에는 주요 신학자가 없으므로, 논쟁을 하기 위해 웨슬리와 플레처의 글들을 성급히 읽게 되었다. 이런 상황은 미국의 감리교 안에 여러 변화가 일어나게 하였다. 이러한 변화에 미국의 환경이 가미되어 미국 안에 미국 웨슬리안 신학이 생기게 되었다.[23]

1) 신학의 학적인 설명과 토착교회의 성장(Scholastic Statement and Indigenous Growth)

새로 시작한 미국교회의 첫 50년간의 신학적 특징은 두 가지로 나타났다. 첫째는 웨슬리안 신학을 제시하고 변호하기 위해 웨슬리와 플레처(Fletcher), 그리고 리차드 왓슨(Richard Watson), 아담 클라크(Adam Clark), 조셉 벤슨(Joseph Benson)과 같은 영국의 저명한 신

---

[23] Leland H. Scott의 "Methodist Theology in America in Nineteenth Century,"(예일대학교에서의 철학박사 논문, 1954), 21-24. Scott의 글은 미국 감리교회의 신학을 조사함에 있어 귀중한 참고가 되고 있다. 특별히 본장(this chapter)에서 그의 글을 많이 참고하였다. 그의 책에서의 중요한 결론들은 같은 제목으로 *Religion in Life*에 수록되어 있다. Scott의 그와 연관된 글들이 또한 *The History of American Methodism*에 실려 있다. 1845년까지의 이야기는 "The Message of Early American Methodism"이라는 제목으로 그 책 제I권. 291-359에 실려 있다. 그리고 그의 "The concern for Systematic Theology"에 대한 논평은 그 책, II. 380-90에 실려 있다. 또한 Paul Sanders의 "An Appraisal of John Wesley's Sacramentalism in the Evolution of Early American Methodism," 202, 367을 보라.

학자들을 접근하면서 신학을 조직적이고 합리적으로 소개하려는 노력이 있었다. 이들 이 세대(second generation)의 신학자들은 자연신학(Natural Theology)을 인정하는 경향이 있었다. 그리하여 그들은 이성의 역할을 강조하며, 특별히 기독교를 이성적으로 증명하려고 하는 경향이 있었다.[24]

이 시기의 두 번째 특징은 신학적 문헌의 등장이다. 이들 문헌은 원래의 웨슬리안 자료들 (sources)과는 별개의 것으로, 미국에서의 개혁정신, 부흥운동, 그리고 칼빈주의의 영향에 보다 더 개방적이었다. 그 문헌들이 비록 본질적으로는 웨슬리안이었지만, 이 토착신학은 원죄와 속죄, 그리고 인간의 자유는 은총에 의하여 있게 되었다는 것 등을 설명함에 있어서는 후에 수정하게 하는 터전을 제공하였다.

1790년에서 1840년까지의 감리교 신학의 역사에서는, 주로 초창기의 영국의 "스콜라적 신학"과 미국 감리교회가 자신들의 당면한 문제와 강조점들을 다루기 시작한 미국신학을 간단히 개관하였다.

복음 부흥운동의 형성기에 웨슬리는 그의 동생 찰스의 지지와 또한 중요한 신학적 도움을 받았다. 그러나 그의 가장 중요한 신학적 도움은 플레처(1729-1785)에게서 받았다. 플레처는 독실하고 겸허한

---

[24] E Dale Dunlap의 "Methodist Theology in Great Britain in the Nineteenth Century"(예일대학에서의 박사 논문, 1956), 212-18. 그는 논문에서 말하기를, "요한 웨슬리와 그의 초기 후계자들 사이의 다른 점은 분명하지 않다. 그러나 그 정신(spirit)에서 미묘한 변화가 있었다. 이 정신에서의 미묘한 변화의 결과로 클라크와 왓슨의 신학보다 학문적인 것이 되었으나, 웨슬리의 신학보다는 그 활력이 없어지게 되었다. 그러나 … 일반적으로 볼 때 클라크와 왓슨의 신학은 웨슬리 신학의 중요한 강조점에는 성실하다는 것을 인정하여야 한다(p.218). 1834년부터 1867년까지의 기간에 있은 미국에서의 대부분의 전도자의 신학은 클라크와 왓슨의 주장을 새롭게 한 것이 없다. 있다면, 그들은 보다 학문적 방법을 취한 것이다(p.263). 또 pp.239ff를 보라.

사람으로서 오랫동안 초기 감리교운동의 성자로서 인식되어 왔다. 그는 신학적으로 상당한 업적을 남겼다. 그는 변증가로서의 그의 능력은 뛰어났고 설득력 있었다. 그의 저서 「도덕무용론에 대한 검증」 (The checks to Antinomianism)에 실린 일련의 글들은 그가 1770년대에 칼빈주의자와 논쟁한 것이다. 그는 그 논쟁을 통하여 변증가로서의 두각을 나타냈다. 웨슬리는 플레처의 저서를 출판하였으며 그것을 격찬하였다. 그 설득력 있는 힘과 평화적인 정신으로 행한 칼빈주의자와의 논쟁에서 그의 강력한 능력을 들어냈다. 플레처의 저서들은 후기 감리교에서 계속하여 명성을 얻었다. 그의 책은 1880년까지 연구과정의 목록에 실려 있었다.[25]

영국 메소디스트들의 제2세대는 여러 면에서 웨슬리와 같은 환경 속에서 활동하였다. 뉴톤의 과학주의(Newtonian Science)와 데카르트 철학(Cartesian Philosophy)의 영향은 이신론(deism) 곧 이성과 자연에 기초를 두는 종교의 발전을 촉진시켰다. 웨슬리는 이따금 이신론에 도전하였지만 제2세대 "학자들"은 이신론에 대하여 매우 신중한 자세를 취하였다. 그들은 번번이 자연과 이성 그리고 기적과 예언을 들어서 성서적 계시의 신빙성을 증거하였다. 그러나 그들의 무비판적인 태도와 이성에 대한 강조는 이성주의(rationalism)가 더 확대되게끔 하였다.

---

25) Shipley의 Fletcher에 대한 광범위하고 역사적인 연구는 웨슬리안 신학에 크게 공헌하였다. 그는 Fletcher의 신학을 잘 제시할 뿐 아니라, 그의 신학이 웨슬리의 신학과의 비교, 더 나가서는 일반 개신교의 신학과의 비교도 조명하고 있다. 또한 Luke Tyerman의 《웨슬리의 지정한 후계자》라는 책을 보면 Fletcher의 생애와 신학을 자세히 알 수 있다.

이성주의적 경향의 일반적 성격은 조셉 버틀러(Joseph Butler, 1692~1752)의 책, 「종교의 유비」(Analogy of Religion)에 잘 설명되어 있다. 미국 감리교회는 이 책을 귀중히 여겨, 1892년까지 연구과정 목록에 첨가하고 있었다. 그 책의 수명은 웨슬리 자신의 저서들과 함께 오랫동안 지속되었다. 그 유명한 「종교의 유비」에서, 버틀러는 중요한 이신론의 주장에 의해 기독교 신앙이 침식되는 것을 저지하려고 하였다. 간단히 말해서 그는 자연종교와 계시종교는 그 특성에서 유사한 점이 있다고 논한다. 즉 두 종교는 같은 불확실한 것들(uncertainties)과 또한 이해하거나 설명할 수 없는 신비한 것들(mysteries)을 공유하고 있다는 것이다. 따라서 그들이 공통된 문제점들을 가지기 때문에 자연종교와 계시종교는 함께 일어서거나 부너지게 되어 있다는 것이다. 이 요지의 발전과정에서 버틀러는 초기의 이신론자들이 그런 것처럼 똑같이 자연 증거들을 이용하여 하나님을 증거하려 한다.[26] 그러나 만일 자연종교(이신론자들의 본거지)가 계시종교의 근거들과 다름없이 불확실한 근거들을 가지고 있다고 주장한다면, 버틀러가 의도했던 대로는 되지 않고, 많은 사람들은 이 둘이 다 버려질 것이라고 추론했다.

그러나 메소디스트 변증가들은 이 「종교의 유비」에서의 논증(argument)이 그들이 좋아하는 자연신학을 뒷받침함과 같이 웨슬리

---

26) Joseph Butler의 *The Analogy of Religion, Natural and Revealed, to the Constitution and Course of Nature*, pt. II. vii장. 또한 E. C. Mossner의 *Bishop Butler and the Age of Reason*, 45ff, 98ff, 135, 그리고 또한 John Herman Randall의 *Making of the Modern Mind*, 12장과 16장을 보라.

안 신앙도 바로 뒷받침한다고 인정하였다. 보다 중요한 것은 「종교의 유비」가 복음적 계시의 중요성이 철학적 비평주의 결과로 초래되는 피해를 면하게 하였다고 그들은 믿었다. 이렇게 그들은 무비판적으로 버틀러와 영국 학자들이 이성주의로 치우치는 성향을 인정하고 확장시켰다.

이러한 저자들 중에 특별히 언급해야 할 세 명이 눈에 띈다. 첫째는 조셉 벤슨(Joseph Benson, 1749~1821)이다. 웨슬리 밑에서 봉사한 바 있는 벤슨은 플레처의 막역한 친구로서, 그의 생(生)의 말기에 많은 저작 활동을 하면서 감리교를 지킨 사람이다.

그의 가장 중요한 저서는 5권으로 출판된 성경주석, 「비평적, 설명적, 실제적 주석」(Notes, Critical, Explanatory and Practical, 1811-1818)이다. 이 성경주석은 1820년에 미국에서 출간되었으며, 메소디스트들에 의해 널리 사용되었다.

둘째는, 영국에서 아주 중요한 웨슬리 해석자인 아담 클라크(1762~1832)이다. 클라크는 최상의 교육을 받았으며 초기의 메소디스트들로부터 크게 존경을 받은 사람 가운데 한 명이다. 두각을 나타낸 학자인 그는 많은 글을 집필하고 번역하였으며 편찬하였다. 그의 가장 유력한 저서는 8권짜리 성경주석(1810~1826)이다. 이 성경주석에는 독창적이며 통찰력 있는 논리들이 있다. 이 성경주석은 미국에서는 1810년부터 출판되기 시작했다. 그의 "강연집(Discourses)"과 더불어 이 성경주석의 출판으로 인하여 클라크는 1810년부터

1840년까지 미국 감리교에서 중요한 인물이 되었다.[27]

세 번째 인물은 리차드 왓슨(Richard Watson, 1781~1833)이다. 왓슨은 영국과 미국의 초기 메소디스트 신학자들 중에서 가장 중요한 인물이었다. 그의 영향이 너무나 컸고, 그의 신학은 너무도 특징적이었다. 그리하여 우리가 다루고자 하는 초기의 대표적 신학자로 왓슨을 선정하여, 그의 신학을 상세히 다루겠다.

지금은 무대를 영국에서 미국으로 옮겨서, 새로운 세계에서 시작한 토착신학을 개관해야 하겠다. 본질적인 웨슬리안 신학이 미국에 소개되어, 제2세대 영국 신학자들의 저서들과 웨슬리, 플레처의 저서들에 의해서 유지되어왔다. 1830년경 웨슬리, 플레처, 그리고 왓슨의 저서들이 미국에 나왔을 때, "메소디스트 계간 평론(The Methodist Quarterly Review)"[28]은 그들의 저서를 소개하며 높이 평가하였다. 메소디스트의 설교자들을 위한 "연구 과정(The course of Study)"에는 이러한 초기 영국 메소디스트 저자들의 책들을 교재로 채택하고 있었다. "메소디스트 계간 평론"과 "그리스도인의 주장(Christian Advocate(1826)"이라는 두 출판물은 감리교의 본래의 모습을 지키고자 하는 관심에서 마련되었다. 이 간행문의 사설과 기사들은 권위있는 지침이 되는 웨슬리안 자료들(Sources)을 정기적으로 인용하고

---

27) Dunlap는 그의 책, *Methodist Theology in Great Britain* 2장에서 클라크, 왓슨, 포프에 대하여 자세히 언급하고 있다.
28) The Methodist Quarterly Review(이후로는 간단하게 MQR로 표기함)의 14(1832), 49-71, 129-49; 11(1828), 415-20; 12(1830), 272-307, 361-93을 보라. 또한 Scott의 "Methodist Theology,"12ff를 보라. 그리고 또한 Frederick A. Norwood의 "Continuity and Change in Methodism,"*Religion in Life*, 29(1960), 521을 보라.

있었다.

프란시스 애즈베리(Francis Asbury)와 프리본 가릿슨(Freebarn Garrettson)과 같은 초기 메소디스트 설교자들의 신학은, 대체로 체험적인 일들에 제한되긴 했지만, 그들의 신학은 의식적으로 웨슬리안 신학이었다. 그들의 신학은 본질적으로 구원의 신학이었기 때문에 메소디스트들은 그 신학을 지지하며 동시에 그 신학의 도움을 받으면서, 미국의 신앙부흥 운동에 힘을 보태게 되었다. 그들은 편이하고 단순한 근본주의 신학(theology of fundamentals)을 강조함에 서로 협력하였다. 그러나 또한 그들은 전도에 전념하는 결과로써 학술적 논쟁을 반대하였다. 또한 복음적 회심을 낭만적 느낌으로 보려는 일, 그리고 세계에 순응시키는 일에도 반대하였다.[29]

감리교의 복음주의적 실용주의는 개척자의 삶과 시골풍의 미국에서의 삶에 이상적으로 어울렸다. 실용주의가 평등과 책임, 그리고 실질적인 결과들을 강조하는 것은 자유로운 미국의 정신에 의해 기꺼이 받아들여졌다. 그리고 그런 미국의 정신은 엄숙하고 엄격한 칼빈주의보다 감리교회를 더 편안하게 받아들였다. 그러나 이러한 일들이 감리교 신학이 자신의 특징적 입장을 유지하고 강조하는 일에 새롭게 도움을 주지는 못한 것 같다.[30]

---

29) Leland Scott는 "The Message of Early American Methodism," of The History of American Methodism, I, 291-307에서 깨우침과, 회심 그리고 죄인의 성화 등에 관한 복음주의적 관심을 폭넓게 잘 요약하여 놓고 있다. 일반적인 토론을 더 알기 위해서는 Bernard A. Weisberger 의 "They Gathered at the River"를 보라. 또한 H. Shelton Smith, Robert T. Handy, Letters, A. Loescher가 쓴 *American Christianity*, II. 10-64를 보라.
30) Theodore A. Agnew는 그의 책, *The History of American Methodism*, 10장, 488-545에 있는 "Methodism on the Frontier"에서 개척자들의 Camp meeting, 부흥회, 그리고 초기의 설교자

따라서 웨슬리 신학을 체험적이며 실용적으로 옹호한 결과로 교리적 해석과 성서적 해석의 중요한 계속성이 생기게 되었다. 그러나 그것은 은총의 주관적 체험과 그 체험에 뒤따르는 감정들을 지나치게 강조하는 경향이 있었다. 더 나아가 이는 감리교가 신학을 무비판적 자세로 하도록 조장하였다. 이런 태도는 오랫동안 지속되었다. 그러나 1810년 이후 영국에서 온 신학자들을 대신하여 들어선 미국 지도자들은 신앙부흥운동과 개척자들의 신학을 지나치게 평이하게 만드는 일에 대하여 점차적으로 불만을 품게 되었다. 이들은 최초의 웨슬리안 학자들을 단순히 인용하는 것을 좋아하지 않고 보다 독립적인 신학적 주장들을 펼쳐나갔다.[31]

이 시기에 미국 감리교 신학의 발전에 가장 중요한 것은 칼빈주의의 신학적 도전이었다. 비록 감리교가 소시니안(Socinians), 유니테리안(Unitarians), 그리고 보편구원론자(Universalists)들과 논쟁을 하기는 했지만, 중요하게 교리적으로 마주친 것은 칼빈주의 신학이었다. 미국인으로서 처음으로 웨슬리안 유산을 독자적으로 다룬 학자는 나단 뱅스(Nathan Bangs, 1778~1862)였다. 그는 초기 감리교를 여러 가지 방법으로 봉사하였다. 즉 그는 저술가로서, 교회사가로서, 갖가지 편찬물의 설립자 겸 편집자로, 그리고 「책 소개」(Book Concern)라는 책의 편집자로서 기여했다. 그는 교육 받은 교역자들

들에 관하여 많은 재미있는 이야기들을 포함하고 있다. 또한 Jerald C. Brauer의 "Protestantism in America," 89ff., 101을 보라.
31) Sanders의 "An Appraisal of John Wesley's Sacramentalism," 489, 198ff. Scott의 "Methodist Theology," 21f., 84f.; Brauer의 *Protestantism in America*, 112ff.

을 위한 운동의 대표적 지도자였고 미국 감리교 신학문헌의 발전을 성공적으로 촉진하였다. 이 두 개의 활동은 감리교회를 오랜 역사를 가진 칼빈주의에 못지않게 대중에게 인식시키려는 노력에 있어서 중요한 역할을 하였다. 뱅스는 홉킨스주의(Hopkinsianism)의 특징을 나타내는 수정 칼빈주의에 대응하는 메소디스트 논쟁에서 처음으로 두각을 나타낸 지도자였다.

그의 책「홉킨스주의의 오류」(The Errors of Hopkinsianism Detected and Exposed)는 뱅스가 만만치 않은 논쟁자이며, 감리교와 칼빈주의와의 쟁점을 철저하게 잘 알고 있었음을 보여주고 있다. 뱅스는 홉킨스주의의 옹호자인 윌리스틴(Willistin)을 꾸짖고 그의 칼빈주의에 대한 해석이 "인간의 도덕적 행위, 속죄의 보편성, 그리고 이신득의(以信得意)"에서는 많은 부분 감리교에 다가왔다고 주장하였다. 그가 자연적 능력과 도덕적 능력을 구별하는 것은 인간의 부패를 근본적으로 부정함을 나타내는 것이다.

감리교는 하나님의 선행적 은총(prevenient grace)에 의하여 모든 사람에게 빛과 은혜와 능력이 주어져 사람이 회개하고 그리스도를 믿을 수 있다고 주장한다. 이런 선행적 은총에 대한 감리교의 이해는 홉킨스가 빠져 나오려고 애쓰나 불가능한 딜레마에서 감리교를 구해냈다. 그와 같이 뱅스가 칼빈주의와 대면한 기본 문제에 있어서, 그는 구원에 있어 인간의 책임적 참여가 하나님의 은총에 기인(起因)한다고 주장한 것이다.[32]

---

32) Nathan Bangs의 The Errors of Hopkinsianism Detected and Exposed, 93, 114. 이 문제에 대

윌버 피스크(Wilbur Fisk, 1792~1839)는 이 시기에 있어 두 번째로 영향력 있는 지도자였다. 최초의 대학교육을 받은 메소디스트들 중의 한 사람으로서, 설득력 있는 저술가로서, 그리고 웨슬리안 학회와 웨슬리안 대학의 학장으로서(신학교들에서 활동한 지도가로서), 그는 메소디스트 지도자들의 중심인물로 존경받는 위치에 있었다. 그는 거의 한 세기에 걸쳐 계속된 칼빈주의자와 알미니안주의자와의 논쟁에서 중요한 일을 하였다. 피스크는 그의 저서 「칼빈주의 논쟁」(*Calvinist Controversy*)에서 강경한 칼빈주의자들(Old School Calvinists)의 결정론(determinism)에 대응하여 구원에 있어 인간의 도덕적 책임의 근거로서의 하나님이 보편적으로 주시는 은혜에 의한 능력을 강조하였다. 또한 온건한 칼빈주의자들(New School Calvinists)이 말하는 자유에 대응하여서는 타락한 사람에게 자유와 책임을 회복시켜주기 위해서는 은총이 반드시 필요하다고 그는 주장한다. 그래서 피스크는 감리교가 칼빈주의 신학의 화해할 수 없는 극단들(extremes) 사이에 위치해 있으며, 쌍방의 왜곡들로부터 자유롭다고 주장하였다.[33]

프랜시스 하거슨(Francis Hodgson), 아사 신(Asa Shinn), 그리고

한 Scott의 변론이 Scott의 "Methodist Theology," 48ff, 그리고 그의 Appendix 8, "The Bangs-Williston Controversy," 576f.에 있다. 또한 David C. Shiply의 "The Development of Theology in American Methodism in the Nineteenth Century," London Quarterly and Holborn Review, 28(1959), 251f. 또한 Abel Stevens의 *The Life and Times of Nathan Bangs*도 적절하다. 칼빈주의와의 논쟁과 Bangs이 활동한 것에 대하여는 Scott의 *The History of American Methodism*, 1, 346-17에 있는 글, "Methodism and New England Calvinism"을 보라.

33) Wilbur Fisk의 *Calvinist Controversy*, 8, 48-54. 강경한 칼빈주의자들과 온건한 칼빈주의자들 간의 논쟁은 H. Shelton의 *Changing Conceptions of Original Sin*의 5장, 6장에서 잘 논의되고 있다. 또한 Scott의 "Methodist Theology," 43-77에도 잘 논의되고 있다.

스데판 올린(Stephen Olin) 역시 이 시기의 끝 무렵에 감리교 신학문헌의 발전에 기여하였다. 하거슨은 바네스(Barnes), 비처(Beecher) 그리고 피니(Finney)의 새로운 피난처(New Haven)라는 견해를 논박하였다. 신은 감리교 신학의 2기를 주도했던 웨슬리 신학의 도덕적 면의 수정을 강조하는 여러 입장을 예보하였다. 그 시기의 모든 메소디스트들은 예정설(Predestination)에 접할 때마다 한 목소리로 그것을 비난하였다. 칼빈주의와 감리교 간의 논쟁은 거의 19세기를 통해 계속되었고, 일반적으로 구원론적 근거에서 인간론적 근거들로 옮겨지면서 그들의 초기의 입장에 수정이 가해짐으로 해서 그들은 점점 가까워졌다. 그러나 감리교의 신학과 수정 칼빈주의는 절대로 같은 것은 아니다. 그들의 대립관계는 세기의 말(末)경에 이르러 새로운 신학들이 출현하여 그들의 주장을 우선하게 될 때까지 지속되었다.[34]

2) 리차드 왓슨의 웨슬리안 정통신학(Wesleyan Orthodoxy in Richard Watson)

왓슨은 1781년 링컨셔(Lincolnshire)에서 태어났다. 그의 아버지 토마스 왓슨(Thomas Watson)은 마구를 만드는 사람이었다. 리차드 왓슨은 그의 외아들이었고, 그에게는 18명 가운데서 생존한 3명의 누이들이 있었다. 리차드는 일찍부터 비범한 재능을 보였다. 6살에 라틴어 공부를 시작한 그는 10살이 못되어 이미 많은 서적들을 폭넓게 읽

---

34) Scott의 "Methodist Theology," 78-81.

었으며, 16살에는 첫 설교를 하였다. 그리고 19세에는 첫 번째 소책자를 발간하였다. 20대에는 웨슬리안 모임(Wesleyan connection)의 정회원이 되었다. 그는 스스로 공부한 자로서, 그는 순회전도자, 선교회(Mission Society)의 총무, 연회의 서기, 교사, 여러 주제에 관한 집필자 등으로서 활발한 사역을 하였다. 그는 영국 전역에 걸쳐서 잘 알려져 존경을 받았으며, 그의 사역은 그가 52세로 사망하기까지 초기 감리교를 크게 향상시켰다.[35]

왓슨의 주요 신학적 업적인 「신학강해」(Theological Institutes: Or a View of the Evidences, Doctrines, Morals and Institutions of Christianity)는 1823년과 1829년 사이에 출간되었다. 1831년에 나온 그의 「성서·신학사전」(Biblical and Theological Dictionary)은 같은 부류의 사전 중에서 가장 정성을 들인 포괄적인 것으로서 영어권의 세계에서 넓이 유용되었다. 시종 분주한 생애를 통해서 그의 생산적인 펜으로부터 설교집, 서간집, 평론집, 그리고 수상집들이 쏟아져 나왔다. 왓슨의 사후 얼마 되지 않아 토마스 잭슨(Thomas Jackson)이 그의 작품들을 모아서 1834~1837년에 걸쳐 13권의 그의 저서들을 출판하였다. 왓슨은 그의 두드러진 활동과 다양한 면에서 웨슬리의 참다운 후예였다. 그러나 감리교회에 대한 그의 가장 오래 지속된 공헌은 「신학강해」를 통해서 이루어졌다.[36]

---

35) Thomas Jackson의 *Memories of the Life and Writings of the Rev. Richard Watson*은 왓슨의 생애와 사역에 대하여 잘 기록하고 있다. 또한 "Methodist Theology in Great Britain," 2장에 있는, Dunlap의 왓슨에 대한 논찬도 보라.
36) 여러 세대에 걸쳐 왓슨의 저서, *Theological Institute*는 칭송을 받아 왔다. W. B. Duncan은 그의 *Studies in Methodist Literature*(Nashville, Publishing house, 1914), 100에서 왓슨과 그의

왓슨이 「신학강해」를 탈고하기 전에, 이미 그 첫 번째 부분은 미국의 언론계에 화제가 되기 시작했다. 책이 출판을 거듭했고, 적어도 그 중의 하나는 10판 이상 출판되었다. 여러 편집자들이 색인(index)을 첨가했고, 1850년에는 존 맥클린토크(John Mcclintock)가 1876년까지 지속된 연구과정(the Course of Study)에서 안내서(guide)로 사용할 수 있도록 90페이지의 그 책의 아웃라인(Outline)을 준비하였다. 미국에서의 그 영향이란 대단했다. 1877년에 다니엘 커리(Daniel Curry)는 기록하기를, "감리교의 교리적 일치(unity)를 유지함에 있어 왓슨의 「신학강해」만큼 포괄적으로 이용된 것은 아무것도 없다. … 이 위대한 역작은 반세기동안 감리교 신학의 표준이 되었다."라고 하였다. 남부 교회의 중요한 신학자인 썸머스(T. O. Summers)는 "왓슨의 「신학강해」에 의해 하늘과 땅에 있는 모든 것들을 논하였다."고 알려져 있다.[37] 최근의 감리교 신학사에 대한 연구에서는 모두가 왓슨을 중요한 인물로 인식하고 있다. "리차드 왓슨은 직접 또는 간접적으로 메소디스트들에게 결정적인 신학적 영향을 주었다. 그것은 웨슬리와 플레처의 신학을 왓슨이 조직적으로 설명했기 때문이다. … 왓슨의 신학은 1840년대 초 이후 적어도 30년 동안 미국 감리교에 있어

Institute는 메소디스트 신앙의 "과학적이며 도덕적인 표준(the scientific and moral standard)"으로 여겨져 왔다고 말하였다. John Fletcher Hurst는 *The History of Methodism*, III, 1318에서 왓슨은 그 시대에서 가장 위대한 신학자로 알려졌다고 했다.

37) Curry의 말은 Introduction to Miner Raymond의 *Systematic Theology*, I, 3에 있다. Henry C. Sheldon은 *American Journal of Theology*, 10(1906), 12에 있는 "Change in Theology Among American Methodism"에서 말하기를, "왓슨의 Institute는 오랫동안 미국 감리회의 교과서의 위치에 있었다."고 했다.

표준적인 신학 자료가 되었다."[38]

후기의 미국 신학자들은 자신들의 조직신학에서 왓슨의 「신학강해」를 있는 그대로 모방함으로 왓슨의 영향을 더욱 확대시켰다. 토마스 랠스톤(Thomas Ralston)의 「신학의 초보」(Elements of Divinity, 1847), 루터 리(Luther Lee)의 「신학의 초보」(Elements of Theology, 1853), 사무엘 웨이크필드(Samuel Wakefield)의 「완전한 기독교 신학」(Complete System of Christian Theology, 1858), 그리고 아모스 빈니(Amos Binney)의 「신학개요」(Theological Compend, 1858) 등이 출판되었다. 이 책들은 각각 그 나름대로 후세의 사람들에게 전하는데 도움을 주기 위하여, 왓슨의 「신학강해」의 좋은 초록이 되기를 바라 출판한 것이다.

왓슨은 웨슬리 신학의 정통적인 학자로서, 그의 펜을 들어 메소디스트들을 위해, 특히 그들의 신학적 유산에 대한 가르침을 바랐던 젊은 교역자들을 위해 도움을 주고자 하였다. 그의 전기를 쓴 토마스 잭슨에 의하면, 왓슨은 "복음주의적 진리의 완전한 체계와 또한 모든 중요한 교리의 기반이 되는 진리를 정확하게 그리고 포괄적으로 획득하고자 하는 사람들을 도울 수 있는 것들을 집필하고자 하는 바람을 표현했다."[39] 왓슨이 상당히 오랫동안 칼빈주의자들과 싸우며, 또한 소시니안(Socinians), 펠라지안(Pelagians)과 가톨릭교도(Romanists)

---

38) Scott의 "Methodist Theology," 143, 143-49. Dunlap의 "Methodisit Theology in Great Britain," 266. Dunlap은 말하기를, "왓슨은 날카로운 사고와 능력을 가지고 있었다. 그러나 … 그는 오래 살지 못하여 그의 나이의 원숙함과 사역의 경험을 충분히 나타내지 못하였다."고 했다.
39) Jackson의 Memory of Richard Watson, 213.

들에 대해서도 언급하는 등, 그의 「신학강해」에는 변론을 좋아하는 면이 분명히 있지만, 그의 주된 목적은 웨슬리안의 복음주의 진리를 나타내고 그것을 적당한 증거들로 확증하는 데 있었다.

왓슨은 웨슬리와 그의 신학을 매우 존경하였다. 그는 신학평론에서 다음과 같이 쓰고 있다. 나는 다른 신학들을 널리 알게 되면 될수록 "존경하는 웨슬리의 체험적인 논의들에 나타난 그 통일성과 명확성, 일관성 그리고 성서와의 조화를 우리는 더욱 감탄하게 된다. 웨슬리는 참다운 신학자로서 이 시대에는 그를 필적할만한 사람이 없다."[40] 그의 저서는 웨슬리를 참조한 것과 그의 글을 인용한 것으로 가득 차 있다. 그는 결코 자기 스승을 수정하거나 비판하려고 하지 않았다.

성서의 신적인 권위를 명확히 세우려는 왓슨의 폭넓고 다양한 노력들은 그가 성서 자체의 외적 증거에 충실했다는 것을 분명히 말해주고 있다. 이 점에 있어 웨슬리가 종종 그리 말하였기 때문에 그는 그런 확신을 가졌다. 웨슬리에게 있어서 성서는 이성적 증명에서가 아니라 복음주의적 체험에서 살아있는 권위였다. 비록 그가 웨슬리 신학의 본질은 보존하지만 왓슨은 웨슬리신학의 정신을 손상시켰다. 신앙 자체보다는 신앙에 대한 증명에 더 몰두하는 경향을 띄었기 때문에 왓슨은 제2세대의 감리교 신학을 학문적으로 치우치는 (scholastic inclination) 특징을 지닌 것으로 만들었다.[41]

---

40) *The Work of the Rev. Richard Watson*, vii, 506.
41) Dunlap의 "Methodist Theology in Great Britain," 477, 217.

2. 왓슨에서 마일리까지, 1840~1890

1844년, 미국에서 시민들의 긴장이 고조되었을 때 감리교회(Methodist Episcopal Church)는 남과 북으로 나뉘어졌다. 그러나 두 교회 사이의 신학적인 대화와 교류는 계속 되었으며, 분리의 흔적을 찾아볼만한 뚜렷한 신학적 차이도 없었다. 신학에 있어서 적으로 더욱 중요한 것은 신학이 주변의 미국문화와의 만남에서 생기는 일이었다. 감리교 신학은 중요한 철학적 영향과 혼란스런 진화론의 도전에 직면하였으며, 이 문제들을 정기 간행물을 통해서 토론하였다. 교역자들을 위한 신학적 훈련을 통하여 감리교 신학은 보다 폭넓고 분명한 신학적 표현을 추구하였다. 특히 1840년에서 1890년까지의 기간에 감리교의 신학의 초점은 두 가지로 나타났다. 그 첫째는 인간은 자유로운 존재라는 철학적 교리의 조명 하에 신학적 범주를 수정하려는 경향이었고, 다른 하나는 포괄적이며 전형적인 진술을 통해 이 신학적 범주들을 통합하려는 노력이었다. 1890년경 이러한 두 경향은 존 마일리(John Miley)에게서 그 정점에 이르렀다, 그는 이 두 가지 경향을 통하여 웨슬리안-알미니안적 신학을 명백히 하며 지속시키기를 희망했다.

1) 도덕적 수정과 체계적 통합(Moralistic Revision and Systematic Integration)

두 번째 시기의 감리교 신학사(神學史)는 보다 폭넓은 지적, 문화적 발전을 언급하고 있다. (경험보다 영적인 사고를 강조하는 철학인) 미국의 선험론(transcendentalism), 코울리지(Coleridge)와 슐라이에르마허(Schleiermacher)의 낭만주의, 그리고 부쉬넬(Bushnell)과 모리스(Maurice)의 저작들이 언급되고 있다. 버틀러(Butler)의 저서는 계속해서 읽혔고, 기독교의 증거와 자연신학에 대한 윌리엄 팔리(William Paley)의 저서들은 상당한 호평을 받았다. 그러나 감리교의 철학과의 만남은 라이드(Reid), 스튜어트(Stewart), 쿠진(Cousin)의 상식철학과의 만남에 집중되어 있었다. 도덕과 종교적 직관의 근본을 강조하는 것은, 비록 그것이 현대과학이지만 도덕성과 종교에 중요한 역할을 하는 것 같이 보였다. 일반적으로 감리교와 미국 개신교에 있어서, 직관적 현실주의(상식철학 또는 스코틀랜드 철학)는 신학을 재해석하는 일에 결정적인 역할을 했다.[42]

한 인상적인 정기 간행물이 감리교와 종교 및 문화적 정황(context) 사이의 중요한 교환수단으로서 역할을 했다. 1840년 이후, 조지 펙(George Peck)과 존 맥클린토크(John McClintock)가 편집하

---

42) Sydney는 Scottish philosophy를 Princeton, Harvard, Yale, Andover대학에서 강조하게 된 그 의미를 날카롭게 조사하고 있다. James Ward Smith, A. Lemand Jamison이 편집한 *Religion in American Life*, vol. I, 259-69에 있는 Ahlstrom의 글, "Theology in America: A Historical Survey"을 보라. 또한 *Church History*, 24(1955), 257-72에 있는 Ahlstrom의 글, "The Scottish Philosophy and American Theology"를 보라. 또한 *The History of American Methodism*, I, 352-56에 있는 Scott의 글, "Review of the impact of this philosophy on Methodism"을 보라.

는 메소디스트 계간평론지(The Methodist Quarterly Review)는 독일의 성서비평학과 철학적 발전을 소개하고 있었다.

1856년부터 1884년까지 다니엘 웨돈(Daniel Whedon) 주필 하에, 다윈의 진화론의 출격과 성서비평학의 발전, 그리고 해외에서 일어나고 있는 철학의 흐름을 설명하고 있었다. 웨돈(Whedon)의 계승자인 다니엘 커리(Daniel Curry)는 보다 전통주의자였지만, 그래도 신학과 연관된 세계 상황을 감리교에 소개하는 일을 적지 않게 하였다. 1847년부터 남감리교회는 자체의 계간평론지(Review)를 발행하였다. 남감리교회는 좀 더 보수적이었고, 웨슬리안의 특색을 보전하려고 하였다. 그러나 그 계간 평론지는 새로운 동향과 인물들을 독자에게 소개하였다. 이 평론지(The Review)는 보다 대중적인 기독교의 대변지인 「Christian Advocate」와 함께 그 당시 가장 폭 넓게 배포된 감리교의 정기 간행물이었다.[43]

교역자들을 교육하는 일의 향상이 감리교 신학의 발전에 공헌하였다. 1844년 이후 교단 총회(General Conference)가 연구과정에서 시험을 치기 위하여 일정한 신학 교재를 목록에 기재함으로 연구과정은 결정적인 영향을 끼쳤다. 메소디스트들 가운데 만연된 대학교육에 대한 의구심은 점차로 감소되었다. 보다 안정된 목회직, 평신도의 교육수준 향상, 칼빈주의와의 논쟁, 그리고 메소디스트를 타 교단 신학

---

43) *Methodist Quarterly Review*, 99(1917), 850-61에 있는 John A. Faulkner의 "The Methodist Review: The First Century"를 보라. Wade Crawford Berclay의 *History of Methodist Mission*, vol. III. Widening Horizon, 1845-95, 110-12. Scott는 그의 *The History of American Methodism*, II, 383-86에서 1840-1870 기간에 *The Methodist Quarterly Review*가 끼친 영향과 성격에 대하여 잘 논의하고 있다.

교에서 교육 받게 하는 것을 꺼림에 따라, 감리교 안에 고도의 신학기관들이 생기게 되었으며, 이 기관들의 영향은 그 세기 전반에 걸쳐 증대하였다.[44]

남북전쟁 이후 감리교는 더욱 더 과학의 도전, 특히 다윈(Darwin)과 진화론자들이 주장하는 과학의 도전에 주의를 기울였다. 이에 대한 감리교의 반응은 격앙된 거절에서 조심스러운 수용으로 수정되었다. 이는 성서에 대한 해석에 영향을 주었다. 이는 창세기에 위협을 줄 뿐 아니라 스트라우스(Strauss), 벨하우젠(Wellhausen) 및 다른 독일 학자들의 비평적 역사 연구들이 또한 성서해석에 영향을 끼쳤다. 이들 독일 학자들의 주장이 미국에 소개되었으며, 이는 허스트(Hurst), 워렌(Warren) 및 다른 사람들에 의해 강조되었다.[45]

이러한 주변 환경 세력들에 대하여 감리교가 신학적으로 반응하면서 자체의 입장이 정립되었다. 곧, 외부의 요구와 내적인 필요가 합쳐서 감리교 신학에 도덕적 수정과 체계적인 통합을 가져오게 하였다. 포괄적인 연구를 위해, 이런 발전들의 하나하나를 보다 광범위하게 고찰해 보도자 한다.

---

44) Barclay의 *History of Methodist Mission*, vol II, *To Reform the Nation*, 439-41. 또한 Sweet의 *Methodism in American History*, 207-28; S. M. Duvall의 *The Methodist Episcopal Church and Education up to 1869*, 17-25; Scott의 "Methodist Theology," 134. Hurst의 *History of Methodism*, II, 746-52. *The History of American Methodism*이 시학 육의 발전에 관하여 자세히 설명하고 있다. 그들을 보기 위해서는 이 책의 I. 565-71, II. 193-96, 303-9, 322-24, 649-50를 보라.

45) Brauer의 *Protestantism in America*, 218-24; H. S. Smith가 편집한 *American Christianity*, II. 215-19; John Dillenberger와 Claud Welch가 편집한 *Protestant Christianity*, 189-206; H. S. Smith의 *Changing Conception of Original Sin*, 164-97을 보라. Scott의 "Methodist Theology" 334-47. Dunlap의 "Methodist Theology in Great Britain," 434-38.

첫째, 도덕적 수정에 대한 추세를 알아보기로 하자. 자유의 직관과 책임에 대한 상식철학의 강조는 메소디스트들의 힘찬 환영을 받았다. 감리교는 값없이 주시는 하나님의 은총과 자유의지에 관한 논쟁을 항상 지지하여 왔다. 칼빈주의의 새로운 학파와의 논쟁은 자유의 교리에 대한 흥미를 고양시켰다. 따라서 1853년에 남부의 침례교도인 브레드소(A. T Bledsoe)가 「변신론」(*Theodicy*)이라는 책을 발행하여, 도덕적 인격은 도덕적인 존재인 개인의 구체적 행위에 의하여만 알려질 수 있다고 주장하였다. 이 주장을 메소디스트들은 열광적으로 환영했다. 그 후 50년간 메소디스트들은 이 책을 많이 인용했다. 당시에 쓰인 포스터(R. S. Foster)와 태펀(H. P. Tappan)의 책은 이것을 지시하는 내용을 싣고 있다.[46] 모든 이러한 영향들은 웨돈(1808~1885)에게서 합쳐졌으며, 그의 저서 「자유 의지」(*Freedom of the Will*, 1864)는 신학의 도덕적 수정에 지대한 영향을 미쳤다.

대학에서 교육받고 지속적인 탐구를 하는 웨돈은 메소디스트 계간평론지의 주필이라는 중요한 직분을 맡기에 잘 준비된 사람이었다. 논문과 사설, 그리고 평론들이 그의 펜으로부터 쏟아져 나왔다. 이들과 그가 쓴 글들, 그리고 그가 선정하여 발행한 책들을 통해, 그는 거의 단독으로 한 세대의 신학교육을 주도하였다. 썸머스(T. O.

---

46) Albert Taylor Bledsoe의 *A Theodicy*, H. P. Tappan의 *The Doctrine of the Will*, 그리고 R. S. Foster의 *Objection to Calvinism*, 그리고 "Methodist Theology," 165-69에 있는 Scott의 설명을 보라. 이 문제에 대한 최근의 토론을 보기 위해서는 D. D. Whedon의 "Doctrines of Methodism," 19(1862), 241-73; John F. McClintock의 "The Conflict of the Age," MQR, 36(1854), 169-90; D. D. Whedon의 "Wesleyanism and Taylorism-Reply to The New Englander," MQR, 42(1860), 616-69를 보라.

Summers)는 그를 메소디스트들이 일반적으로 인정하는 "미국의 첫째가는 신학자"로 평가하였다.[47]

에드워드(Edwards)와 피니(Finney), 비쳐(Beecher)가 주장하는 후기 수정 칼빈주의에 맞서서 웨돈은 "책임의 행동원리(the Maxim of Responsibility)"에는 의지의 본질적 자유가 절대적으로 있어야 한다고 주장하였다. 그는 주장하기를, 참된 책임은 정반대의 선택도 할 수 있는 힘이 있는 본질적인 본래의 자유라야 한다. 그런 자유는 "인간 자신 곧 무에서 창조된 본래의 인간, 자유로운 존재로부터 나와야 한다."고 했다.

웨돈은 "선(good)에 대한 동기는 하나님의 선행적 은총으로 인하여 나오는 것이지, 죄인인 인간의 본성에서 나오는 것이 아니다. 그러나 일단 주어졌지만, 이 동기는 본질적으로 자유로운 존재인 인간에 의해 선택되거나 거부될 수 있다."고 강력히 주장하였다.[48]

웨돈의 저서는 폭넓게 내부에 알려졌으며 메소디스트의 범주를 넘어서 상당한 주목을 받았다. 그러나 그것은 칼빈주의자들로부터 단호한 비판을 받았다. 보다 중요한 비난은 스미스(H. P. Smith)에서 왔다. 그는 웨돈의 견해에 도전하며, 그의 견해는 웨슬리안의 전통과 다르다고 정확하게 지적하였다.[49]

---

47) Scott의 "Methodist Theology," 187에서 인용하였음. 또한 IV장에 있는 "Daniel Whedon on the Freedom of the Will"를 보라.
48) Daniel D. Whedon의 *The Freedom of Will as a Basis of Human Responsibility and a Divine Government*, 396, 42. Scott의 "Methodist Theology," Appendix 16, "Whedon's Definition of the Will and Freedom," 611ff. 그리고 Appendix 17. "Whedon's Critique of Necessitarian Arguments," 614ff. 그리고 MQR, 40(1858), 138, MQR 64(1882), 362를 보라.
49) Henry B. Smith의 *Faith and Philosophy*, 10장, "Whedon on the Will." Scott의 "Methodist

도덕적 책임에 대한 철학적 교리는 교리를 수정하는 데 더 많은 관련이 있었다. 그것은 성서적 계시를 철학적 직관과 인간양심의 분석의 지배를 받게 하였다. 즉, 원죄의 죄책을 부정하게 만들었고, 원죄로 인한 부패성에 대한 상태와 의미를 재해석하게 만들었고, 속죄론에서 대속적 논지를 없애고 통치설을 주장하게 만들었다. 그리고 마지막으로 선행적 은총의 역할에 대한 강조가 약해지고 인간의 본래적 자유를 더 확대하게 하였다.[50]

두 번째로, 1840~1890년의 시기에 주목할 만한 감리교의 특징은 이들 수정된 신학적 주제들을 체계화하기 위한 노력이었다. 이 시기에 교회 구성원들을 위한 첫 교리문답 및 웨슬리 신학의 개론인 「웨슬리아나」(Wesleyana)가 출판되었다. 일반 독자들에게 감리교 전통을 소개할 목적으로 실라스 컴포트(Silas Comfort)의 「신앙 신조에 대한 해설」(Exposition of the Articles of Religion, 1847), 짐슨(A. A. Jimeson)의 「25개 신조에 대한 주석」(Notes on the Twenty-five Articles, 1853)가 출판되었다. 왓슨의 「신학강해」가 랠스톤(Ralston), 웨이크필드(Wakefield), 리(Lee) 및 비니(Binney)에 의해 미국에서 출판되었다. 왓슨이 미국에 끼친 영향은 절정에 달했다. 동시에 교회의 가르침과 칼빈주의와의 논증을 위해서 왓슨의 입장과 범주를 떠나 새롭게 웨슬리안주의를 전개하고 싶은 바람이 있었다.[51]

Theology," 221-25. MQR, 68(1886), 445-54.
50) 이런 경향(these developments)은 19세기에 있어 감리교에만 국한된 것은 아니었다.
51) Shipley의 "Theology in American Methodism," 252; Scott의 "Methodist Theology," pp. 137-48; James Roy의 Catholicity and Methodism, 92-94. MQR, 68(1886), 750-60. 이 문제에 더 자세한 논의를 보기 위해서는 The History of American Methodism, II. 380-83을 보라.

감리교를 왓슨으로부터 분리시키려고 한 주요한 사람은 워렌(W. F, Warren)과 웨돈(Whedon)이었다. 그러나 이 두 사람은 조직신학 책을 써내지는 않았다.

1877년에 가서야 비로소 가렛신학교(Garrett Seminary)의 마이너 레이몬드(Miner Raymond, 1811~1877)가 첫 조직신학 책을 저술하였다. 레이몬드의 저서는 주의 깊은 성서해석과 왓슨의 신학에서 다룬 교리의 역사를 분석하였다. 이 책은, 또한 인간은 자유로운 인격적 존재라는 범주 속에서 신학을 재해석하려는 메소디스트의 노력을 지지하고 있다. 레이몬드의 신학은 단순히 학자들을 위해서가 아니라, 일반교회를 위해 메소디스트-알미니안주의를 진술하려 하였다. 웨돈과 많은 다른 사람들은 이것이 미국감리교의 사상을 바로 설명한 것으로 받아들였다.[52] 레이몬드의 저서는 1880년부터 1908년까지 교역자 교육을 위한 "연구과정"에 실려졌다.

윌리암 워렌(1833~1929)은 이 시기의 메소디스트 사상가 중 가장 창의적인 사람들 가운데 한 사람이었으며 신학계에서 국제적인 인정을 받은 첫 번째 메소디스트였다. 그는 베를린과 할레에서 공부했으며, 독일 메소디스트 선교신학교에서 가르쳤다. 또 메소디스트 계간 평론지(MQR)의 외국 통신원으로 근무했으며, 몇 가지 중요한 저작으로도 공헌했다. 그 후 그는 보스턴대학의 총장이 되었고, 퇴직 후에는 신학교의 학장으로 임명되었다. 독일에서 출판된 그의 책, 「신학서

---

52) MQR, 59(1877), 734에 Raymond의 신학에 대한 평이 실려 있다. Scott의 "Methodist Theology," 4장에 있는 "Miner Raymond: American Methodism's Representative Theologian"을 보라. Shipley의 "Theology in American Methodism," 255-57.

론」(*Einleitung*)은 복음주의적이면서도 여전히 신 세계의 사고방식에 어울리는 새로운 방법론의 필요를 창의적으로 진술한 책이다. 이 책에서 제시한 방법에 의한 조직신학이 나오지 못하고, 워렌의 관심이 비교종교와 다른 분야로 옮겨진 것은 감리교로서는 아쉽고 큰 손해였다. 워렌은 19세기의 감리교회가 새로운 지적 상황에 적합한 복음주의 기독교를 만들어 보려고 노력하는 일에 있어서 대표적인 지도자였다.[53]

토마스 썸머스(1812~1882)는 남부 감리교회의 유명한 신학자였다. 그는 교단이 발행하는 책의 편집장(Book Editor)으로서, 메소디스트 「계간 평론지」(Quarterly Reviw)의 주필로서 근무했으며 반더빌트 대학교(Vanderbilt University)의 신학대학의 교수 및 학장을 역임했다. 썸머스는 그 시대의 새로운 발전들을 알고 있었고, 그는 이것들이 정직하게 토론되어야지 개괄적으로 대강 처리되어서는 안 된다고 생각했다. 그러나 그는 왓슨과 영국의 포프(W. B. Pope)가 주장하는 웨슬리안의 전통에 충실했다. 그는 원죄의 죄책을 부정하는 것은 꺼렸으나 의지에 대해서는 웨돈의 입장을 따랐다. 그는 속죄론에서 대속적인 요소들을 시인했으나 여전히 통치설을 주장했다. 그는 성서비평을 연구했다. 그러나 그는 보수주의자로 널리 알려져 있다. 그의 두 권으로 된 책, 「조직신학: 웨슬리안 알미니안 신학의 총론」(*Systematic Theology, A Complete Body of Wesleyan Arminian*

---

53) Scott의 "Methodist Theology," 244. 또한 Shipley의 "Theology in American Methodism," 253-55.

Divinity, 1888)은 25개조 신조에 대한 강의에 기초하고 있다. 그의 사후, 이 책은 그의 제자와 반더빌트에 있는 그의 후계자 존 타이거트(John Tigert)에 의해 편집되었다.[54]

이 시기에 신학적 문헌 발전에 기여한 또 다른 사람들이 있다. 존 맥클린토크(John McClintock), 다니엘 커리(Daniel Curry), 존 타이거트(John Tigert)는 감리교의 유명한 평론지(Reviews)의 편집자들이었다. 존 플레처 허스트(John Fletcher Hurst)는 감리교의 역사가요 대변자로서 많은 글을 썼다. 그리하여 다른 누구 못지않게 지식의 범위를 넓혔다. 포스터(R. S. Foster)와 메릴(S. M. Merrill) 감독이 쓴 많은 책들 가운데 몇몇 저서들도 연구목록에 기재되었다. 제임스 스트롱(James Strong)과 존 맥클린토크는 「성서적, 신학적 교회문헌에 대한 백과사전」(*Cyclopedia of Biblical, Theological and Ecclesiastical Literature*, 1867~1887)의 편집을 떠맡았다. 조지 크룩스(George Crooks)와 허스트(J. F. Hurst)는 중요한 「성서·신학문고」(*Biblical and Theological Library*)를 계획하여 마침내 7권의 책을 출판했다(1877-1990). 마일리(Miley)의 「조직신학」도 이 가운데 들어 있었다.[55]

이 둘째 시기에 있어서의 감리교의 신학적 전개에 대하여 모두가 의견을 같이 한 것은 아니었다. 보수주의 측에서는 신학을 정당한 방

---

54) Scott의 "Methodist Theology," 487. Shipley의 "Theology in American Methodism," 257-60. 그리고 O. F. Fitzgerald와 Dr. Summers의 *A Life Study*를 보라.
55) Shipley의 "Theology in American Methodism," 260.; Scott의 "Methodist Theology," 344-47, 그리고 Appendix 14, "MdClintock and Strong의 *Cyclopedia, 1867-87*," 605.

법이 아니고 사사로이 변경하는 일을 계속하여 반대하였다. 1850년 이후부터 구역예배(Class meeting)가 등한이 여겨지는 것을 크게 걱정하였다. 이런 일은 전통신학과의 연결이 느슨해짐에 따라서 생기는 것이라고 생각되었다. 1864년에, 교단총회는 심한 반대를 무릅쓰고 회원들은 감리교의 신앙신조에 제시된 성서적 교리에 동의하는 서명을 할 것을 요구하며, 교역자들은 이 교리에 관한 시험을 치러야 한다고 결의하였다. 1880년에 있은 총회는 한 때 감리교 유산의 중심이었던, 복음적 및 경험적 요소들이 쇠퇴되었음을 걱정하며 지적하였다. 마빈(E. M. Marvin) 감독과 다니엘 스틸(Daniel Steele)은 인간의 타락을 경시하는 감리교 신학에 대한 걱정을 토로하며, 그것이 모든 다른 복음적 교리를 약화시킬 우려가 있다고 밀했다.[56]

웨슬리안 유산의 상실에 대해 염려하는 사람들이 교역자를 위한 교리적 표준을 강화하라고 압력을 가하였다. 「메소디스트 계간 평론지」는 몇 개의 기고를 통해 신앙개조(the Articles of Religion)를 원상태로 회복시킬 것을 거듭거듭 제안했다. 토마스 닐리(Thomas Neely)와 존 타이거트(Tigert)는 감리교가 교회헌법을 수정하는 과정에서, 감리교의 전통적 표준들이 무시되고 있는 이 시대의 걱정을 언급하고 있다. 그러나 이 보수주의자들의 항거는 새로운 신학의 발전

---

56) Scott의 "Methodist Theology," 348-57. 또한 Frederick A. Norwood의 *Church Membership in the Methodist tradition*, 50-52, 70-87; E. M. Marvin의 *The Doctrinal Integrity of Methodism*; Daniel Steele의 *The Holy Spirit, the Conservator of Orthodoxy*; Barclay의 *History of Methodist Mission*, vol. III, Widening Horizon, 1845-95, 72-76, 90-92. Peters의 *Christian Perfection and American Methodism*, 163-65. Henry Wheeler의 *History and Exposition of the Twenty-five Articles*, 9f.

앞에서 무너지고 말았다.[57]

감리교 신학사의 이 중간시기 동안 내내, 반대의견에도 불구하고 꾸준한 변화가 일어났다. 보다 새로운 발전을 지지하는 옹호자들은 감리교의 신학적 유산을 완전하게 보존하거나 고양시키려고 하면서도 또한 당시의 운동들과 적합한 관계를 가지려고 굳게 결심하였다. 특색 있는 것은, 수정주의자들 및 조직적 변화를 주장하는 지도자들과 보수주의의 반대자들이 모두 웨슬리안의 유산에 전념했다는 것이다. 그들이 하는 일의 실제적인 결과가 무엇이든 간에 이 시기의 개혁자들은 이 유산에 대한 충성을 고백했다. 그들의 노력 속에 널리 퍼져 있던 이런 관심이 1890년 이후 감리교의 주요 조직신학자들에게는 거의 결여되어 있었다는 것이 대단히 이채롭다.

2) 존 마일리의 윤리적 알미니안주의(Ethical Arminianism in John Miley)

이 중간기에 있어서 존 마일리는 대표적인 신학자이다. 그는 새로

---

57) Neely의 *Doctrinal Standard of Methodism*; Tigert의 *A Constitutional History of American Episcopal Methodism*; J. Pullman의 "Methodism and Heresy," 61(1879), 334-57; A. Brunson의 "Proposed New Articles of Religion," 54(1871), 229-46; R. Wheatly의 "Methodist Doctrinal Standard," 65(1883), 26-50; H. Liebhart의 "Present State of Protestant Theology," 65(1883), 120-36; R. Cook의 "The Doctrine of Atonement," 67(1885), 329-52; D. Curry의 "A New Orthodoxy," 68(1886), 445-56; "Present Necessity for a Restatement of Christian Beliefs," 68(1886), 750-60; "The New Theology," 70(1888), 284-86; 그리고 "Revolution in Theology," 74(281-88). 1880년의 총회는 교역자가 입회하게 될 때, 다음과 같은 질문을 하기로 결의하다. "당신은 감리교회의 교리를 공부하였는가?" 시험에 합격한 다음에는 묻기를, "당신은 감리교회의 교리가 성서적이라고 믿는가?" "당신은 그 교리를 지지하며, 그 교리를 설교하겠는가?" *General Conference Journal*, 1880, 365f.를 보라.

드러나는 특성들을 논리적으로 해명하고 체계적으로 통합하는데 탁월한 솜씨를 보였다. 마일리는 인간론과 구원론에서 그릇된 해석들을 제거하기를 원하였다. 그리하여 그는 당시에 논의되고 있는 두 교리 곧 인간론과 구원론을 병합한 하나의 알미니안-웨슬리안신학으로 통합시켰다.

존 마일리는 1813년 오하이오(Ohio)주의 버틀러 카운티(Butler County)에서 출생했다. 1832년에 그는 켄터키(Kentucky)주의 오거스터(Augusta)대학에 들어갔으며, 그곳에서 학사 학위(B. A.)와 석사 학위(M. A.)를 받았다. 오하이오 연회(1838)를 통해서 감리교 목회에 들어선 그는 1852년 뉴욕(New York)의 동부연회로 옮겨갈 때까지 오하이오주에서 복사로 봉사하였다. 그는 목회를 통하여 마일리는 훌륭하고 사려 깊은 설교를 하며, 계속하여 신학연구를 하는 목사로 알려졌다. 그의 첫 번째 훌륭한 출판물인 구역예배(Class Meetings)에 대한 논문(1851)으로 인하여 그의 감리교회에 대한 이해와 관심이 많다는 것이 잘 알려졌다. 포스터(Randolph S. Foster)가 감독이 됨으로, 마일리는 그를 계승하여 1873년에 드루(Drew)신학의 조직신학교수가 되었다. 신학교수로서의 그의 첫 중요 출판물은 「그리스도의 속죄」(*The Atonement in Christ*, 1879)였다. 이 책은 좋은 평판을 얻었고 폭넓게 토론되었으며, 그 이듬해에 교역자 교육을 위한 "연구과정"에 기재되었다. 그의 중요한 두 권의 「조직신학」(*Systematic Theology*)은 1892년과 1894년에 출간되어 그 즉시 연구과정에 기재되었다. 이 책들은 1908년에 쉘던(Sheldon)이 「기독교 교리체계」

(*System of Christian Doctrine*)를 출판할 때까지 계속 좋은 평판을 받았다.[58]

그와 동시대인들에 의해 마일리의 저서는 높은 가치를 인정받았다. 「메소디스트 계간 평론지」에서 멘덴홀(J. H. Mendenhall)은 "마일리의 저서들은 그 세기의 학자들이 저술한 저서들을 능가하는 것이었다."라고 했다. 그리고 예언하기를 "그 저서들은 신학의 여러 문제를 다룸에 있어 아마도 영원히 표준적 권위가 될 것이다."라고 했다. 또한 켈리(W. V. Kelley)는 마일리가 쓴 책, 「장한 웨슬리안-알미니안 신앙 해설」(*exposition of the victorious Wesleyan-Arminian belief*)을 격찬하며 말하기를, "그의 작품은 훌륭하며, 위대하고 진실하다. 그것은 우리로 하여금 전쟁을 수행하며 승리를 얻을 수 있게 하는 능력을 내포하고 있다."라고 했다. 버클리(J. M. Buckley)는 「뉴욕 그리스도인의 주장」(the New York Christian Advocate)라는 잡지에서 마일리의 저서에 열광적인 지지를 보냈다. 비록 훨씬 비판적이긴 하나 「서부의 평론지」(Review)에서 존 타이거트는 마일리의 저서가 "레이몬드의 것보다 더 심오하고 비판적이며, 전체적으로 볼 때 가장 믿을만하고, 만족스러운 감리교 신학작품"이라고 평하였다.[59]

---

58) Scott가 그의 "Methodist Theology," IX장에서 쓴 Miley의 생애와 그의 사상을 기록한 것을 보라. 또한 Barcley의 *History of Methodist Missions*, vol. III, Widening Horizons, 1845-95, 69, 또 Ezra S. Tipple이 편집한 *Drew Theological Seminary, 1867-1917*, 153ff; James R. Joy의 *The Teachers of Drew, 1867-1942*, 81-90을 보라.

59) Miley의 Systematic Theology에 대한 칭찬은 여러 군데에서 볼 수 있다. 예로서 다음 글들을 참고하라. Mendenhall은 MQR, 74(1892), 497에서. Kelley는 MQR, 76(1894), 835, 858에서, Barcley는 *Christian Advocate*, 70(1895), 258에서. Tigart는 *Quarterly Review of the Methodist Episcopal Church, South*(이하는 MQRS로 표기함), 40(1894), 259. J. F. Chaplain은 MQR, 62(1880), 698-709에서 Miley의 Atonement of Christ를 논평하고 있다.

마일리는 메소디스트들 가운데 성행되고 있는 취향을 반영하여 이를 제임스 알미니우스(James Arminius)와 16세기 화란에서 일고 있는 운동(Dutch Movement)에 연관시켰다. 그러나 마일리를 아주 좋아 하는 사람은, 대부분의 경우에서 그랬듯이, 화란 사람들이 아니라 웨돈과 브레드스(Bledsoe) 같은 미국 사람들이었다. 역사적 알미니안주의의 문헌은 미국의 교리적 발전을 지도하기보다는 오히려 확인하는 역할을 하였다. 참으로 마일리는 화란과 웨슬리안의 근원(sources)으로부터 떠나, 19세기 미국의 감리교 운동의 강조점을 복음적인 것에서 추상적인 인간론으로 옮겨놓고 말았다.[60]

마일리의 윤리적 알미니안주의에 있어서는 자유로운 인간(free personal agency)이 비판적이며 건설적인 원리(principle)가 되있다. 이 원리에 따라서 그는 원죄의 죄책을 비평하면서 어거스틴의 실존론(realism)의 모든 잔재를 제거하려고 했고, 속죄론에 있어 통치적 정의를 강조했고, 그의 책임에 대한 철학적 교리에 있어서는 인간 자유의 근거가 하나님의 은혜라는 견해를 손상시키게 했다. 마일리는 다른 어떤 메소디스트들보다 더욱 분명하고 일관성 있게 이러한 경향을 취하며 신학을 전개했다. 그렇지만 그는 여전히 인간의 무능과 도덕적 타락 그리고 선을 향한 모든 행동은 은총에 의존한다는 것은 강조하였다.

그는 자기의 웨슬리안 유산을 더 좋게 만들기 위해서는, 유산에서 비윤리적이고 비논리적인 요소들을 제거하는 것이 자신이 할 수 있는

---

60) Scott의 "Methodist Theology," 447, 483, 455. MQRS, 40(1894) 260. 이하 생략(역자).

최선의 일이라고 생각했다. 그리하여 그는 계속적으로 웨슬리를 위시하여 영국 메소디스트들의 자료들을 수정했다. 그의 저서 속에서는 왓슨이 감리교 교리의 양식과 내용에 결정적인 영향을 미쳤던 사람으로 언급되지 않았다. 마일리의 신학의 특징은 그 철저함과 조직적이고 질서적인 배열, 세밀하고 논리적인 주장들, 그리고 알미니안-웨슬리안 교리에 의존하며 그에 계속적인 관심을 가지고 있는 것이었다. 그가 이룬 신학은 감리교 신학에 있어 19세기에 있은 경향의 결말이 되었다. 스코트(Scott)가 "마일리는 19세기 중반 미국 감리교 신학에 나타난 과도기적 경향의 절정"이라고 인정해야 한다고 판단한 것은 맞는 말이다.[61]

그 시대의 말엽에 이르러 마일리의 연구는 단지 짧게 지속되었다. 연대기적으로 뿐만 아니라 교리적으로도 마일리의 신학은 두 세기의 경계선(dividing line) 상에 서 있었다. 커티스(Curtis)와 쉘던(Sheldon), 그리고 마일리보다 5년 혹은 10년 후에 글을 쓴 신학자들의 신학은 다른 세상을 연상케 하였다. 커티스와 쉘던은 마일리가 채택한 신학적 전제 곧 출발점(premises, starting points)을 한층 더 발전시켰다. 마일리는 웨슬리안 유산에 대한 충성심 때문에 그리 인정하지 않았지만, 커티스와 쉘던은 마일리가 새로운 신학적 전제로 신학을 전개한 것으로 본 것이다. 마일리 후의 감리교 신학자들은 웨슬리안 유산에 구속을 받지 않았다.

---

61) Scott의 "Methodist Theology," 471, 483, 498. 469f. 이하 생략(역자).

3. 마일리에서 누드슨까지, 1890-1935

　세기(the century)가 바뀜에 따라 감리교의 신학 문헌에서 요한 웨슬리에 대한 언급은 점차 드물게 나타났다. 웨슬리에 대해 언급을 할 때는 그 언급의 의도가 매우 빈번이 웨슬리에게서 확증을 찾으려는 것보다는 오히려 그것을 수정하려는 의도로 언급한 때가 더 많았다. 또한 이들 문헌에는 19세기 감리교의 신학자들도 드물게 나타났다. 주로 주변의 문화에서 나타난 확정적이며 폭넓게 인식된 일들이 나타났다. 즉 과학, 진화론적 세계관, 비평적 성서 연구, 그리고 리츨(Ritschl), 로체(Lotze), 슐라이에르마허(Schleiermacher)에 의해서 시작된 철학이 등장하였다. 이들 문화의 영향에 대한 신학적 반응들은 다양했다. 어떤 이들은 철저하게 전통적 신학을 거부하고 새로운 세계관을 받아들였으며, 어떤 이는 이 새로운 견해들과 역사적 신앙을 중재할 방도를 모색했다. 또 다른 이들은 여전히 정통성에 매달려, 완고하게 모든 신학적 수정들을 반대했다.[62] 대체로 감리교는 그리스도와 문화를 중재하려는 두 번째 그룹에 속하였다. 그러나 그 중에서도 세 번째 반응 곧 근본주의자의 정통성에 의한 반대도 있었다. 신학을 하나의 "점진적 학문"으로 봐야 한다고 주장하는 자유주의자들과, 또한 신학을 당시의 문화적 상황에 적합하도록 만들어야 한다고 생각하는 사람들에 의하여 감리교 신학은 재편성되고 말았다.

---

62) H. S. Smith가 편집한 *American Christianity*, vol. II, XVI-XVIII에서 새로운 시대에 대한 위의 세 가지 반응을 자세히 설명하고 있다. 이에 대한 Milton Terry의 코멘트를 보기 위해서는 MQR, 77(1895), 190, 194-96에 있는 글, "Scope and Methods of Christian Docgmatics"를 보라.

1) 문화적 영향과 신학의 자유주의적 재편성(Cultural Impact and Liberal Reconstruction)

남북전쟁이 끝난 뒤 놀라운 변화가 미국 생활을 엄습했다. 과학의 기술적 적용은 산업화를 촉진시켰으며, 도시의 생활을 확장시키고 복잡하게 하였을 뿐 아니라 철저하게 시골사회를 변화시켰다. 진화론(Darwinism)을 무한정 무시하거나 거부할 수 없었다. 하나님을 인간과 우주 속에 내재하는 역동적 힘으로 만들면서 진화론은 점차적으로 수용되었다. 과학적 태도와 최신 종교학의 방법을 흡수하면서 경험적 방법론과, 종교의 발전에 대한 역사적 연구, 그리고 종교들의 전통을 비교 설명하는 학문이 등장하게 되었다.

유럽의 학자들에 의한 비평적이고 역사적인 성서연구가 해외에서 공부한 미국인들에 의해 소개되었다. 미국의 해석자들은 이를 받아들여 당시의 종교 간행물에서 논의하였다. 조만간, 이는 종파 내에 격렬한 싸움을 야기했다. 이는 성서를 역사적인 상황에서 쓰인 책으로만 보려는 과학의 입장을 인정하고, 역사적으로나 과학적으로 전혀 오류가 없는 최고의 규준으로서의 성서의 입지를 박탈하는 것이었다.[63]

해외에서 공부한 사람들은 독일의 성서연구뿐만 아니라 슐라이에

---

63) Smith가 편집한 *American Christianity*, vol. II, 215-21; 또한 Henry Steele Commager의 *The American Mind*, IV장에 있는 "John Fike and Evolutionary Philosophy," 그리고 IX장에 있는 "Religious Thought and Practice"를 보라. Dunlap의 "Methodist Theology in Great Britain," 426-32; 또 Scott의 "Methodist Theology," 489-95, 또한 Barclay의 *History of Methodist Missions*, vol. III, Widening Horizon, 1845-95, 76-81을 보라.

르마허, 로츠, 그리고 특히 영어권 세계에 침투되어 있는 리츨의 철학(Ritschlianism)을 미국으로 들여왔다. 그때를 논평하면서 한 메소디스트는 기록하기를 "미국의 신학교들은 베를린, 마부르그, 괴팅겐 등에 있는 리츨리안 강의실에서 공부하고 그 신앙의 신봉자가 되어 돌아온 교수들 혹은 집 가까이에 있는 리츨리안의 샘에서 그 물을 마신 교수들로 가득 차 있다."고 했다.[64] 이는 신학을 보다 도덕적으로 설명하도록 자극했으며, 또한 사회복음운동(Social Gospel movement)에서의 하나님 나라를 강조하게 하였다. 이 운동은 부흥과 삶 전체가 하나님의 지배 아래 있어야 한다고 주장하는 완전론자의 전통을 이어받은 자유주의적인 신학 입장(conviction)이 특수한 의미를 지니도록 도왔다.[65]

슐라이에르마허에 의해 고양된 종교적 경험에 대한 강조는 신학에 있어 경험론적 방법의 길을 열게 하였으며 낭만주의적인 철학적 경향을 뒷받침하였다. 헤겔에게서 시작하여 로츠(Lotze)에 의해 체계화된 인격적 유신론(personal theism)은 인격적 관념론(Personal idealism)으로 발전하였다. 미국 개신교에서 리츨주의가 끼친 영향만큼 큰 것은 아니지만, 인격적 관념론은 감리교 내에서는, 특히 보스턴에 있는 신학교를 통해서 결정적인 지배력(force)을 갖게 되었다. 이

---

64) John A. Faulkner의 *Modernism and the Christian Faith*, pp. 218, 28; Dillenberger와 Welch가 쓴 *Protestant Theology*, IX장. MQR, 73(1891), 194-211.
65) 미국 감리교회는 사회복음을 열렬히 옹호하였다. 이에 대한 토론을 보기 위해서는 다음 글들을 보라. Harry F. Ward의 "Which was will Methodism Go?" MQR, 104(1921), 685-95; Herbert Welch의 "The Church and Social Service," MQR, 90(1908), 707-15; William M. Balch의 "Social Salvation," MQR, 91(1909), 742-50.

들 3인 철학자의 영향 속에서 이 기간에 있은 특색 가운데 하나는, 종교철학이 신학의 자리를 차지하게 되었다는 것이다.[66]

미국의 감리교에서 자유주의 신학 운동을 이끌었던 사람들 가운데 뛰어난 학자는 보던 파커 보우네(Borden Parker Bowne, 1847-1910)이다. 보우네의 사상은 신자들의 마음에 "미국 내의 다른 어떤 종교 철학자들이 한 것보다 더 많은 영향을 미쳤다."[67] 명석한 학생인 보우네는 외국에서 공부하였으며, 독일의 철학자 특히 라이프니쯔(Leibnitz), 칸트(Kant), 헤겔(Hegel), 그리고 로츠(Lotze)에게서 깊은 영향을 받았다. 그는 1876년부터 그가 죽기까지 보스턴대학에서 대학원 원장과 철학부의 주임교수로서 다양하게 근무하며 가르쳤다. 그 후 많은 그의 제자들이 유명한 교수와 저술가들이 되었다. 그의 제자들로는 맥코넬(McConell), 브라이트만(Brightman), 누드슨(Knudson)과 플루웰링(Flewelling), 그리고 제2세대인 베르토치(Bertocci), 드볼프(Dewolf), 뮐더(Muelder)와 존슨(Johnson) 등이 있다.

보우네는 인식론과 형이상학에 있어서 그의 철학은 인격(personality) 곧 자아가 궁극적 의미를 가진다는 데 기초를 두고 있

---

66) H. S. Smith가 편집한 *American Christianity*, II, 223, 308, 또한 XVII장. 인격적 관념론의 전개에 관하여는 James Edward Will의 Columbia대학에서의 박사논문(1962), "Implications for Philosophical Theology in the Confrontation of American Personalism with Depth Psychology," chapter II, III을 보라.

67) H. N. Wieman & B. E. Meland의 *American Pholosophies of Religion*, 134. *Religion in American Life*, I. 288. H. N. Schneider의 *A History of American Philosophy*, 249ff; Albert C. Knudson의 "Bowne in American Theological Education," *The Personalist*, 28(1947), 247ff. 그리고 마지막으로, Scott의 "Methodist Theology," 492-95, 그리고 Appendix 34, 667를 보라.

다. 인식론에 있어서 자아(the self)는 절대로 중요하다, 자아가 주체와 객체를 통합하고, 잇따라 계속한다. 그리하여 자아는 체계적인 구조 분석에 의해 경험된 세계의 지식을 만들어낸다. 형이상학에서는 오로지 인격자이신 하나님이 하시는 행동만이 사물 세계에 대한 만족스런 설명을 제공한다.

보우네의 철학은 과학과 종교를 또한 순수 관념론과 경험론을 중재하려는 시도였다. 그의 철학은 분석적이며 공관적인 방법을 사용하였다. 이는 확실한 증명이 아니라 일관된 개연성 곧 "보장된 믿음"을 겨냥한 것이었다. 그의 철학은 실천이성에 호소하여, 삶이 필요로 하는 믿음은, 적극적인 반증이 없어도, 가질 권리가 있다고 하였다. 인격적 관념론의 포괄적인 특성은 갖가지 다양한 실제들을 인정하는 것이었다. 이러한 특징들 때문에 보우네의 자연 철학은 미국 메소디스트들에게서 가장 호의적인 반응을 얻었다.[68]

19세기의 마지막 15년에서 미국 감리교의 신학적 지도층이 방향을 거의 완전히 바꾸는 것을 보았다. 이 변천은 한 신학적 시기의 종말과 또 다른 신학적 시기의 시작을 의미한다. "자유주의적 복음주의(Liberal Evangelicalism)"는 웨돈과 워렌, 커리, 포스터, 그리고 마일리에게서 우세를 나타냈다. 테리, 틸렛, 커티스, 쉘든, 롤, 그리고 누드슨의 새로운 세대는 또 다른 것 곧 "복음적 자유주의(evangelical Liberalism)"를 주창하였다. 이러한 변천을 실질적으로 함으로 감리

---

68) Bowne의 인식론에 관하여 자세히 알기 위해서는 *Metaphysics*, 106-137, 483ff을 보라. 그의 practical rason에 관하여는 ibid, 9-18을 보라. 그리고 또한 *Religion in Life*, 29(1960), 590-93에 있는 Bertocci의 글, "Bowne: Philosophical Theologian and Personalist"을 보라.

교는 새로운 방향으로 나가는 미국 개신교에 참여한 것이다. 뉴잉글랜드(New England)의 한 신학자는 그 신학의 돌연한 사라짐에 대해서 다음과 같이 기록하였다. "이는 150년 이상을 지속해오며 한 위대한 교단에서 권위가 있었다. 이는 한 훌륭한 교단을 형성했었으며, 모든 신학교를 설립하였었다. 그런데, 하룻밤 사이에 이것이 지구의 표면으로부터 떨어져 사라지고 말았다." [69] 다른 관찰자는 평하기를 "반세기 이상의 오랜 전망에서 볼 때에 그 19세기는 종교지도자들이 그들의 선조들에게 가볍게 작별을 고한 기간이 된 것이다."라고 하였다. [70]

최근에는 새로운 지도자들이 나와 감리교 신학교의 수장들이 되었다. 즉 게릿(Garret)신학교에서는 1895년에 테리(Milton Terry)가, 벤더빌트(Vanderbilt)대학에서는 1882년에 틸렛(Wilbur F. Tillett)이, 드루(Drew)대학에서는 1896년에 커티스(Olin A. Curtis)가, 그리고 보스턴(Boston)대학에서는 1895년에 쉘던(Henry C. Sheldon)이 신학부의 장이 되었다. 이들은 감리교의 변천기의 감리교 신학자들로서 우리가 주목해 봐야 할 사람들이다.

밀턴 테리(Milton Terry, 1840~1914)는 예일대학(Yale)에서 수학하였다. 그러나 그는 주로 독학을 했으며, 9개 국어를 습득하였다. 그

---
69) Frank H. Foster의 *A Genetic History of New England Theology*, 543.
70) Winthrop Hudson의 *The Great Tradition of the American Churches*, 158. Dunlap의 "Methodist Theology in Great Britain," 467-69; W. F. Tillett의 "Some Currents of Contemporaneous Theological Thought," MQRS, 50(1901), 483-95; H. C. Sheldon의 "Changes in Theology Among American Methodism," *American Journal of Theology*, 10(1906), 32-50; R. G. Hobbs의 "Progress in Theology," MQR, 77(1891), 913-20.

는 능력을 인정받은 훌륭한 학자였다. 그는 1884년에 가렛신학교에서 히브리어와 구약학부의 주임교수로서 가르침을 시작하였다. 그는 성서의 고등비평을 적극적으로 지지하며, 사역 초기에 이미 유능한 권위자가 되었다. 그는 성서분야에서 폭넓은 저술을 남겼으며, 신학분야에도 몇 권의 책을 출판함으로 중요한 공헌을 하였다. 워렌과 보우네, 그리고 틸렛과의 서신교환을 모은 서간집을 보아도, 그는 세기말, 변천기에 중요한 위치를 차지했었음을 알 수 있다. 그의 교리에 관한 글들을 보면 그는 리츨주의 영향을 받고 있음을 알 수 있다.[71]

윌버 틸렛(Wilbur F. Tillett, 1854~1936)은 남부 감리교회의 신학을 대표한다. 틸렛은 그의 스승인 썸머스(T. O. Summers)의 가르침을 받아 감리교 전통에 충실함으로써 폭넓은 공감을 얻고 있는 사람이었다. 그는 에큐메니칼 운동에 참여한 초기 감리교 지도자 중의 한 사람이었다. 그는 신학에 관한 몇 권의 책을 썼고, 여러 가지 정기간행물에 기고했으며, 남부교회에 폭넓은 영향을 끼쳤다. 그는 성서 연구에 관한 좋은 자료(finding)를 많은 사람들에게 소개함으로써 중요한 봉사를 하였다.[72]

올린 커티스(Olin A. Curtis, 1850~1918)는 보스턴, 라이프찌히, 에어랑겐, 말부르크, 그리고 에딘버러에서 수학하였다. 그는 보스턴대학에서 몇 년간 교편을 잡았으나, 그의 주요 창작기는 드루대학에서

---

71) 테리(Terry)의 "Scope and Methods of Christian Dogmatics"에 관하여는 MQR, 77(1895), 190-206와 Scott의 "Methodist Theology", 364, 491, 532를 보라.
72) 틸렛(Tillet)의 위치를 알기 위해서는 *A Statement of Faith of World-wide Methodism*, p. 127)을 보라. 또한 Peters의 *Christian Perfection and American Methodism*, 167ff, 그리고 Mims의 *History of Vanderbilt University*, 157-68을 보라.

조직신학 교수로 재직할 때였다. 그는 웨돈과 보우네, 그리고 카알라일(Carlyle)에게 빚을 지고 있다고 말한다. 보우네의 인격주의에 그는 종족의 결속에 대한 강한 강조를 결합시켜 중요한 신학 저서인 「기독교 신앙」(The Christian Faith, 1905)을 저술하였다. 이 책은 1908년과 1912년에 연구과정에 실렸다. 이 책은 상당한 발행부수를 기록했으며, 커티스가 감리교의 지도적인 신학자로 평판을 얻게 하였다.[73]

헨리 쉘던(Henry C. Sheldon, 1845-1928)은 예일대학과 보스턴대학에서 수학하였다. 그는 1875년부터 1895년까지 보스턴대학의 역사신학 교수였으며, 그 후 조직신학으로 옮겨 그곳에서 1921년까지 봉직하였다. 그는 여러 분야에 방대한 저술을 남겼으며, 당대 학계에서 존경을 받았다. 그는 보우네에게서 강한 영향을 받았다. 그는 보우네 밑에서 수학하였으며, 또한 그와 함께 여러 해 동안을 가르쳤다. 그의 주요 신학 저서인 「기독교 교리 체계」(A System of Christian Doctrine)는 1903년(개정판은 1912년)에 출간되어 1928년까지 계속해서 연구과정의 목록에 올라 있었다.[74]

감리교 신학사의 이 세 번째 기간이 끝나기도 전에 벌써 다른 세대의 신학 지도자들이 나타났다. 그들의 저서에서는 복음주의적 특징은 적게 나타나고, 반면에 자유주의적 특징이 보다 더 드러났다. 그들은 이따금씩 감리교의 신학적 유산을 비판하고 해명하는 일에 관여하였

---

73) 커티스의 신학적 강조점을 알기 위해서는 그의 책, The Christian Faith, 5 그리고 IV장, X장을 보라. 그리고 그의 당시의 신학세계와의 관계를 보기 위해서는 MQR, 48(1899), 434를, 그리고 Joy의 The Teachers of Drew, 108-12를 보라.
74) A System of Christian Doctrine, 30-39, 294-302, 434-42을 보라. 여기에서 Sheldon은 종종 Bowne는 언급했으나 존 웨슬리를 언급한 바는 없다.

지만, 그들의 주 된 관심은 자유주의적 원칙에 의하여 신학을 재건하는 일에 있었다.[75] 이 후기 세대에 인물로서는 다음의 세 사람이 언급되어야 할 것이다.

해리스 프랭클린 롤(Harris Franklin Rall, 1870~1964)은 예일대학과 베를린대학, 그리고 할레비텐베르그 대학에서 수학하였다. 그는 하르낙과 리츨리안 학파에서 강한 영향을 받았으며, 현대 성서연구의 중요한 감리교 해석자의 한 사람이 되었다. 그는 1910년부터 1915년까지 알리프(Iliff)신학교의 교장을 역임했으며, 1915년에는 기독교 교리 교수로서 테리(Terry) 대신에 가렛신학교에서 교수하였다. 롤(Rall)은 성서와 신학의 두 분야에서 많은 저작을 남겼다. 많은 그의 저서들이 1916년부터 1956년까지 연구과정의 목록에 올랐었다. 그는 수년 동안 「기독자의 주장」(the Christian Advocate)이라는 잡지에 글을 씀으로 감리교 평신도들을 위한 신학 지도자로서 봉사하였다. 그 세기의 초기 수십 년간 근본주의자와 근대주의자, 천년왕국설론자와의 논쟁, 그리고 연구과정에서의 논쟁들을 통하여 교회를 도왔다.[76]

---

75) 기본적으로 자유주의적이지만, 다음 글들을 보면, 여전히 복음주의적인 색채도 계속 있었다. MQR, 99(1917), 866-74에 있는 Ernest F. Tittle의 글, "The Use and Abuse of Creeds." *American Journal of Theology*, 24(1920), 481-501에 있는 Haris Franklin Rall의 글, "Methodism Today," MQR, 102(1919), 226-38에 있는 Edwin Lewis의 글, "The Social Theology." MQR, 107(1924), 64-78, 207-19에 있는 George Croft Cell의 글, "The Decay of Religion," I & II.
76) Rall의 사상을 보기 위해서는 Vergilius Ferm이 편집한, "Theology, Emprical and Christian," in *Contemporary American Theology*, II, 245-76을 보라. 그리고 Rall의 사상과 그가 그랍파의 위기신학에 대한 태도를 보기 위해서는 *The History of American Methodism*, III, 280-84, 301-3를 보라.

에드윈 루이스(Edwin Lewis, 1881~1959)는 어렸을 적에 영국으로부터 미국으로 건너왔다. 드루대학에서 마일리와 커티스 밑에서 훈련받았다. 그는 드루대학에서 처음에는 성서분야에서 가르쳤으나 그 후 커티스를 계승하여 1916년에 조직신학 교수가 되었다. 초기 루이스의 사상은 영국 관념론의 강한 영향을 받아서 복음주의적 자유주의의 특징을 나타냈다. 루이스는 많은 책을 써냈으며, 그의 저서들은 1932년부터 1952년까지의 연구과정 목록에 기재되어 있다. 1934년에 출간된「기독자의 선언문」(A Christian Manifesto)은 그의 신학적 전환을 잘 드러내고 있다. 미국과 해외에서 부상하는 새로운 개신교 신학의 조류를 소개하는 이 책은, 셀(G. C. Cell)의「요한 웨슬리의 재발견」(The Rediscovery of John Wesley, 1935)과 더불어 감리교 신학을 비판적으로 재평가해야 할 방향을 지적하고 있다.[77]

알버트 누드슨(Albert C. Knudson, 1873~1953)은 이 시기의 세 번째 주요 인물로서, 인격적 관념론(personal idealism)에 기초를 둔 두드러진 감리교의 신학자이다. 그의 신학에 대해서는 다음 장에서 상세히 고찰할 것이다. 누드슨이 롤(Roll)보다 더 영향을 끼쳐왔다는 사실을 입증하기는 어려울 것이다. 그러나 그가 감리교에서 더 우위를 차지하고 있는 대표자라는 것은 어느 정도 설득력 있는 주장이다.

메소디스트들이 이러한 모든 변화를 수용하는데 있어서 한 마음이었다고는 생각되지 않는다. 한 크고 강력한 집단(group)이 신 세계의

---

77) David W. Soper의 Major Voices in American Theology, 17-36에서 Lewis의 사상을 잘 분석하고 있다. Lewis의 신학적 전환에 관한 자세한 설명이 McCutcheon의 The History of American Methodism, III, 304-15에 실려 있다.

역동적인 힘과 자유주의자들이 자기들에게 어울리는 신학을 재건하려는 시도에 반대하였다. 그 반대는 19세기 후반까지 확산되었던 성결운동(holiness movement) 안에서 일어났다. 이 성결운동은 대부분의 감리교로부터 지지를 받았다. 그러나 감리교 내에서 "제2의 축복"(second blessing)을 강조하는 것은 점차 쇠퇴되어갔다. 1896년의 총회에서는 이 주제를 거부함으로 인하여 성결 구름이 갈라지는 형상이 생겼다. 그리고 갈라진 구름은 제각기 자기들이 감리교의 교리를 온전히 지키는 것이라고 주장하였다.[78] 20세기 초에는 감리교의 신학적 유산을 보존하려는 새로운 관심이 나타났다. 1894년과 1918년 사이에 출간된 커티스(G. L. Curtis), 헨드릭스(E. R. Hendrix), 드보제(H. M. Du Bose), 휠러(H. Wheeler), 그리고 닐리(T. B. Neely)의 책들은 감리교를 역사적이며 여전히 합법적인 표준들에 주의를 가하도록 노력하였다.[79]

새로운 비평적 성서 연구에 대한 저항이 점차 소리를 높이게 되었다. 「메소디스트 계간 평론지」의 편집자인 멘덴홀(Mendenhall)은 19세기에 출간된 「고등비평」에 대해 논박하는 6편의 논문에서 비판적 성서 연구를 비판하였다. 그러나 실제적이고 경험적인 강조에 의해 어느 정도 보호 받은 감리교는 근본주의자와 현대주의자와의 논쟁에

---

78) Peters의 *Christian Perfection and American Methodism*, 147-50, 175-80, 그리고 Elmer T. Clark의 *The Small Sects in America*, 92을 보라.
79) 예로서, H. M. Du Bose는 *A History of Methodism*, v에서 영국과 독일의 개신교의 지적 교리적 후예로서의 메소디스트의 역사적이며 초월적인 중요성을 기록하였다. 그리고 그는 또한 감리교의 25개조의 신앙개조(Twenty-Five Articles)는 역사적으로도 적절하며, 고백적인 면에서도 충족하며, 예언자적인 가치가 있다고 하였다.

의해 많은 종파에서 그랬던 것처럼 심하게 분열되지는 않았다.[80]

새 시대의 조류를 수용하려는 감리교 신학에 대한 반대는 메소디스트 계간 평론지에 발표된 빈번한 항의문에서 엿볼 수 있다. 이러한 반대는 보우네와 그의 친구인 윌슨(G. Wilson)이 쓴 책, 「감리교의 신학과 감리교 신학자들」(Methodist Theology vs. Methodsit Theologians, 1904)과 쿡(G. A. Cook)의 「감리교의 오늘과 미래」(Present and Future of Methodism, ca, 1900)에서도 볼 수 있다. 보우네, 틸렛, 그리고 헌팅톤(Huntington)이 감리교의 위인들, 즉 웨슬리, 클라크, 왓슨, 플레처, 포프, 그리고 마일리를 무시하였기 때문에, 윌슨은 매우 비판적이었다. 이들 보우네, 틸렛, 그리고 헌팅톤(Huntington)은 "우리를 구별된 사람으로 만들었던 모든 생명의 진리에 관한 증거와 교리, 그리고 교훈들을 버린 자들이다." 드루대학의 교회사학자인 존 포올코너(John A. Faulkner)는 20세기의 처음 25년 동안 줄곧 현대사상과 기독교신앙 사이의 주목할 만한 차이점들을 지적하면서 자유주의에 대해 해박한 비평을 가하였다. 그는 기독교 신앙을 지지하는 자로서 요한 웨슬리에 대한 명백한 지지를 표명했다.[81]

진보적 신학과 전통적 보수주의 간의 점증되는 반목은 총회의 고려 대상에서 제외될 수 없었다. 1864년에 제정된 회원 자격 심사에

---

80) Mendenhall의 논문이 1890-1900년에 많이 발표되었다. Sweet의 History of American Methodism, 389-94; H. S. Smith가 편집한 American Christianity, II. 315, 324-32, 340-56을 보라.

81) George Wilson의 Methodist Theology vs. Methodist Theologians, 5, 128, 347. 또한 John H. Faulkner의 "Methodism and Andover Theology," Andover Review, 18(1892), 487-509, 그리고 H. F Rall의 "Do We Need a Methodist Creed?" MQR, 89(1892), 221-30을 보라. 또 The History of American Methodism, III. 267-70을 보라.

서, 회원들에게 교단의 신앙개조에 동의한다는 서명을 하라고 요구함으로 큰 문제가 일어났다. 보수주의의 저항에도 불구하고 이 조항은 1916년에 없어지고 말았다. 1916년 총회의 결정에 의해 작성된 "연구과정"은 종전의 목록과는 근본적으로 다른 것이었다. 그리하여 이에 대한 저항이 일어났다. 그러나 해롤드 폴 슬로안(Harold Paul Sloan)이 이끌었던 정통파는 결국 패배하고 말았으며, 1928년의 연회 이후에는 반대의견을 가진 사람들의 모임도 다시는 집합시킬 수 없었다.[82]

따라서 보수주의 변증가들은 모든 종교적, 철학적, 그리고 과학적 발전에 대해 공격을 가하였다. 그러나 감리교 신학의 자유주의적 재건의 과정을 성공적으로 진행되었다. 쉴링(Schilling)과 멕커첸(McCutcheon)은 「현대 감리교 신학의 개관(survey)」에서 20세기의 처음 30년간은 자유주의가 우세하였음을 인상적으로 기록하고 있다.[83] 일반적 특징이나 그 정신에 있어서 이 신학은 자신의 유산보다도 다른 종파들의 신학과 더 많은 공통점을 가지고 있다. 어떤 면에서 감리교는 신학적 주체성이 부족했고, 다른 종파들이 자유주의에 의하여 그들의 신학을 재건하려는 것보다, 자유주의의 영향을 더 많이 받

---

82) Cole의 *History of Fundamentalism*, 165-74. Thomas Neely의 *Present Perils of Methodism*, 81. Neely는 이 책에서 말하기를, 1916년에 제정된 연구과정에서 Methodism은 사라졌다고 하였다. 오히려 Methodism에 반대되는 책들로 채워졌다고 하였다. Harold P. Sloan의 비판을 보기 위해서는 MQR, 104(1921), 792-99에 있는 "The New Course of Study"를 보라. 또한 *The History of American Methodism*, III. 267-73을 보라.
83) Shilling의 *Methodism and Society in Theological Perspective*, III장과 IV장에서 "Wesleyan Emphasis"와 "Basic Christian Beliefs in Methodist Social Thought"에 관한 대표적인 감리교 학자들과 고회지도자들의 생각을 잘 설명하고 있다. V장에서는 1919년에 행한 267교회에서의 5,020명의 평신도들의 반응을 정리하여 소개하고 있다.

았다.

2) 알버트 누드슨의 인격주의적 관념론(Personal Indealism in Albert Knudson)

알버트 코넬리우스 누드슨(Albert Cornelius Knudson)은 1873년 미네소타(Minnesota)주의 그랜드메도우(Grandmeador)에서 노르웨이인 부모의 아들로 태어났으며, 1953년에 80세로 일기를 마쳤다. 그의 부친은 노르웨이 감리교(Norwegian Danish Methodist Church)의 목사로서, 그곳에서 헌신적으로 봉사하여 많은 사람으로부터 사랑과 존경을 받았다. 알버트 코넬리우스 누드슨은 9명의 아이 중 넷째로서 15살 때에 아담 클라크의 성경주석(Commentary)을 전부 읽었던 학구적인 젊은이였으며 16살에 미네소타대학에 들어갔다. 그는 학교에서 헬라어와 라틴어, 그리고 모든 철학공부를 끝마치고, 1893년에 우등생으로 학교를 졸업하였다. 그는 미첼(Mitchell)과 쉘던(Sheldon), 그리고 커티스(Curtis) 밑에서 공부하기 위해 보스턴대학으로 가서 공부하였고, 1896년에 신학부를 졸업하였다. 그는 그 후 보우네에게서 철학을 공부하는데 전념하였다. "이것이 나를 참된 계몽주의자가 되게 만들었다. 계몽주의는 나에게 정신적 안도감과 구원의 경험과 유사한 것으로 묘사될 수 있는 지적 조명을 가져다주었다."[84]

---

84) Vergilius Ferm이 편집한 *Contemporary American Theology*, I, 217-41, 222f.에 있는 "A

누드슨은 독일에 가서 벤트(Wendt), 바이스(Weiss), 하르낙(Harnack), 그리고 카프탄(Kaftan)이 있는 예나(Jena)와 베를린(Berlin)대학에서 공부하였다. 그는 알리프 신학교에서 교수직을 시작하였고, 1906년에 보스턴대학에 다시 돌아와서 미첼을 대신하여 구약학 교수가 되었다가, 1921년에 조직신학 교수가 되었고, 1926년에는 신학교 학장이 되었다.

누드슨은 조직신학에서의 중요한 업적은 그의 「신론」(*The Doctrine of God*, 1930)과 「구속론」(*The Doctrine of Redemption*, 1933)에서 잘 나타났다. 그의 마지막 저서인 「기독교 사상의 기본문제」(*Basic Issues in Christian Thought*, 1950) 또한 중요한 책이다. 이 책에서 그는 "신학적 불합리주의"와 20년 동안 미국의 신학에 잠식해 들어온 신정통주의에 대해 보다 직접적으로 언급하고 있다.

누드슨은 제2세대의 보스턴 인격주의자들 중에서도 두드러진 신학자이다. 그는 인격주의 철학에 깊이 심취되었다. 이 인격주의 철학은 그를 신세계의 지적인 힘에 대한 불확실과 혼란으로부터 구출하였고, 그리고 그에게 종교 생활과 경험에 대한 만족할만한 이론적 근거를 제공했다. "현대 미국신학(Contemporary American Theology)" 안에 있는 그의 소논문에서 누드슨은 "현재의 중요한 신학적 과업은 기독교 교리를 인격주의적 사고 하에 재해석하는 것이다"라고 주장하였다.[85] 그의 마지막 책에서 누드슨은 25년 이상이나 앞서 기록했

Personalist Approach to Theology"라는 누드슨의 글을 보라.
85) Vergilius Ferm이 편집한 *Contemporary American Theology*, I, 234. E. S. Brightman이 편집한 *Personalism in Theology*, 16, 234를 보라.

던 인격주의에 관한 전적인 지지에 대해 논평하면서 "나는 그때 했던 것처럼 지금도 그것에 대한 확신과 열정을 가지고 있다."고 단언하였다.[86]

아마도 인격주의 신학을 평가하는데 있어서 가장 중요한 문제는 신학에서 통제하는 원리가 인격주의인지 혹은 기독교 신앙인지를 결정하는 일일 것이다. 조네스(Jones)와 윌(Will)은 박사공부에서 지적하기를 누드슨의 신학은 그의 인격주의에 의해 통제되고 있다고 주장하였다. 이 두 사람은 누드슨의 신학은 종교철학에 신학을 종속시키는 명백한 하나의 실례로 보았다. 코오텐(Cauthen)은 누드슨의 사상을 해석하면서 그의 사상은 당시의 복음주의적 자유주의와 기본적으로 동일하다는 것을 효과적으로 논증하였다. 비록 그로 인한 특별한 강조들이 있기도 하지만, 그의 인격주의 철학은 연속성, 자율성의 중요한 원리들과, 그리고 종교적 자유주의 특징인 동력론(dynamism)을 인정하고 향상시키는데 보다 폭 넓은 기여를 하였다.[87]

이 시기의 종국이 다가오면서, 수많은 학생들과 교사들이 새로운 웨슬리주의와 새로운 개신교주의의 주장에 넘어감에 따라, 누드슨의

---

86) *Basic Issues in Christian Theology*, 45, 60. Vergilius Ferm이 편집한 *An Encyclopedia of Religion*(New York; The Philosophical Library, 1945), 487-89에서 누드슨이 쓴 글, "Methodism"에서 감리교의 역사와 감리교신학의 강조점에 대한 누드슨의 견해를 읽을 수 있다. 또한 *The History of American Methodism*, III. 276-80, 299-301에서 McCutcheon의 20세기 감리교신학 발전에 있어서의 누드슨 신학에 대한 간결한 설명을 읽을 수 있다.
87) Curtis K. Jones의 박사논문(Union seminary, 1944) "Personalism as Christian Philosophy," 212, 196. 여기에서, 그는 말하기를, 인격주의 철학은 자아(self)에 대한 사색으로 시작하여 하나님에 대한 가설로 마친다고 하였다. McCtcheon은 1960년 그의 Yale University에서의 박사 논문, "Theology of he Methodist Episcopal Church during the Interwar Period, 1919-1939", vi, vii에서 누드슨에 대한 비판을 하면서 말하기를, "종교의 궁극적인 권위의 원천인 성경을 이성과 이성의 일치성에 예속시켰다"고 하였다. 이하는 생략(역자).

신학적 영향은 삭감되었다. 그의 철학이 자신의 교단 안에서 많은 관심을 얻지 못하게 됨으로 인하여 그의 업적의 의의는 더욱 제한되었다.[88] 이 철학은 또한 듀이(Dewey), 화이트헤드(Whitehead), 그리고 다른 사람들에 의해 심한 도전을 받았다. 자유주의적 성향을 띤 누드슨 신학의 재건은 포괄적이고 일관적이며 또한 분명하였다. 그러나 그 신학의 생명은 오래 가지 못하였다. 감리교 신학의 창조적인 작업은 앞으로 보다 전형적이고 체계적인 신학을 산출하기 위해 새로운 사람들의 손에 넘어갔다.

지금까지의 개관은 미국 감리교의 "근본적 교리들"에 있어서의 연속적인 요소들과 그 변화에 뒤이어 나오는 상세한 설명들을 위한 배경을 제시해준 것이다. 앞으로 취급할 논의는 계시에서 이성으로의 변천, 죄 된 인간에서 도덕적 인간으로 변천, 그리고 값없이 주는 은총에서 자유의지로의 근본적인 변천에 관한 것이다. 역사적 개관을 통해 예시되어 왔던 이러한 변화들은 다음의 세 장에서 다른 증거들이 추가로 보충되어 다루어지게 될 것이다. 마지막 결론 장에서는 전체의 간단한 요약과 함께, 신학적 변천에 대한 분석과 그 동력, 그리고 그것이 함축하는 의미에 대해 논의하고자 한다.

---

88) Arnold S. Nash가 편집한 *Protestant Theology in the Twentieth Century*, 109에 있는 논문, "Systematic Theology"를 보라. *The History of American Methodism*, III, 277에 보면, McCtcheon은 누드슨의 업적을 긍정적으로 평가하였다. 그는 누드슨은 여러 학생을 접촉하고 그의 글들이 넓이 읽힘으로 인하여 감리교회에서 가장 영향력 있는 신학자들 가운데 한 사람이 되었다고 말했다. 이하는 생략(역자).

1. 웨슬리안의 성서적, 경험적 종교.
   1) 성서를 통한 하나님의 계시
   2) 경험과 이성
   3) 웨슬리의 신학 방법론
2. 왓슨의 성서의 권위에 대한 견해
   1) 하나님의 계시로서의 성서
   2) 하나님의 권위에 대한 증거
   3) 권위와 신학하는 방법
3. 마일리의 신학적 과학에 대한 견해
   1) 신학의 원천 (자료)
   2) 과학적 확실성
   3) 신학의 조직화
4. 누드슨의 신앙의 이성적 변호
   1) 종교와 신학
   2) 인식론과 신앙
   3) 형이상학과 인격주의
   4) 신학 방법과 권위

제3장
계시에서 이성으로

제3장
계시에서 이성으로

존 텔포드(John Telford)가 편집한 여덟 권으로 된 「웨슬리 서간집」에는 2,600통 이상의 서신들이 수록되어 있다. 이렇게 방대한 서신들 중에 더욱 자주 눈에 띄는 간략한 문구들이 있다. 자신을 이단이라고 비난하는 사람에게 웨슬리는 다음과 같이 말하고 있다. "만일 내가 이단이라면 그것은 내가 성경을 읽었기 때문에 그리 된 것이다." 웨슬리는 성경을 "성령에 종속되는 이차적인 규범"으로 만든 퀘이커 교도들의 사상을 개탄하면서, "성서야말로 기독교인들이 모두가 참계시인가 아니면 가정된 계시들인가를 시험하는 시금석(touchstone)이다."라고 주장했다. 다른 한 편지는 감리교에 들어오려는 모든 사람은 "이성(reason)을 버리지 않으면 안 된다."고 웨슬리를 비난했다. 이에 대하여 웨슬리는 통명스럽게 대답하기를, "당신은, 정신이 있으십니까…? 이성을 부인한다는 것은 곧 종교를 부인하는 것이라는 것이 우리들이 가지고 있는 근본적인 원리입니다."라고 했다. 마지막으로 미들톤(Middleton) 박사와의 논쟁에서, 웨슬리는 만일 오늘의 학자들 중에서 기독교 변증론자들이 "내적 증거" 또는 개인 체험을 많이 강조하지 않는다면, 그들은 결국 외적 증거도 포기하게 될 것이고, … 그들이 지금 대항하여 싸우는 자들과 같이 될 것이다. 그리하여 아

마도 한두 세기 후에는 영국 사람들은 이신론자들과 참 기독교인들로 나누어질 것이라고 예견하였다.[89]

이런 일들은 첫째가는 원칙에 대한 웨슬리의 강직한 신념을 보여 주고 있는 것이다. 그리고 그가 다루기 힘들었던 문제들을 비치고 있는 것이다. 감리교 역사는 신학의 원천(sources), 권위, 그리고 신학 방법과 같은 문제들에 대한 웨슬리 후계자들의 논의를 많이 기록하고 있다.

1. 웨슬리의 "성서적, 체험적 종교"

1) 성서를 통한 계시(Revelation Through Scripture)

웨슬리는 그의 설교집 서문에서 "내가 성서에서 발견한 것" 이외에는 아무것도 첨가하거나 삭제하지 않고 "진실 되고, 성서적이며, 체험적인 종교"만을 전하고자 한다고 자신의 의도를 밝히고 있다. 놀라울 만큼 많은 고대의 문헌과 당대의 서적들을 읽었으면서도 그는 결코 "한 책의 사람(a man of one book)"이 되고자 하는 그의 마음은 흔들리지 않았다.[90] 이것은 그가 그냥 하는 주장이 아니었다. 그의 설교들은 처음부터 끝까지 성서적이었다. 웨슬리의 「신약성서 주해」와 함

---

89) Wesley's Letters, IV, 216; II, 117; v, 364, II, 385에서 차례로 인용하였음.
90) Sermons, Preface, I, 31f.

께 그의 설교들은 감리교의 교리적 표준이며, 성서 해석에 있어 그리스도인이 지켜야 할 교리적 표준이었다. 성서는 또한 신앙과 실천의 규범이며 모든 성령의 역사를 검증하는 책이다. 웨슬리는 자기의 필요들이 "하나님의 말씀"에 의하여 충족될 수 있음을 확신하면서 거듭 "자기의 성경을 펴서 읽었다."[91]

웨슬리는 성서의 무오성(infallibly true)과 성서는 "하나님의 영감으로 주어졌기에" 성서에는 어떤 "중요한 오류(material error)"가 없다고 믿는 문자주의자(literalist)였다고 믿을 만한 증거는 적지 않게 있다.[92] 성서를 기록함에 있어 하나님은 자기의 뜻에 온전히 합하고, 고결하고 의로운 사람들을 사용하셨다. 그들은 하나님의 인도를 받아 높이 신뢰할 수 있는 성서를 기록하였다. 웨슬리는 성서의 말씀들은 "성령이 받아쓰게 하신(spirit dictated)" 것이라고 자주 표현하기도 했다.[93] 이러한 표현들은 웨슬리가 성서의 축자영감설(the verbal inspiration of the Bible)을 지지하는 것처럼 확대 해석될 가능성도 있다. 그러나 그가 "성서 영감설에 대한 간단명료한 증거(A clear and concise Demonstration of the Divine Inspiration of the Holy Scriptures)"라는 논문에서 서술한 논리는 그의 "자연철학(Natural Philosophy)"에서 "하나님의 권위"를 납득시키기 위한 증거로 말한

---

91) Letters, II, 44; Sermons, I, 245; Notes(신약성서 주해), 로마서 12:6; Works, VIII, 449. Franz Hildebrant는 Christianity According to the Wesleys, 9-26에서 감리교의 교리적 표준의 특성에 대해 설명하고 있다.
92) Sermons, I, 205, 225; Natural Philosophy, II, 447; Letters, IV, 369.
93) Notes의 서문, 9 그리고 요 19:24.

것뿐이었다.[94] 성서의 권위에 관한 웨슬리의 글들의 취지는 글의 논리나 증명에서가 아니라, 그 글들이 드러내고자 하는 그의 진지한 목적에서 이해해야 한다. 웨슬리에게 있어서 성서의 신적 권위는 기독교 신앙에 있어 본질적인 것이었다.

그러나 문자대로 해석한다는 그의 "문자주의"는 성서가 단지 융통성 없는 스콜라주의에 머무는 것에서 벗어나게 하는 중요한 역할을 하였다. 「신약성서 주해」에서 그는 신약성서 본문을 새롭게 번역하고, 그에 비평을 가하며 때로는 매우 유용한 주해를 첨가하기를 주저하지 않았다. 그는 로마서에서 예정론을 함축하고 있는 몇몇 구절들에 대해서는 회의적인 표현도 하고 있다. 그는 미국의 메소디스트들을 위한 기도문을 만들면서 시편구절을 선택하되 "회중의 기도에 적당치 않은 구절"은 삭제했다.[95] 그는 사도들이 실수로 때때로 성서를 부정확하게 인용하였다는 사실도 지적했다.

웨슬리가 "문자주의"를 지지한다고 하기에는 제약을 받는 점도 있다. 비록 성서의 말씀들이 하나님으로 말미암아 영감된 것이라 할지라도 그 말씀들은 설명되고 해석되어야 하기 때문이다. 여기서 웨슬리는 성서해석에 있어서 몇 가지의 지침을 말하고 있다. 즉 가능하면 본문의 문자적 의미를 취하라. 그리고 뜻이 명확하지 않은 것이 있으면 그와 유사한 구절들을 참조하여 해석하되 "성서 전체에 흐르고 있

---

94) Works, XI, 478f., 그리고 Natural Philosophy, II, 447-9를 보라.
95) S. N. Duall의 *The Methodist Episcopal Church and Education up to 1869*, 10; Notes, 롬 8장과 9장, 히 2:7, 마 2:6에서 인용. 「신약성서주해」의 배경과 그 중요성에 대해 알려면 John Deschner의 *Wesley's Christology*, 7-12를 보라.

는 대의(大意)에 따라서 곧 일치하게" 해석하도록 하라.[96] 나아가, 성서의 본문을 바르게 이해하기 위해서는 글의 문맥(context)과 연관시켜 읽어야 한다. 이런 방법들로 본문을 상고한 후에 우리는 이성과 체험, 그리고 기독교전통에 비추어 본문의 의미를 확인하려고 해야 한다.[97]

그러나 성서를 이해하는 데 가장 중요한 것은 성서를 "신실하고 간절한 기도로" 접근해야 하며, 그리고 그 성서의 의미를 묵상하며 자신을 성찰하는 것이다. 웨슬리는 강조하기를 성서를 주신 성령이 성서를 읽는 자에게 "계속하여 영감을 주며" "초자연적으로 도움을 주어야" 한다고 했다.[98] "성서의 문자"는 성령을 떠나서는 조금도 도움이 되지 못한다. 거듭나지 못한 심령은 말씀에 접근할 수 없기 때문이다.[99] 함께 하시는 성령이 하시는 일은 인간에게 그가 읽고 있을 납득시키고자 함이 아니라, 오히려, 사람에게 하나님의 구원의 계시의 의미를 밝혀주고 믿음으로 받아들일 수 있도록 하는 일이다.[100] 다시 말해서, 하나님에 대한 귀중한 지식은 구원의 지식이다. 그래서 이 말은 곧 계시의 진수는 개념(idea)이나 이상(ideal)이 아니라, 그리스도 안에서 알려진 말씀(Word spoken in Christ)이라는 것이다. 성서 안에

---

96) Letters, III, 129; Works, IV, 395; Notes, 롬 12:6; Sermons, I, 32. 웨슬리의 성서에 대한 이해와 그 사용에 대한 명확한 설명을 보기 위해서는 Colin Williams의 *John Wesley's Theology Today*, 23-29; 그리고 Lycurgus M. Starkey, Jr.의 *The Work of the Holy Spirit*, 85-90을 보라.
97) Works, VI, 354f.; Journal, I, 471f.; Letters, III, 172, Williams는 그의 책 *John Wesley's Theology Today*, 28-38에서 전통과 이성, 그리고 체험을 통하여 성서를 해석하도록 하라는 웨슬리의 지침에 대해 사려 깊은 언급을 하고 있다.
98) Works, XIV, 267; Notes, 딤후 3:16.
99) Sermons, I, 242f.; Notes, 행 7:38, 요 3:21.
100) Starkey의 *The Work of the Holy Spirit*, 89.

서 인간은 생명 없는 죽은 말씀을 만나는 것이 아니라 살아있는 하나님의 임재(Living presence)를 대면하는 것이다. 웨슬리에게 있어서 성서를 읽는다는 것은 성례전에서 그렇듯이 분명히 살아계신 말씀을 기대하면서 경청하는 것이다. 「신약성서 주해」에 대한 예리한 연구에서 존 데쉬너(John Deschner)는 계시에 있어서의 기독론적 강조를 정의하고 옹호하면서, 바로 이것이 웨슬리의 견해라고 주장하였다.[101] 이상과 같은 말로 하나님과 인간 사이를 중재하는 성서의 중보적 기능을 서술한 사람을 단순한 문자주의자로 매도하는 것은 잘못 본 것이라 하겠다.

2) 체험과 이성(Experience and Reason)

주석가들은 웨슬리가 체험을 강조한 것에 대해서 많은 논의를 해왔다. 어떤 이들은 체험이란 감정에 기초한 슐라이에르마허의 종교에서 말하는 감동적인 직감이라고 보았으며, 또 다른 사람들은 이는 더 근대적인 경험적 방법에서 얻어지는 인상(image)이라고 생각했다. 자유주의 신학 모두가 체험을 중시할 때, 메소디스트들은 자기들의 전통도 체험을 중시하며, 요한 웨슬리와 근대종교 간에는 공존할 수 있는 점이 있다고 말했다.[102]

---

101) *Wesley's Christology*, 110; 또한 Hildebrandt의 *From Luther to Wesley*, 26-29를 보라.
102) Umphrey Lee는 그의 책, *John Wesley and Modern Religion*에서 웨슬리가 경험을 강조하지만, 웨슬리가 체험의 중요성을 강조하는 것을 지나치게 열의를 내면서 강조하는 것은 수정해야 하겠다고 말하고 있다. "확실히, 슐라이에르마허가 영국과 미국에서 많은 영향을 미치기 전에 메소디스트의 부흥은 많은 사람들이 정통신학과 논리보다는 오히려 내적 경험에 의존하게 만들

그러나 웨슬리를 경험주의 신학자로 만들려는 노력은 그가 말하는 체험의 의미를 잘못 이해한 것이다. 일반적으로 말하는 체험은, 그리고 광의의 "종교적 체험"은 웨슬리의 관심사가 아니었다. 그가 고집스럽게 말하는 체험은 인간의 필요가 하나님의 은총과의 만남을 의미한다. 웨슬리가 말하는 체험을 분명하게 하기 위해서는 "체험"을 언제나 "복음적 체험"이라고 표현해야 한다. 그의 관심은 언제나 구원케 하는 진리에 관한 것이었다.

더 나아가 웨슬리가 관심 갖는 복음적 체험은 종종 영적 각성에 따르는 주관적인 상태나 감정을 강조하는 것과는 정반대이다. 웨슬리는 체험을 열망하는 사람들에게 너무 기분이나 감정에 몰두하지 말고 오히려 하나님의 확실한 약속 위에 굳게 설 것을 권고하고 있다.[103] 깊은

었다. 대체로 슐라이에르마허가 신학자들에게 영향을 끼친 반면, 웨슬리는 설교자들에게 영향을 미쳤다. … 메소디스트가 낡은 정통신학과 합리주의의 붕괴에 끼친 공헌은 그들이 … 도그마보다 그리스도인의 체험을 더 중요하게 여기고, 감정(feeling)을 역설함에 있었다."(pp. 302, 136-43). Piette는 그의 책에서 말하기를, 종교적 체험은 20세기 메소디스트들에게 소중한 것이었다. 이들 메소디스트들 가운데 일부는 이는 부흥운동에서 오는 것이라고 알았지만, 그보다 더 많은 사람들은 자유주의적 개신교의 아버지인 "슐라이에르마허나 종교적 실용주의의 대변인인 윌리엄 제임스(William James) 같은 이론가들이 이해하는 종교적 체험이라고 알았다."라고 말하였다. Maximin Piette의 *John Wesley in the Evolution of Protestantism*(J. B. Howard 번역), 477을 보라. 또한 종교적 체험주의라는 특유한 표현으로 웨슬리를 묘사한 것을 보려면, Henry Bet의 *The Spirit of Methodism*, 93-105을 보라. 또한 Shipley가 "Methodist Arminianism," 148ff.에서 존 플레쳐와 슐라이에르마허에 대하여 논의한 것을 보라.
103) Letters, VIII, 190; VII, 120. Williams는 그의 책, *John Wesley's Theology Today*, 107-12에서 인간의 삶 속에서 역사하시는 성령의 사역에 대해 기술하면서, 주관적 "심리주의"에 반대하는 주장을 설득력 있게 하고 있다. George C. Cell은 그의 책, *The Rediscovery of John Wesley*, 97에서 "감정의 변화 가능한 조류에 바탕을 둔 자연적 이성이나 부유물에 대한 고찰에 우선적인 신뢰를 두고, 혹은 선행에 신뢰를 두는 관념과 감정의 종교는 웨슬리의 모형이 아니다. 웨슬리는 그 반대라고 말하고 있다. … Fletcher는 자신의 회심에 대해 설명하면서, 감정의 부족으로 인한 괴로움을 인정하였다. "그러나 나는 웨슬리의 일지에서 마음의 평안을 얻었다. 그의 일지를 읽으면서, 나는 우리 자신이 느끼는 것에 의지하지 말고, 우리의 모든 죄와 우리 마음의 완악함을 가지고 그리스도에게 나아가야 한다는 것을 배웠다."라고 그는 덧붙였다(Wesley, Work, XI, 284에서 인용

인간의 체험 속에서 자신을 나타내시는 하나님은 초월적이며 객관적으로도 실재하신다. 하나님은 결코 인간의 감정이나 욕망, 혹은 이성에 의해 만들어지는 분이 아니다. 이렇게 웨슬리는 성령에 의하여 신자의 마음속에서 역사하시는 가운데, 그리스도 안에서 역사하시는 하나님의 계시적 행위가 우선임을 주장한다. 그의 계시신학은 하나님의 말씀이 나를 위한(promea)살아있는 말씀이 되어야 한다고 말한다.[104] 만남은 그 자체가 증거한다. 어떤 외적인 증거를 필요로 하지 않는다. 웨슬리는 이러한 진리를 굳게 주장했다. 그러기에 웨슬리는 그의 후계자들이 그랬듯이 신앙을 "증명하고" "확인하며" "인증"하려고 애쓸 필요가 없었던 것이다.

한편, 웨슬리가 인간의 삶 속에서의 하나님의 사역의 실재를 주장하는 것은 "아주 무시무시한 일(a very horrid thing)"이라고 당대의 합리주의자들은 생각했다. 그리고 그들은 웨슬리를 열광주의자로 불렀다. 반면에, 경건한 신자들은 웨슬리가 체험과 그의 개인적인 생각들을 성서보다 더 중요시 했다고 비난했다. 웨슬리는 이들(후자 그룹)에게 보낸 편지에서 "나는 지금까지 하나님의 말씀을 나의 모든 행동의 규범으로 삼는다. 그리고 내가 마호메트나 공자를 따르지 않는 것과 같이 나는 하나님의 말씀 대신 어떤 신비로운 충동을 따르지 않는

함).
104) Paul W. Hoon의 "The Soteriology of John Wesley," unpublished Ph. D. dissertation, Edinburgh, 1936, vii에서 그는 웨슬리 신학의 체험적 특징에 대해 평하면서, "하나님의 구원의 길에서 경험되어질 때 종교는 참되다"고 말했다. 그러나 웨슬리에 있어서 체험은 "사람을 구원하고 그들을 하나님과 함께 생명으로 회복시키는 것으로서 기독교 종교의 특별한 것이었다. 예를 들면 그것은 단순히 신비적인 것이 아니었다. 그것은 주로 구원의 체험이었다."

다고 거듭거듭 언급하여 왔다."고 기록했다.[105] 체험은 성서를 판단하는 믿음의 주된 원천(source)이 아니다. 체험의 역할은 오히려 성서의 진리를 확인하는 것이다. "체험이 성서에 의해 뒷받침 받지 못하는 교리를 증명하기에는 충분하지 못하다고 반대하는 데 반하여, 우리는 답변한다. 체험이 성서에 기초한 교리를 확인하기에 충분하다."고.[106]

성서적 기독교의 실재는 또한 성령의 증거와 열매로 확인된다. 하나님으로부터 난 자들의 특권은 이 사실에 대한 성령의 증거가 있다. 그러나 웨슬리는 그의 후기 사역에서는 모든 회심자에 대해 그런 체험을 요구하지는 않았다. 이 증거 또는 확신에 대해 웨슬리는 성령의 열매를 결합시키고 있다. 이러한 중생의 표적은 간접적으로는 하나님의 사랑이 진실이라는 것을 증명한다. 이리하여 내적 그리고 외적 증거들은 웨슬리에게 있어서 중요하며 그는 이들을 "산 증거들(Living witnesses)"로 표현하고 있다.[107] 이러한 주장은 자기 자신의 회심의 중대한 체험과 관련되고 있고 또한 그의 사역에서는 계속적으로 중

---

105) Letters, II, 205; Sermons, I, 202f.
106) Sermons, II, 357f. Cell은 그의 책, *The Rediscovery of John Wesley*, 72에서 웨슬리의 "체험신학"은 두 개의 기둥-성서와 경험-에 의지하고 있다고 주장하고 있다. Robert E. Cushman은 "Theological Landmarks in Revival Under Wesley," *Religion in Life*, 27(1957-58), 108에서 똑같이 주장하고 있다.: "말씀은 생명이었다. 그것은 성령의 능력으로 소생하였다."
107) 웨슬리의 성령의 사역에 대한 이해는 아마도 3개의 설교-"성령의 증거 I", "성령의 증거 II", "우리 영의 증거"를 통해서 가장 잘 접근할 수 있을 것이다. 이 설교들은 Sermons, I, 202-18; II, 343-59; I, 219-36에서 찾을 수 있다. Works, X, 295에서 웨슬리는 다음과 같이 말하고 있다. "나의 위안은 신자가 넘어설 수 있다거나 혹은 넘어질 수 없다는 그 어떠한 견해에도 의거하지 않는다. 또한 과거 내 안에 있었던 기억에 의지하지도 않는다. 나의 위안은 그분과 화해시키는 그리스도 안에 있는 하나님을 아는 지식에 있다." 웨슬리의 입장에 대한 보다 세심한 조사를 위해서는 Starkey의 *The Work of the Holy Spirit*, 63-78; 그리고 R. Benjamin Garrison의 "Vital Interaction: Scripture and Experience: John Wesley's Doctrine of Authority," *Religion in Life*, 25(1956), 567ff.를 보라. Garrison은 성령의 증거와 열매, 그리고 신자의 공동체에 대한 호소, 또한 웨슬리의 전적인 체험의 교리의 면이라고 주장한다.

요한 위치를 차지했었다. 기독인의 체험에 반(反)하는 일들에 대하여는 그는 다시 고려하며, 때로는 신앙 또는 행동에 있어서의 어떤 점들을 기꺼이 수정하였다. 의심의 여지없이 체험은 웨슬리 신학에 있어서 특수한 위치를 점하고 있다. 그것은 그의 종교적 실재에 대한 그의 애착에서 오는 것이요, 또한 이는 초대교회 신자들이, "성서가 약속한 것을 나는 가지고 있다. 기독교가 여기서 하고 있는 것을 와서 보라. 그리고 그것이 하나님으로부터 온 것임을 인정하라."[108]고 하며 증언한 것을 인정함에 근거한 것이다.

웨슬리는 성서와 체험에 호소하지만 또한 규칙적으로 이성에 호소함으로써. 이성의 시대의 영향을 반영하고 있다. 그러나 그의 이성에 대한 개념을 바로 이해해야 한다. 이성은 인간으로 하여금 세상과 그 배후에 있는 창조주에 대한 많은 것을 알 수 있게 한다. 인간의 지식에 대한 욕구는 이 단계를 훨씬 넘어서서 하나님에 대한 지식에까지 도달하고자 한다. 그러나 이성은 "이성이 알 수 있는 데까지만" 활용되어져야 한다. 누구도 무지에 남아 있거나 또는 배움의 기회를 회피하면 안 된다. 그러나 "인간 지식이 불완전하다"는 것은 모두가 아는 사실이다. 사람이 무지의 지경을 피할 수 없게 된 것은 "인간을 교만으로부터 벗어나게 하고" 인간자신의 성취에 안주하는 것을 막기 위해 하나님이 만드신 것이다. 이성은 좋은 것이고 유익한 것이지만 "이성이 믿음이나 희망, 혹은 사랑을 줄 수는 절대 없다. 따라서 이성

---

108) Letters, II, 387. John Fletcher는 기독교 실재의 직접성에 대해 웨슬리와 의견을 같이 했다. Shipley의 "Methodist Arminianism," 112에 인용된 Fletcher, Works, VII, 361을 보라.

이 진정한 덕이나 또는 기본적인 행복의 기초를 만들어 낼 수는 없는 것이다."[109] 참 신앙인이 해야 할 임무는 모든 부패한 이성의 편견들을 지적하여 드러내는 것이다. 부패한 이성은 눈 먼 자를 인도하는 눈 먼 인도자와 같다. 그런데 세속적인 세상은 이런 부패한 이성적 논법을 훌륭하다고 생각한다.[110]

웨슬리에게 있어서 이성은 논리적이고 전제들로부터의 사려 깊은 일관된 연역, 그리고 경험에 근거한 귀납 추리를 의미한다. 이는 논증적이거나 형이상학적인 설명을 의미하지 않는다. 종종 이성은 무엇이 옳고 좋으며, 공정하다고 일러주는 단순한 "상식(common sense)"을 의미하기도 한다. 웨슬리가 "이성의 사람"이라고 하는 것은 바로 이런 의미에서 말하는 것이다.[111] 비록 이성이 성서를 해석하고 이해하는 일을 돕기는 하지만 그렇다고 이성이 성서 위에 있을 수는 없다. 또한 이성이 복음적 체험을 해석함에 있어도 최종 권위가 될 수 없다. 웨슬리는 그의 생애와 저술들을 통해 이성을 조심스럽게 그리고 신중하게 사용하고 있다. 그러나 그는 이성의 약점과 한계성을 알고 있었다. 이성은 그에게 있어 유용한 도구이나 결코 최종의 권위는 아니었다. 웨슬리는 종교 개혁자들보다는 이성을 더 신뢰하였으나, 그러나

---

109) Works, Ⅳ, 360, 337; Ⅷ, 197f.
110) Sermons, Ⅰ, 149; Ⅱ, 216; Works, Ⅻ, 137, 402. Cushman은 "Theological Landmarks in the Revival Under Wesley," *Religion in Life*, 27(1957-58), 106f.에서 말하기를, 웨슬리안 부흥은 성서에 대한 재발견에 뿌리를 두고 있다고 했는데, 이 말은 "성서의 믿음과 교리를 철학과 윤리학으로 대체시킨 데 대한 교회 내로부터의 강한 항거"가 있었다는 것을 암시하는 것이다.
111) "An Earnest Appeal to Man of Reason and Religion" 또한 "A Farther Appeal to Men of Reason and Religion," Works, Ⅶ, 266, 466; 그 외 Works, Vol Ⅹ와 ☒에서 웨슬리의 이런 입장을 엿볼 수 있다.

그는 자신을 "참으로 이성이 없는 자"라고 비난하는 당대의 "이성인"들로부터는 떠난 다른 세계에 살고 있었다.

마지막으로 웨슬리의 기독교 전통에 대한 평가를 언급하고자 한다. 그가 결코 공교회의 유산으로부터 자신을 격리하고자 하는 마음이 없었다는 것은 분명하다. 감리교는 어떠한 변경을 하고자 하지 않았다. 그는 선언한다. "단지 오래 된 하나의 종교만이 있을 뿐이다. 종교개혁도, 기독교도 모세와 아담이 오래 된 인물이듯이 오래된 역사성을 지니고 있다."[112] 그가 그렇게도 귀하게 여긴 기독교 전통은 초대교회 교부들의 저술과, 공교회의 신앙신조, (양국교회의) 설교집(Homilies), 그리고 공동 기도서(Book of Common Prayer)였다. 비록 이것들이 나른 기독교 신앙에 대한 자료들만큼 권위 있는 것이 아니라 할지라도, 그리고 설령 "잘 알려지지 않은 것이라 할지라도" 결코 멸시해서는 안 된다. 그것들은 우리에게 진정한 그리스도인에 대한 지식과 참된 기독교의 지식을 제공해 주고 있는 것들이다. 이 전통의 저작들은 성령이 축복하신 것이며, 성서 다음으로 존경을 받은 것들이다.[113] 그의 「일기」(Journal)에서 감동적으로 보여주는 바와 같이 웨슬리는 수많은 책을 읽었고 그의 신학은 과거의 수많은 위대한 저작들과 친숙해짐으로써 더욱 풍요롭게 되었다.

---

112) Letters, IV, 131; III, 291.
113) Letters, II, 384ff.

3) 웨슬리의 신학적 방법론(Wesley's Theological Method)

웨슬리가 자신의 신학 방법론에 대하여 말한 것은 물론 없다. 그러나 그의 성서에 대한 이해와 체험적 기독교의 관점에서 그가 어떻게 신학자로서 학문을 했는지에 대해서 기술해 보는 것은 가능하다. 그는 「창조에 나타난 하나님의 지혜」(*A Survey of the Wisdom of God in the creation*) 또는 「자연철학 개요」(*A compendium of Natural philosophy*)를 편집하였는데, 이 책들에는, 여기 저기 인용한 참고 문헌들을 봐서도 그렇지만, 자연신학의 여러 요소들을 포함하고 있다.[114] 하나님은 선하시고 능력이 많으신 창조자이시다. 하나님은 기묘하게 세상을 창조하셨고, 경탄과 감사를 마땅히 받으셔야 할 분이시다. 그러나 웨슬리는 하나님의 존재에 대한 논의는 별로 하지 않았다. 그의 신학에서 자연신학이 받아들여지기는 했지만 그 비중은 미미할 뿐이었다. 그리고 자연신학을 언급할 때도, 자연신학으로부터 얻어지는 지식은 인간을 구원하는 능력이 전혀 없음을 드러내고 있다. 웨슬리는 "철학적 사색의 위험성"에 대하여 민감했으며 "무한자와 유한자 사이에는 어떠한 조화도 없기" 때문에 "자연의 것들에서 영적인 것들에 도달하는 것은 불가능하다"는 것을 깨달았다.[115]

---

114) Natural Philosophy, Ⅰ, 313; Ⅱ, 184, 447-49; Letters, Ⅱ, 71, 379; Ⅳ, 90f; Works, Ⅳ, 325-27; Ⅶ, 271; Ⅷ, 197.
115) Works, Ⅷ, 14, 197. Williams는 *John Wesley's Theology Today*, 30-32에서 웨슬리가 자연신학의 근본원리를 어떻게 상용하고 있는지에 대해 조사하여 다음과 같이 결론을 맺고 있다. 그는 "하나님의 존재에 대해 논의하지 않았으며, 그의 윤리학을 계시로부터 전적으로 이끌어냈다." 그에 있어"이성은 '자연신학'을 개발할 수 있게 하는 예정된 원칙"을 갖고 있지 않다. … 성령의 역사의 보편적 현현(선재은총)에서 "자연신학"의 가능성이 Starkey에 의해 조사되었다(Starkey,

웨슬리는, 신학은 또 다른 기초(foundation) 곧 성서를 통한 하나님의 계시를 기초로 하지 않으면 안 된다는 것을 알고 있었다. 이리하여 복음적 부흥운동은 성서적 기독교로서 시작한 것이다: 웨슬리는 성서적 기독교 이상을 주장하지 않았지만 또한 그 이하도 원하지 않았다. 그의 성서에 대한 호소는 독특하게 전통적(orthodox)이다. 그는 성서가 복음적 체험에서 확인된다고 고집했다. 때때로 웨슬리는 이 확인을 기독교에 대한 "내적 증거"라고 부르며, 이 내적 증거를 "외적 증거"와 대비시켰다. 그는 이러한 체험은 그 자체가 확인하는 것이며, 성령의 즉각적인 증거로 오는 것이라고 주장했다. 그러나 열광주의자들을 보고 깨달은 웨슬리는 성령과의 만남은 이성과 성령의 열매뿐만 아니라 성서에 의해서 확인되어야만 한다고 주장했다. 개인의 하나님과의 만남의 경험이 역사적 계시에 의하여 그 왜곡으로부터 보호되고 있는 한, 하나님에 대한 개인의 체험은 웨슬리신학에 있어 특별한 역할을 하고 있는 것이다.[116]

성서의 계시로부터 유도되어 체험에 의하여 증명된 교리들은 이성에 의해 정리되고 분명하게 논리적으로 표현되어야 한다. 이러한 과

The Work of Holy Spirit, 41-45). 그는 루터나 칼빈보다는 웨슬리에게서 그런 신학에 대한 근거를 많이 발견하였다. Harold Lidstrom은 *Wesley and Sanctification*, 47-49에서 이를 부정한다. 반면에 E. D. Dunlap은 "Methodist Theology in Great Britain." 31-33에서 이를 긍정한다. Cell은 웨슬리가 "철학과 사색을 추방하며, 역사적이고 체험적인 이성에 복음의 해석을 둠으로써 칼빈, 루터와 의견을 같이 한다."고 설명한다(Cell, *The Rediscovery of John Wesley*, 158).

116) Garrison의 "Vital Interaction," *Religion in Life*, 25(1956), 564, 그는 여기에서 이렇게 요약한다. "따라서 성서의 권위의 기초는 예수 그리스도 외에 '어느 다른 사람이 놓은 기초가 있을 수 없다'는 것이다(고전 3:11). 우리가 그 기초 위에서 얻어진 체험에 의하여, 전통(곧 다른 사람들의 체험의 기록들)을 이성의 빛 아래서 판단한다." 또한 Shipley의 "Methodist Arminianism," 142를 보라. "본래적 의미에서의 최종적인 종교적 권위는 경험적 계시이다. 그러나 이는 외적 권위 곧 성서, 교회, 이성, 경험의 공통적 확인이 필요하다.

정에서 이성은 결코 주인이 아닌 종으로서 작용한다. 이성은 계시의 내용에 무엇을 첨가하는 것이 아니고 단지 계시를 설명할 뿐이다. 이성은 또한 기독교 전통에 호소할 수 있으나 결코 높은 권위를 가진 듯 행사하는 해서는 안 된다. "성서와 체험의 상호 작용을 인정한, [웨슬리는] 체험과 교회사의 성서해석에서 (특히 초대교부의 저작들에서) 이런 것을 확증하려고 했다. 그리고 이성의 관점에서 전체적인 것을 보려고 했다."[117] 혹은 폴 훈(Paul Hoon)이 요약한 것처럼 "웨슬리가 어떤 한 교리에 도달하는 절차는 먼저 성서의 기초에서 추출하여 조직하고, 둘째로 이를 체험과 일치하는지 시험하고 수정하며, 셋째로 이성으로 시험하고, 넷째로 전통에 의한 검증을 수행했다. 이것은 웨슬리에게 있어서 권위의 순서(ordo auctoritatis)라고 말할 수 있을 것이다. 이 방법의 특징은 체험이 높은 위치를 점하는 것이었다. 이런 모양으로 웨슬리는 조직적으로 체험에 호소하였다.[118]

웨슬리가 "진리에 대한 직관적 이해"와 "신학적 실용주의"로 인하여 때때로 신학적인 곤경에 처했다고 의심할 근거는 거의 없다. 그는 "논리적인 일치를 희생해가면서 그의 직관"을 따르는 것을 좋게 여겼다.[119] 그러나 그의 신학적 창의력과 그의 부적절한 점이 이러한 것을 좋아하게 했는지도 모른다. 웨슬리는 체험적 기독교에 크게 심취된

---

117) Garrison의 "Vital Interaction," 571. Sugden은 웨슬리가 "우선 성서로부터 엄격한 논리적 추론에 의해 그의 신학을 전개하고, 그 다음에 실제적 경험의 시험에 의해 그의 결론을 수정했다."고 주장한다. 그는 Sermons, I, 196n에서 "그의 class-meeting은 자신의 생각한 것을 입증하거나 수정하는 실험실이었다."라고 했다.
118) Hoon의 "The Soteriology of John Wesley," 343n.
119) Ibid, 336.

사람으로 신학을 하였다. 그가 말하는 체험은 개인적인 것뿐만 아니라 그가 가까이 아는 신도들로부터 나온 공동체의 체험이다. 비록 체험에 대한 예민성으로 인해 그가 신학적 오류를 범할 가능성을 배제할 수 없었지만, 체험에 대한 깊은 관심은 그를 단지 무기력한 정통주의에 빠지지 않게 하였다. 전체적으로 볼 때, 웨슬리는 "특수한 것들을" 제하고는, 전통적인 기독교 유산에 일치하는 견해를 유지하고 있었다.

2. 왓슨의 성서의 신적 권위에 대한 견해

약 50여년 이상을 웨슬리는 이성 시대의 냉정한 신봉자들에게 둘러싸여 있으면서 창의적이고 생산적인 복음사역을 수행하였다. 그럼에도 우리는 그의 저서들을 읽어 내려갈 때, 논리적인 증명이나 논쟁을 언급한 것을 발견할 수 없었다. 웨슬리는 이성을 잘못 사용하는 것보다는 이성을 중요시하고 그에 깊이 빠져있는 큰 문제들을 말하고 있는 것이다. 그러나 왓슨의 글들에는 이와는 다른 분위기로 가득 차 있다. 왓슨은 죄인의 회개를 외치는 그의 설교집을 제외한 다른 저술들에서는 그의 기독교는 이성으로 매혹된 세계에 자리 잡고 있기를 원하고 있다는 것을 계속적으로 보여주고 있다. 기독교의 기초, 성격, 그리고 가치에 대한 그의 논의는 합리적인 생각에 조준을 맞추려 하고 있다. 사실, 그는 웨슬리안으로서의 글을 썼고, 뚜렷한 웨슬리안의 표적을 지니고 있다. 그러나 그 감정과 목소리는 이미 변하였다. 그에게 성서는 궁극적인 원천이며 신앙과 실천의 규범이다. 그러나 성서의 진실성에 대한 합리적 증명이 그의 주요 관심사가 되었다. 왓슨에게 있어서 이러한 일들은 그리스도 안에 있는 새 생명의 실재를 전하는 것 못지않게 그 개연성을 확인하는 일을 했던 것 같다. 왓슨은 웨슬리안이나 동시에 웨슬리안이 아니라고 할 수 있다. 그가 웨슬리의 유산으로부터 떠난 증거는 계시와 이성에 대한 그의 논증에서 더욱 분명해진다.

1) 하나님의 계시로서의 성서(Scripture as Revelation)

인간은 계시의 진실성을 인식하고, 이해하며, 또한 발견할 수 있어야만 한다고 왓슨은 말하고 있다. 하나님의 계시는 "우리의 도덕적 상태와 관계성에 연관된 모든 주제들"에 관한 "하나님의 진리의 말씀"이라고 생각해야 한다.[120] 그는 계시를 정의하되, 계시는 "인간의 통상적인 정신능력의 활용에 의해서 오는 것이 아니라, 명상이나 직감과 같은 기적적인 하나님의 개입과 증거에 의해서 옴으로 마음에 발견되는 말씀(proposition)"이라고 규정한(Ⅰ, 71) 한, 초기의 권위자, 도드리지(Doddridge)를 인정하며 그의 글을 인용했다.[121] 이 구절에서 그

---

120) *Sermons and Sketches of Sermons*, Ⅱ, 474; Ⅰ, 138; 그리고 Ⅱ, 107, 279, 369를 보라.
121) *Theological Institutes*: 또는 John McClintock이 편집한, *A View of the Evidences, Doctrines, Morals, and Institutes of Christianity*, Ⅰ, 71. 「신학강해」는 왓슨의 신학을 연구하는 데 있어 가장 중요한 자료이다. 자주 그 책을 인용할 것이다. 그러므로 그의 사고에 대한 해석 부분이나, 계시와 죄, 그리고 은총에 대한 장(章)에서의 참조는 본 책에서 인용하고자 한다. 이하

리고 그의 저작들을 통해 왓슨은 계시를 신적 진리의 말씀 또는 "마음의 명제"라고 해석했다. 그러나 그의 그런 해석은 웨슬리에 근거하여 한 것이 아니었다. 웨슬리에게 있어서 계시는 명제가 아니고 관계적인 것이고, 그리고 계시가 의도하는 바는 어떤 중요한 사상을 주려는 것이 아니라 구원을 주려는 것이다.

계시는 성서에 국한되어 있다. 따라서 성서가 기독교에 관한 모든 사상의 근거(source)와 권위로 사용되어야 한다. 왓슨의 책 「신학강해」의 발행자는 책 선전문에서 말하기를 왓슨은 바로 이것을 주장하려고 했다고 하였다. 이 책에서 저자는 "자기가 믿는 것이 성서의 의미와 같은 것임을 보여주기를 노력했고, 또한 성서의 권위에 자신의 모든 견해를 주저함 없이 복종시켰다는 것을 보여주려고 했다."(Ⅰ, i). 「신학강해」 제1부에서 왓슨은 "성서의 신적 권위에 대한 증거"를 중점적으로 다루고 있다. 여기에서 그는 다른 사람들에게 자신이 알고 있는 것들이 옳다는 사실, 즉 성서가 신학 전체의 원천이며 권위라는 것을 증명하려고 노력했다. 그래서 "우리는 성서가 하나님이 주신 것이며 따라서 성서가 종교의 모든 일에 있어 그릇됨이 없는 권위(infallible authority)임을 확인한다. 따라서 사람들이 성서의 권위에 대하여 더 이상 의심하거나 상반하는 의견을 갖지 않게 되었다."[122]

생략(역자).
122) *Conversations for the Young*, 17; 또한 *Sermons*, Ⅱ, 192ff. 278을 보라. Dunlap은 그의 책, *Methodist Theology in Great Britain*, 155에서 다음과 같은 왓슨의 주장을 정확히 기술하고 있다. "메소디스트 신학은 성서에 그 기반을 두고 있다. 리쳐드 왓슨의 모든 저서, 특히 「신학강해」를 볼 때, 그의 최종적인 호소는 늘 성서로 향하며, 성서의 증거 앞에서 모든 이성적 결론들은 굴복되어야만 한다는 것이 명백하다." 또한 Dunlap은 성서 비평이 왓슨의 사역에 직접적이며 실제적인 영향을 많이 끼쳤다는 증거는 거의 없다고 말한다(p. 157).

왓슨은 「신학강해」에서 성서의 영감에 대해서는 언급하지 않고 있다. 이따금 다른 곳에서 그는 성서를 하나님의 생각을 오류 없이 기록한 것으로 간주하여 전체영감설(plenary inspiration)을 변호했다. "성서 전체는 성령의 전적인 영향 하에 기록되었고 믿음직한 것이다. 그리하여 성서에는 오류가 없다." 결과적으로 성서는 기록된 내용들이나 그것을 표현하는 방법에 있어 무오하며 모든 오류로부터 안전하다.[123] 성서의 연대성, 신중한 보존, 그리고 저자들의 신뢰성 등의 신중한 연구 결과로 성서는 "일찍이, 신실하게 만들어졌고" 우리에게 "부패 없이 보관되어" 전해졌음을 충분하게 입증하고 있다. 성서는 인증되고, 믿을 수 있는 하나님의 계시의 기록이다(Ⅰ, 105-46).

왓슨은 성서의 영감에 대한 논의를 유보했는데, 이는 아마도 증거(evidence)가 결정적이기 위해서는 증명코자 하는 것이 외부에 나타나는 외적인 것이어야만 한다는 그의 생각에서 그랬지 않았나 생각된다. 증거가 논리적이며 결정적이 되기 위해서는 증거가 객관적이며 공정해야 한다. 만일 진리를 주장하는 것이 그렇다면, 종교도 종교적 체험 자체 외에 합리적인 근거(ground)를 가져야만 한다고 그는 생각했다. 이성의 시대의 기독교 신학자들은 이런 사고를 공통적으로 가지고 있었다. 이런 사고가 왓슨의 저서들에서도 거듭 나타나고 있다.

---

123) *Conversations for the Young*, 16; 그리고 *The Works of the Rev. Richard Watson*, XII, 332-50을 보라.

2) 하나님의 권위에 대한 증거(Evidence in Divine Authority)

성서가 하나님의 영감으로 되었고 확실히 전달된 기록이라고 주장한 것으로써 왓슨이 성서의 권위에 대한 그의 논증을 끝낸 것으로 생각을 할지 모른다. 그러나 그렇지 않다. 그의 마음에는 성서의 신적 권위에 대한 "증거"를 다룸에 있어 이러한 고찰들은 별로 도움이 되지 못한다고 생각했다. 그리하여 그는 성서의 신적 권위에 대한 증거를 세우기 위해서 200페이지 이상에 걸쳐 "추정적(Presumptive)", "외적(external)", "내적(internal)", "평행적(Collateral)" 증거에 관한 검증을 하고 있다. 그는 외적 증거가 가장 좋은 것이라고 말하면서도 다른 증거들도 많이 다루고 있다. 이런 것을 보면, 아마도 그는 기석과 예언에 근거한 외적 증거가 자신이 원했던 만큼 그렇게 결정적인 것이 아니라고 생각했던 것 같다.

1. 도덕적 행위자로서의 인간은 자기의 행동을 판단할 수 있는 규범을 필요로 한다. 이러한 규범은 하나님이 자신의 신적 통치에 관해 설명하면서 주신 것이라고 생각하는 것이 합리적이다. 이런 가정은 인간이 자신의 규범을 스스로 만들 수 없다는 것과 따라서 인간 가운데 종교적 지식을 "회복하고, 확대하며, 전파하는" 일은 하나님이 하셔야 한다는 것을 의미한다. 따라서 우리는 하나님께서 계시하시고 그 계시를 통하여 "우리가 무엇을 믿고 무엇을 행해야 할 것을 가르치실 것"이라고 생각할 수 있다.[124]

---

124) *Works*, XII, 303.

2. "하나님으로부터 온 계시에 대한 중요하고 가장 적절한 증거는 그 계시 자체에 대한 외적 증거여야 한다." 만일 한 사람이 계시를 받았노라고 주장한다면, 어떤 조건 하에서 우리는 그를 믿을 수 있는가? "그의 믿음은 우리의 믿음을 강요할 아무런 권위도 갖고 있지 못하다. 그가 실제로 그것을 받았을지도 모른다. 그러나 우리는 증거가 없이는 그것을 알 수 있는 방법이 없다." 그러한 사람은 "그가 한 일에 대한 어떤 외부적인 확인을 제시해야 할 것이다."(Ⅰ, 71). 18세기와 19세기의 기독교 변증가들과 보조를 같이하며, 또한 흄(Hume)에 의해 주창된 회의론에도 불구하고, 왓슨은 기적과 예언을 유대교와 기독교 저자들의 사역에 대한 가장 두 가지 큰 외적 증거로 간주하고 있다. 외적 증거로 내세우는 기적과 예언은 성서의 신적 권위에 대한 명백한 외적 증거이다.[125] 그의 변론(discussion)은 광범위했다. 그러나 이러한 논쟁은 시간이 지남에 따라서 점차 사라지게 되었다. 왓슨의 변증론이 받아들여지지 않았다는 사실이 중요한 문제가 아니었다. 문제는 그가 이런 변론에 깊이 빠져 웨슬리 유산의 근본적인 강조점들을 경시하게 만든 것이었다.

3. 이는 실제로 있어야 할 것은 아니지만, 성서의 내적 증거는 외적 증거를 확인한다. 이 문제는 성서에 대한 교리의 "외적 우월성과 유익한 의도"에서 생기는 것이다. 어떤 교리들은 "하나님의 도움을 받지

---

125) Works, IXX, 318-34. 또한 Sermons, Ⅰ, 9, 146, 176; Ⅱ, 21, 474를 보라. 누드슨은 MQR, 108(1925), 180에 있는 그의 논문 "Henry Clay Cheldon-Theologian"에서 말하기를, "왓슨으로부터 마일리와 포스터까지 이르는 감리교 신학자들은 전통적인 합리주의자들이었다. 그들은 믿음의 기초를 성서의 신적 권위에 두고, 이 권위는 순전히 이성적인 고찰에 의해 세워질 수 있다고 믿었다."고 하였다.

않고서는 인간의 능력으로는 발견할 수 없다."(Ⅰ, 204) 그러나 계시가 주어질 때는, 성서에 나타난 진리들이 우리에게 그 계시의 탁월함을 깨닫게 해준다. 그리고 그 진리는 모든 다른 진리가 그랬듯이 동일한 증거를 나타낸다. 본질적으로 성서는 또한 도덕적 성향을 지니고 있다. 그래서 성서는 "수많은 사람들"을 개선시켰다. 그러므로 성서는 "하나님이 주신 책이다."(Ⅰ, 204-32; 참조. 88-94).

4. 간접 증거는 모든 세대를 통해 계시된 교리들의 합의를 증거하고 있다. 즉 세상의 상황에 대한 기독교 계시의 적합함, 계시가 주어진 당시의 역사적 기록들과 유물들과의 일치, 또한 인류에 대한 계시의 "기적적인 확산"과 "유익한 영향" 등의 합의를 증거하고 있다. 이런 많은 진상들이 경험적인 증거를 입증하고 있다(Ⅰ, 232).

이제는 왓슨의 논증의 결말을 내릴 수 있다. 즉 그는 하나님이 계시를 만드신다는 강한 추정에 덧붙여, (계시 자체에 대한 외적 증거로서) 기적과 예언의 직접적인 증거를, (계시에 대한 내적 증거로서) 계시가 선하다는 것, 그리고 (계시로부터 따르는) 경험적 교훈이 첨가되었다는 것이다.

이러한 증거에 대한 논란 속에서, 웨슬리에게 있어 그렇게 중심적이고 중요했던 복음적 체험에 대한 성서의 증언이 어디 있는가? 그런 증언이 거의 없다. 1850년판 「신학강해」에서 맥클린토크(Mcclintock)가 만든 색인이나 방대한 연구개요에도 "체험"이라는 낱말은 나타나지 않는다. 왓슨이 믿음을 말할 때에 그는 신뢰(trust)라는 말을 많이 사용했다. 그의 설교에서는 복음에 대한 인격적인 복종(surrender)을 촉구하고 있다. 그러나 이와 같이 신뢰(trust)를 강조함에 있어서도 그는 일반적으로 증거에 기초하여 말하고 있는 것이다.[126] 왓슨은 체험의 중요성을 직접적으로 부인하고 있지는 않지만 그는 그것을 무시하고 있다. 웨슬리가 성서의 체험적인 사용을 위해 애쓴 반면, 왓슨은 성서의 권위에 대한 증거를 확립하려고 노력했다. 이들의 성서에 대한 관심은 일반적으로 알려진 글들에서 표현되었는데, 그들의 글에는 유사한 점이 많다. 그러나 성서에 대한 서로의 확신이 다름으로써 그들은 서로 다른 신학으로 나가게 되었다. 그 차이점들이 분명히 나타나지 않고, 그리고 그것들이 왓슨에 의해 인식되지 않았음에도 불구하고, 그 차이점들은 표면에 숨어 있었다. 그래도 다른 신학자들은 그런 차이점들을 볼 수 있어 그 차이점들을 적절하게 사용하였다.[127]

3) 신학의 권위와 방법(Authority and Method in Theology)

"조직"신학이란 성서의 주석과 해석을 잘 정리하여 제시한 것이다. 왓슨은 성서에 하나님에 대한 틀림없는 진리가 들어 있다고 정립

---

126) 한 설교에서 왓슨은 "예언과 기적, 그리고 체험적 그리스도인의 같은 증거에 의해 복음은 하나님의 확실한 말씀으로 우리에게 확인된다."고 기록하고 있다. 또 다른 설교(Ibid., I 337)에서 그는 좀 더 일반적인 논지로 "사도 바울의 회심은 증거 자체가 그에게 나타났을 때 그것이 얼마나 만족스러운 것이며, 또 얼마나 불가항력적인 것인가를 보여줌으로써 그가 받아들인 종교의 진리를 입증한다."고 말하고 있다. 또한 Ibid., II, 376, 387, 409를 보라.
127) Scott의 "Methodist Theology," 159f. Scott는 여기에서 다음과 같이 결론을 맺는다. "미국의 메소디스트들은 대체로 그들의 유산에서 "체험적" 증거에 대한 강조를 완전하게 하고 계발시키는데 실패하였다. 그들은 지나치게 왓슨을 가까이 따랐기에 좀처럼 웨슬리가 말하는 체험을 논할 수가 없었다. 따라서 그들의 "변증론은 거의 완전히 '자연신학'의 방법론에 한정되어 있었다."

한 다음에, 자기가 더 해야 할 의무는 "성서의 내용들을 좀 더 검토하고, 성서가 함축하고 있는 종교적 및 도덕적 주제들에 대한 충분한 정보를 수집하고 성서에 있는 그 진리를 세상에 가르칠 수 있도록 하는 것이라고 생각했다."(Ⅰ, 263). 그가 취한 신학적 방법은 첫째로, 성서의 신적 권위에 대한 증거를 제시하고, 둘째로 "계시종교의 완전한 체계 속에서 발견된 성서의 중요한 교리들"을 조직적으로 설명하는 것이었다(Ⅰ, 468, 2, 87, 573).

이러한 신학의 방법론에 있어서 이성이 하는 일은 무엇일까? 우리는 성서의 권위에 대한 증거에 관하여 충분한 고찰을 해 보았다. 그 증거는 이성에 의한 증거요, 그 증거를 수용할 수 있는 유일한 기능도 이성인 것이다. 증거를 검증하는 것도 첫째로, 이성을 사용하여 되어지고. 이 증거가 인정된 다음에, 두 번째로 이성이 하는 일은 기록된 글의 의미를 결정하기 위해 "모든 사람들이 채택하고 있는 동일한 상식규범"에 의하여 성서적 계시를 해석하는 것이다(Ⅰ, 96f).

그 당시 하고 있는 성서해석에서의 원칙은 이성과 배치되는 것은 계시로부터 연역되어서는 안 된다는 것이었다. 왓슨은 이 원칙이 잠재적인 위험성이 있다고 생각했다. 「신학강해」뿐 아니라 그의 초기 저서 중 하나인 「그리스도의 영원한 아들됨과 계시의 문제에 대한 이성의 활용에 관한 논평」(*Remarks upon the Eternal Sonship of Christ and the Use of Reason in Matters of Revelation*)에서도 이 문제를 언급했다.[128] 그것은 동료 메소디스트인 아담 클라크(Adam

---

128) 본래의 영어판이 사용됨(London: T. Cordeux, 1818). *The Institutes*, IX, "the Uses and the

Clarke)의 저명한 견해(the public views)에 의해서 자극을 받았는데, 왓슨의 입장에서 보면 그것은 지나친 합리주의적 입장이었다. 왓슨은 신적 이성은 규범적이어야 한다고 주장했다. 인간의 제한적이며 오류 가능한 이성은 최고의 위치에 설 수는 없다. 만일 인간의 이성이 모든 이성적 증명들을 하나님의 마음에 나타난 대로 다 수용하고 이해할 수 있다면, 이성 그 자체와 신적 이성 사이에는 아무런 모순이나 반대되는 것도 찾을 수 없을 것이다. 그러나 사실 계시의 가장 중요한 교리들은 인간의 이성과 기대와는 다르다. 결과적으로 이성은 자신의 능력으로는 규명할 수 없는 영역에서는 겸손하게 나아가도록 해야 한다.[129] 그는 이성이 사용될 수 있는 한계를 정하고자 애씀으로써 왓슨의 성서적 정통주의는 다시 유력하게 되었다. 성서 자체를 위한 위치를 확보한 후, 그는 뒤에 성서의 교리들이 검증을 받도록 놓여있을 때, 이성은 조심성 있게 되어야 한다고 말했다.

종전의 지식과 경험에 제한되어 있는 이성이 새로운 계시를 예견하거나 평가할 수 없다. 그러므로 먼저 하나님에 대한 개념이 인간에게 주어져야만 한다. 이 문제에서 왓슨은 명백하게 마음은 감각을 통하여 밖으로부터 마음 안으로 오는 것만을 알 수 있다는 존 로크(John Locke)의 감각론(Sensationalism)의 입장을 취하고 있는 것이다. 이에 따르면 직관적 제일원리로서는 하나님에 대한 개념을 얻을 수 없

---

limitations of Reason in Religion," Ⅰ, 95-104를 보라.
129) *Conversations for the Young*, 11. *Remarks upon the Eternal Sonship of Christ*, 49를 보라. "진리의 하나님에 의해 말해지는 것은 진리임에 틀림없다. 내게 합리적으로 보이는 것은 사실일 수도 있고 아닐 수도 있다."

다. 또한 경험계(the empirical world)에서의 어떠한 경험의 분리 또는 결합을 통해서도 하나님의 개념(idea)을 얻어낼 수 없다. 그러나 일단 계시가 주어지면, 하나님에 대한 개념은 합리적인 증명을 가능케 한다. 그의 지식론에 있어 왓슨과 웨슬리는 근본적으로 다르지는 않지만, 왓슨은 웨슬리보다는 좀 더 분명하다.[130] 비록 웨슬리가 죄로 둘러싸여 있는 사람을 제외하고는 사람들로 하여금 하나님의 일들을 이해할 수 있게 하는 "영적 감각(Spiritual senses)"에 대해 말하기는 했지만 그도 역시 존 로크를 따랐다. 왓슨에게 있어서 이러한 개념은 별로 보이지 않으나 두 사람 모두 지식은 전반적으로 감각 경험(sense experience)으로부터 축적된다고 보았다. 그러나 웨슬리에게 있어서는 하나님이 인간을 만나시는 구원의 체험은 스스로 증거하는 것(self-authenticating)이다. 따라서 사람이 하나님을 경험한 것을 실증할 수 있는 그 이상의 것은 있지도 않고 또한 필요하지도 않다.

왓슨의 인식론은 직관적 현실주의의 영향 하에 있던 그의 미국인 후계자들과 리드(Reid), 스튜어트(Stewart), 쿠진(Cousin) 등의 상식 철학(common-sense philosophy)에 의해 자주 공격을 받았다. 지식을 감각세계에 제한하는 것이 그들을 크게 실망시켰다. 이는 불필요하게 지식을 제한했고 이성의 일반적 직관을 의심하게 만들었다. 그리하여 무신론에 격려가 되었다. 왓슨의 신학을 대치할 새로운 신학을 위해서는 우선 그의 지식에 대한 학설을 수정하는 것이 필요했

---

130) 왓슨은 그의 *Remarks upon the Eternal Sonship of Christ*, 62와 Passim의 여러 군데에서 호의식으로 Locke의 말을 인용하고 있다. *Sermons*, Ⅰ, 273ff.를 보라

다.[131] 계시는 개념을 알리지만, 계시가 하나님의 존재를 "증명"할 수는 없다. 하나님의 존재는 이성에 의해 형성된 자연철학에 의해 증명된다. 왓슨의 인식론에서는 하나님의 존재에 대한 선험적 증거는 불가능하다. 그러나 후천적 증거에 의해서는 가능하다. 하나님에 대한 인간의 연구는 바로 그의 존재, 지능, 동기, 계획, 그리고 인격에 관한 것으로부터 진행된다. 이렇게 경험한 것들에 연루된 논리에 의해 계시된 하나님에 대한 개념을 규정한다. 이는 "저항할 수 없는 확증적인 증거"이다.[132] 「신학강해」에 있는 자연신학에 대한 자료의 거의 절반은 다른 사람들, 특히 윌리암 팔리(William Paley)와 그의 제자인 존 하위(John Howe)로부터 인용한 자료들이다(Ⅰ, 227-325). 왓슨은 그들이 계획(design)이라는 관점에서 전개하여 논의한 글들을 좋게 보았다. 그러나 왓슨의 그들에 대한 의존도나 그의 논의하는 태도를 보아 그가 철학적 신학에 들어가 있는 것 같지는 않다.

하나님에 대한 개념은 계시에 의해 주어지고, 하나님의 존재는 이성에 의해 증명된다. 그러면 하나님의 특성과 속성은 어느 영역에 속

---

131) 이에 관한 소감은 the Methodist Quarterly Review in articles by W. M. Bangs, 19(1837) 332ff, 그리고 20(1838), 80f.; by F. F. Cocker, 44(1862), 181 ff,; 46(1864), 5ff.에 나타나 있다. Whedon은 46(1864), 155에서 하나님을 찾는데 있어 이성은 무능력하다는 왓슨의 견해(그의 로크주의의 인식론과 심리학)는 "이제 시대에 뒤떨어진 것"이라고 말한다. 왓슨의 「신학강해」를 대체할 필요가 있다는 논쟁을 보기 위해서는 Scott의 "Methodist Theology," 145-47을 보라.

132) Sermons, Ⅰ, 281, 335; Works, Ⅶ, 312; Conversations for the Young, 9-11. Dunlap은 Methodist Theology in Great Britain, 144에서 "철학적 논의를 향한 이러한 변화가 메소디스트 신학 범주 안에서의 기본적으로 새로운 어떤 것을 설명하는 것"이라고 결론짓는다. 그것은 글라크의 보다 합리적인 관심과 방법론에 대한 실례가 된다. 「신학강해」에서 왓슨은 [하나님의] 속성에 대해 곰곰이 생각하며 다음과 같이 주장한다. "이러한 문제에 대한 지식은 정확히 계시에 의해 온다. 이 계시를 받았을 때 그것은 '풍부하며 불가항력적인' 이성적 증거를 받게 된다." Works, Ⅸ, 378-460을 보라.

하게 되는가? 이성의 한계성과 왜곡 가능성을 기억하는 왓슨은 하나님의 존재와 통치에 대한 연구에 있어서는 다시 계시로 방향을 전환하고 이성은 계시의 명령(dictate)을 도와야 할 것을 주장했다(Ⅰ, 335, 447).

이러한 최종의 논제들은 왓슨에게 스콜라주의적 경향이 넓게 있음을 말해주고 있는 것이다. 성서와 이성 간에 갈등을 해결함에 있어, 그는 하나님에 대한 개념과 속성에 관하여는 성서적 계시에 의존하고, 그리고 하나님의 존재에 대한 증명에 있어서는 이성에 의존했다. 그러나 이와 같은 호의적인 분할은 그의 기본적인 합리주의를 피상적으로 감추는 데 지나지 않는다. 그리고 이는 효과적인 것이 아니었다. 이 분야에서 왓슨은 이 세상에서 의문을 가지고 사는 사람들과, 또한 가난한 심령으로 도움을 구하고 있는 사람들에게 확신을 가지고 말하는 능력이 부족했던 것이다.

3. "마일리의 신학적 학문"에 대한 견해

왓슨으로부터 마일리(Miley)로 옮기는 일, 즉 영국의 이성주의(rationalism)를 미국의 신(新)학문으로 바꾸고, 보다 전통적인 정통 기독교의 환경을 하나의 자주적이고 실용적인 것으로 대치하는 데, 한 대양(ocean)과 한 세기의 4분의 3에 걸쳐야 했다. 겉으로 보아서 이들 두 사람은 동떨어진 세계에 있었다. 그들의 저서들이 이 사실을 반영하고 있다. 그러나 이러한 차이에도 불구하고 그들의 견해는 근본적인 유사점들을 지니고 있다. 그들 사이에는 차이점이 있을 것이라는 것은 놀라운 일이 아니다. 이 차이점들은 쉽게 지적될 수 있다. 또한 그들은 공통된 전통을 나누고 있기에 그들 사이에 같은 점(identities)이 당연히 있을 것이라고 생각된다. 그러나 그들의 같은 점은 전통에 대한 충성에서가 아니라 전통을 수정하는 데에 있었다. 그러기에 그들의 같은 점을 식별하는 일은 보다 힘들고 중요한 일이다. 마일리는 인식론적인 문제와 방법론적인 문제, 그리고 19세기 후반의 관심들을 나타내고 있다. 대부분의 그의 용어와 개념들은 그런 배경에서 나왔고 또 언급되었다. 마일리의 그런 전제들(assumptions)은 현저하게 19세게 초에 리차드 왓슨을 지배했던 전제들과 아주 유사하다.

1) 신학의 원천(자료들) (Sources of Theology)

마일리는 그의 「조직신학」(Systematice Theology)의 서두에서 신학의 자료들(sources)에 대해 언급하면서 지적하기를 신학자들은 종종 신학의 자료를 계시에서 찾을 것인가 아니면 자연에서 찾을 것인가 하며 하나로 제한하고 있다고 했다. 어떤 이들은 신학을 계시에 한정함으로써 저들은 신학이 희석되지 않고 보호되기를 희망한다. 그러나 그리하면 신학의 호소력을 실제로 약화시킨다. 그리고 어떤 이들은 신학을 자연에 한정함으로 부지중에 이신론과 같은 불신앙을 조장하게 된다. 설령 "이 두 가지가 서로를 대조를 보이면서, 그 완전함과 명확함, 그리고 권위에서 크게 차이가 있다 할지라도, 신학자들은 계시와 자연의 두 자료를 사용함으로써 이러한 오류로부터 벗어날 수 있을 것이다"(Ⅰ, 8). 비록 자연이 계시와 비교하여 뚜렷한 한계성을 가지고 있다 할지라도 계시와 자연은 각기 독립된 기능을 가지고 있는 것이다.

"자연의 조명"은 하나님을 나타내고 또한 신학적 진리를 함축하고 있는 "모든 사건과 사물"을 설명하는 데 사용되어야 한다. 이와 같은 진리는 도덕적 이성의 직관일 수 있으며, 논리적 이성의 결론이거나 종교적 의식의 산물일 수도 있다. 자연의 진리는 "인간(人間)의 기능(faculties)을 사용"함으로써 항상 얻어지는 그 획득 양식(mode)에 의하여 식별된다. 하나님, 섭리, 도덕적 의무, 그리고 미래적 존재에 대한 보편적 개념은 "자연의 빛"에서 찾아낼 수 있지, 다른 어떠한 원천으로부터는 이성적으로 얻을 수 없다(Ⅰ, 9). 성서 자체는 자연(nature)이 이러한 개념들을 찾고자 함에 있어 적절한 원천이라고 추정한다. 그러나 성서는 또한 고도의 종교적 진리가 요구하고 있는 도덕은 자연의 빛이 식별할 수 없다고 말하고 있다(Ⅰ, 11).

계시는 "초자연적인 하나님의 행위를 통하여 전달된 종교적 진리"이다(Ⅰ, 11). 신학의 자료로서의 계시는 그것을 기록케 한 초자연적 행위에 의해서 명백히 구별된 것이다. 계시는 성서에 제한되지 않는다. 그러나 계시가 성서 밖에서 주어질 때는 "신적 기원의 인치심"(the seal of a divine original)이 없으므로 성서적 계시와는 동등

하지 못하다. 엄격한 의미에서 "계시와 성서는 하나이다." 계시와 성서는 "신학의 원천으로서는 모든 것에 우선하며" "일찍이 인간이 획득한 최고의 종교적 진리를 가지고 있다"(Ⅰ, 12). 성서와 계시는 이성이나, 다른 어떠한 원천에서도 유도해낼 수 없는 구원의 교리를 가져다준다. 성서는 자연의 진리를 점검하는 최후의 권위이다.

이렇게 마일리는 아주 분명하게 당면한 문제들을 정의했다. "종교적 진리"로서의 계시에 대한 마일리의 이해는 왓슨이 말하는 "이성의 명제(propositions to the Mind)"와 차이가 있지 않다. 그러나 그들이 계시를 명제적 진리로 해석함에 있어서는 두 사람은 계시를 보다 실존적으로 보는 웨슬리의 견해로부터 벗어났다. 더 나아가 마일리는 계시와 자연은 각기 뚜렷이 다른 점이 있다는 것을 인정하지만, 그는 계시와 자연에는 본질적으로 공통점이 있음을 주장함으로써 신학에 큰 영향을 미쳤다. 요컨대 마일리는 왓슨에 의해 생겨난 계시에 대한 비난 곧 그릇된 견해를 한 걸음 더 진전시킨 것이다.[133]

---

133) *The Atonement in Christ*, 20. 여기에서 마일리는 진리는 진리와 일치해야 한다고 주장한다. 그러므로 신학에 있어서 어떠한 조직적인 모순(차이)은 있을 수 없으며, 따라서 바른 신학은 성서와 모순될 수 없다. 이 방면에 대한 Watson의 글, "Remarks upon the Eternal Sonship of Christ and the Use of Reason in Matters of Revelation"와 Miley의 글 "the Idea of God as a Law of Religious Development"를 비교해 보는 것은 매우 유익하다. 클라크의 합리적 고찰에 의해 위협받은 왓슨은 이성의 위치와 사용에 대해 제한적으로 고정시키려 애썼다. 종교적 교리에 대한 비판적 평가를 꺼리는 정교(the orthodox)의 특성에 고민하며, 마일리는 종교적 생활은 궁극적으로 종교적 개념에 의존한다고 말하면서 이성의 중요성을 확대하였다. 그러나 계시를 인증하기 위해서는 외적 증거에 호소해야 한다고 하는 면에서는 두 사람 모두 공통된 기반 위에 서 있다.

2) 과학적 확실성(Scientific Certitude)

마일리의 신학적 작업에는 이중적인 동기가 선명하다. 그는 메소디스트의 선배들이나 동시대인들에게서 거의 영향을 받지 않으면서, 신학을 "학문적(scientific)"이요 또한 "체계적(systematic)"인 것으로 만들기 위해 현저한 노력을 하였다.

마일리에 따르면 확실성은 학문의 본질이다. 마일리는 공리적(公理的) 원칙 위에 세워진 연역적인 추상적 학문과 사실에 기초한 귀납적인 실험적 학문을 구별한다. 이 둘은 그들이 갖고 있는 확실성으로 인해 학문적이라고 할 수 있다. "만일 신학이 학문적인 구성을 갖추려면, 신학은 [또한] 확실한 근거를 반드시 필수적으로 가져야만 한다."(Ⅰ, 23).

과학은 경험적 사실들에만 제한될 수 없다. 또한 과학은 경험적 사실들만이 확실성을 증명할 수 있다는 주장에도 제한될 수 없다. 학문을 하는 사람은 그 분류와 추론에 있어서 직감이 아니라 이성을 활용한다. 그리고 계속적으로 수학에 의존한다. 그는 "다른 사람이 똑같은 권리를 즐기는 것을 거부할 수가 없다. 신학이 신앙을 다룬다고 해서 학문이 아니라고 할 수는 없다." 믿음(faith)은 맹목적인 권위에 근거한 것이 아니라 오히려 이성적인 터전에 근거한 것이다. 믿음은 비이성적이 아니다. 믿음은 과학적인 증거 곧 경험적인 증거를 존중한다. 정확히 말해서 믿음은 철저하게 이성적인 것 곧 마음의 행위인 것이다(Ⅰ, 37). 또한 과학은 "신학이 과학적임을 논증하기 위하여" (자연의 획일성과 일반화, 그리고 다른 과학자들에게 있어서) 많은 믿음을 필요로 하고 있다(Ⅰ, 39).

마일리는 신학에 있어서 4가지 확실성의 근거를 말하고 있다. 즉 자연신학에서의 신 존재의 증거들, 성서의 "신적 진리"(divine verity)에 대한 증명, 인간이 종교적 존재인 사실, 종교에 대한 실험적 확증 등을 들고 있다. 이들의 확실성에 있어서 처음 두 가지는 주로 연역적 학문에 의존하며, 세 번째와 네 번째는 대체로 경험적 사실로부터 과학적 귀납법에 의존한 것이다.

1. 그의 「조직신학」 1장 "유신론(Theism)"에서, 마일리는 자연신학을 전개한다. 모든 종교의 첫 번째 물음인 신의 존재에 관하여 그는 첫머리에서 자연을 언급한다. 마일리는 신에 대한 개념은 오직 계시로써만 설명될 수 있다는 왓슨의 주장을 부정한다. 그에 의하면, 오히려 신에 대한 개념은 도덕적 직관 곧 "진리에 대한 즉각적인 통찰의 기능"에 의해서 모두에게 필연적으로 생기는 것이다(Ⅰ, 62). "신에 대한 개념은 인간의 추론 과정을 기다리지 않는다. 이 개념은 논리적 기능이 작동하기 전에 마음에 떠오른다(Ⅰ, 70). 그러나 도덕적 직관과 논리적 이성은 서로 배타적이지 않다. 종교에 있어서의 도덕적 직관은 "정신발달(mental development)"에 의존하며 감수성(sensibilities)이나 감정(feelings)에 밀접하게 연관되어 있다. 결과적으로 그것들은 종종 약해지며, 왜곡되기 쉽다. 그러므로 신 존재를 증명하는 데 있어서는 논리적 이성(logical reason)이 절대 필요하다. 논

리적 이성은 유신론적 증거를 다룸으로써 "신학의 제1진리"인 신 존재에 대한 명백한 확신을 준다. 이런 것들이 "감각론(sensationalism)의 조명으로 물리적 세계의 존재를 인정하는 것보다 더 확실하게 신의 존재에 대한 명백한 확신을 준다."(Ⅰ, 26).

2. 성서는 과학적 확신의 또 하나의 근거이다. 성서의 교리적 가치는 "성서의 신적 기원의 문제에 달려있다." 이것이 마일리가 세우려고 시도한 것이다. 마일리는 그의 「조직신학」 서문에서 기적(miracles)에 의하여 증명되는 성서의 하나님의 계시의 가능성과 개연성을 주장한다(Ⅰ, 28-34). 그의 논증은 왓슨의 초기에 설명한 것과 중요하게 달라진 점이 없다.

19세기 전반을 통하여 성서의 확실성(authenticity)에 대한 논의가 점차적으로 변경되었다. 성서의 외적 증거가 새로운 학문과 철학으로부터 위협받음에 따라 기독교 변증론자들은 점차적으로 성서의 영감에 대한 논쟁에 가담했다. 후에 근본주의(fundamentalism)는 기독교의 기초를 성서의 문자적 영감의 교리에 분명하게 두어야 한다고 주장했다.[134] 마일리는 외적 증거와 문자 영감설(verbal inspiration)에 대해 충실한 것 같아 보이나, 동시에 성서의 문헌비평과 역사적 연구

---

134) MQR, 45(1863), 455ff.에 있는 W. F. Warren의 "The Impending Revolution in Anglo-Saxon Theology"을 보라. 그는 여기에서 많은 전통적 신념들이 지금까지 낡은 형이하학적 이론(physical theory)을 따라 왔다고 경고한다. 그리고 과학적 변혁에 대해 진지한 주의를 기울이는 것이 영원한 진리를 약화시키지 않을 것임을 확신한다고 주장한다. 이렇게 재촉하는 것을 두려워하는 자들은 하나님에 의해 직접적이며 무오하게 영감된 성서에서 위안을 찾았다. Stewart G. Cole의 *The History of Fundamentalism*, chap. Ⅳ, "The Rise of Fundamentalism"을 보라.

를 의식하고 있었다.

중요하게도, 마일리는 조직신학 I보다 2년 늦게 출판된 조직신학 II의 부록에서 영감설에 대한 글을 삭제해 버렸다(II, 479-89). 그리고 그는 "기계적" 혹은 "축자적" 영감설과는 구별되는 "역동적 영감설(dynamical view of inspiration)"을 옹호하였다. 역동적 영감설은 성령의 삼중 작용(threefold openation)을 의미한다. 곧 성령께서 계시된 진리의 조명(illumination)과 전달(communication), 그리고 출판(publication)에 관여하셨다는 것이다. 그러나 성령의 역사는 성서 전체에 일관적으로 역사한 것이 아니라, 오직 "보다 심오한 진리에 대해서"만 작용하셨다는 것이다(II, 482). 한 비평가는 마일리의 영감론에 대하여 평하기를, "마일리의 영감론은 평범한 이론들로서 그가 말하고 있는 이론들은 충분히 합리적이다. 그러나 그의 영감론은 연구하는 사람들의 마음에 뜨겁게 타오르고 있는 문제들과 연관된 오늘의 문제들에 대해서는 전혀 다루고 있지 않았다."며 실망을 표명했다.[135] 마일리의 영감에 대한 그의 소견(remark)은 당시의 학자들이 주장하는 학설들에 도전이 못 되었다. 그리고 그의 외적 증거로부터의 논의들이나, 현재 논쟁이 되고 있는 성서의 구절들에 대한 해석도 그들을 만족시키지 못했다. 마일리는 성서에 대한 이해와 그 사용에 대해서 혼란된 세대에 창조적인 지도력을 보여주지 못했다.

3. 인간의 타고난 종교성은 하나의 경험적 사실로서 신학이 있어야

---

135) William Kelley의 *Review of Miley's Systematic Theology*, MQR, 76(1894), 838.

한다는 확신을 준다. 이것은 인간의 역사와 의식을 통해 나타나는 확실한 사실들이다. 이는 "물리적 사실이나 물질의 속성보다도" 더 확실하다(Ⅰ, 27). 이런 사실들은 (물리적 영역에서 완전하게 시험해 볼 수는 없을지 모르지만) "철학의 조명" 아래서 과학적으로 다룰 수 있는 것이다. 마일리는 그의 조직신학 세 번째 부분인 "인간론"에서, 구원과는 상관하지 않고 그냥 별도로 인간의 본성을 점검하고 인간의 본래적인 종교적 성향이 신학에 있어서 중요함을 설명했다(Ⅰ, 355-533). 주로 귀납적인 방법으로 다룬 이 연구는 후에 등장하는 경험 신학을 예상케 하는 바가 있다. 전에 왓슨은 그런 "도덕적이고 종교적인 실제들"에 대해서는 거의 교리적인 흥미를 갖지 못했었다. 그러나 웨슬리는 도덕적이며 종교적인 실제들을 크게 강조했다. 그렇지만 웨슬리와 마일리는 서로 좀 다른 "실제들"을 말했고 그 실제들에 대한 해석도 달랐다. 마일리의 이런 다른 생각이 불운하게도 그를 본질적인 웨슬리안 주제에서 어긋나게 만든 것이었다.

4. 확실성의 마지막 근거는 종교적 실험의 증거에서 찾았다. "경험적인 시험(test)들을 통하고 약속된 결과들을 여실히 나타냄"으로써 기독교의 타당성은 입증될 수 있다는 것이다(Ⅰ, 35). 성령에 의해 자기가 하나님의 아들이라는 의식이 생김에 의하여, 모험을 하는 그들에게, 구원이 주어졌음이 확증되는 것이다. 이와 같은 경험의 증거는 놀랄 만큼 일치성을 지닌 채 모든 세대로부터 내려왔다. 그러나 마일리는 이러한 쟁점에 대해 명확한 정의를 내리지 않았다. 마일리의 중

요한 호소는 결과에 의한 검증에 있으며, 웨슬리가 말하는 성령의 열매와는 느슨하게 연계되어 있었다. 마일리도 하나님과의 직접적인 만남의 실제적 권위를 인정한 약간의 흔적은 있다. 그러나 그의 기독자 의식의 본성에 대한 그의 설명을 보면 이러한 만남이 결정적인 것이 아니라고 그는 말하고 있음이 분명하다. 마일리는 기독자 의식은 올바른 교리에 의해 형성된다고 주장한다. 그는 바른 교리는 그리스도인의 양심에 의하여 입증될 수 없고 또한 그리스도인의 양심이 바른 교리의 원천이 될 수도 없다고 말한다(Ⅰ, 19). 그는 애매하게 추가하여 말하기를 내적 의식만이 성서가 가르치는 교리의 진실을 증명하고 확인한다고 하였다(Ⅰ, 22). 마일리는 왓슨보다 복음적 체험에 의한 기독교의 확신이라는 웨슬리의 입장에 더 근접해 있다. 그러나 마일리는 연역적 이성의 광범위한 역할을 견지하면서 자기의 입장을 지켰다. 그러므로 웨슬리에 기초한, 기본적인 특징이 자기도 모르는 가운데 쇠약해지게 만든 것이다.

3) 신학의 체계화(Systematization of Theology)

마일리의 신학의 "과학적" 기초에 대한 관심은 신학을 "체계화"하려는 그의 관심에 직접적으로 연관되어 있다. 필요한 확실성이 제시되었기에, 기독교의 "사실들"은 "과학적으로" 해석할 수 있게 되었다(Ⅰ, 47). 기독교의 교리는 조직신학에서 말하는 뚜렷한 "사실들"이다. "교리"는 기독교에만 관계되는 특유한 것으로 간주해서는 안 된다. 이는 "하나의 적절한 귀납법을 통해서 취해지고 검증된 원리 또는 법인 것이다."(Ⅰ, 5).

이러한 "사실들"을 다루면서 조직신학이 가지는 기능은 두 가지이다. 첫째로, 조직신학은 교리적 진리의 구성물들이, 자연의 책에서 나왔는지 아니면 계시의 책에서 나왔는지를 연구한 다음에, 교리를 과학적 형식으로 설립하되, 그 교리가 체계(system)의 기준과 조화를 이루고 자체로서도 모순이 없도록 해야 한다. 둘째로, 이렇게 구성된 여러 교리들은 하나의 체계 안에 반드시 통합되어야만 한다. 각 교리들에서 그렇듯이 하나의 체계 속에 있는 제 요소들은 "과학적인 기록"이라야 한다. 그렇지 않다면 그 신학은 그 "조직적인" 학문이 못된다(Ⅰ, 51). 교리나 원리로부터는 다른 것들이 연역되지 않기에, 조직신학은 첫째로 건설적이요, 따라서 종합적인 것이다(Ⅰ, 53).

조직신학은 정리를 바라는 인간의 요구를 만족시킬 뿐 아니라 그 진리들의 광범한 의미와 적용을 설명해 준다. 그 둘이 합칠 때, 그 진리는 최고의 지식이 된다. 교리들은 차례차례로 배열되어야 한다. 곧 그 교리들이 생기게 된 일을 보다 지적으로 다루기 위해, 각 진리가 보다 분명하게 설명될 수 있게끔 앞의 진리와 연관시켜 차례로 배열되어야 한다(I, 51, 53).

과학적이고 조직적인 신학에 대한 마일리의 연구는 가히 감탄할 만하다. 그는 당시의 어떤 메소디스트 신학자도 능가할 수 없는 광범한 지식과 일관성을 지녔었다. 마일리에 가깝게 필적할 수 있는 사람은 영국의 포프(Pope, 1822~1903)뿐이었고, 미국에서는 레이몬드와 썸머스 만이 그와 가까이 했다. 스코트의 다음과 같은 판단은 확실히 적절하다. "마일리의 신학적 통찰력과 교리 문제들에 대한 이해, 그리고 일관성을 가지고 완전한 신학 '체계'를 산출한 일에 있어, 미국 감리교 신학자들 가운데 독특한 위치에 서 있었다. … 그의 ('과학적', '체계적')인 신학적 방법론은 훌륭한 업적을 산출하게 했다. 이는 감리교 울타리 밖에서도 인정했다."[136]

명백히 이성은 조직신학적 학문추구에 있어서 필수적이다. 이성은 더 많은 일에 관련되고 있다. 마일리는 종교에서의 이성의 위치에 대해 논의를 시작하면서, "자연적 종교이든 계시적 종교이든 모두 이성의 합리적 고려의 대상이다."라고 말한다(Ⅰ, 40). 이성의 용도는 다양하다. 이성은 유신론이 합리적 신앙임을 입증한다. 또한 계시를 받고 계시를 증명하기도 한다. 성서와 신학 전반에 대한 변증학에서도 이성은 필수적 도구이다. 이성은 신학을 체계화하는 일에 있어도 필수 불가결한 것이다.

마일리는 이성주의(rationalism)가 이성 작용의 필연적인 결과라는 것을 부정한다. 근본적으로 합리주의는 계시가 불합리적이라는 근거에서 계시를 거절하는 과오를 범하고 있는 것이다. 계시가 합리적(reasonable)이라는 것이 옳다. 계시된 진리는 합리적 이해를 초월하거나 능가함에도 불구하고 불합리하지 않다(Ⅰ, 46). 그리하여 마일리는 비록 계시가 인간의 이성과 모순될지 모르지만 신적 이성과는 모순되지 않는다고 하는 왓슨의 견해를 한층 더 진전시켰다. 결코 모순

---
136) Scott의 "Methodist Theology," 467f.

되지 않는다.

그와 같이 마일리가 이성주의를 주장하는 것이 다시 드러났다. 그의 신학에서 몇몇 요소들은 그가 그렇게 고집하지 않아도 되는 데도 불구하고, 그는 신학의 기초로서 이성적 확실성이 있어야 한다는 그의 주장을 늦출 수가 없었다. 즉 마일리는 종교와 인간성(human nature)의 "실제들"을 강조했고, 또한 경험에서 얻어진 결과에 호소했고, 상반되는 증거를 기꺼이 고려했다. 그러므로 그가 신학의 사실들을 증명하려는 방법은 왓슨이 성서에 대하여 증명하려는 방법과 근본적으로 동일하다. 궁극적으로, 두 사람은 기독교 신앙의 권위를 이성에 의하여 증명된 외부의 실제와의 관계에서 찾고 있다. 즉 방법론에서 그들은 계시 자체보다는 계시에 대한 증명에 더 관심을 갖고 있었다. 마일리는 자신의 입장에 내재된 모순으로 인해 고민했지만 그러나 그는 그것으로부터 자유로울 수는 없었다.

마일리가 그리 취하고 있는 논점(issue)이 첫 번째로 그의 초기 신학 저작 가운데 하나인 「종교적 발달법으로서의 하나님의 개념」(*The Idea of God as a Law of Religious Development*, 1865)에서 나타나 있다. 이 책에서 그는 인간의 종교적 발달은 그가 가지고 있는 하나님에 대한 개념에 달렸다고 주장한다. "올바른 신앙과 실천을 위해서는 올바른 교리가 필수적이다." 역으로, "대부분의 종교 생활의 곡해들은 신의 선함과 정의에 대한 왜곡된 견해로부터 야기된다."고 주장한다.[137] 그리고 계속해서, 종교개혁은 "먼저 교리의 개혁을 수반하

---

[137] "The Idea of God as a Law of Religious Development," MQR, 47(1865), 21. 그리고 Scott

며, 그 다음 좀 더 나은 교리를 믿음으로 새롭고도 보다 나은 종교적 체험과 삶을 일으킨다. … 이는 논리적 순서이기에 또한 연대기적인 순서이다."[138]

확고하게도 마일리는 애정(affection)이나 "감수성"보다는 지성(the intellect)의 우위성을 주장한다. 이러한 견해는 그의 하나님의 도덕적 직관에 대한 토론과, 기독자의 의식의 중요성에 대한 평가, 신학에 있어 이성을 "높은 곳(high place)"에 지정하는 일, 인간 자유의 본성에 대한 가정, 올바른 교리가 문제를 해결한다고 강조하는 일 등에서 발견된다. 그러나 지성의 우위성에 대한 주장은 왓슨의 지식에 대한 이성주의의 표현법과는 맞지 않는다. 그리고 이는 하나님과 인간의 실존적 만남을 강조하는 웨슬리의 주장과도 단호히 모순된다. 그렇지만 지성의 우위성을 강조하는 것은 마일리의 신학 전반에 걸쳐

의 "Methodist Theology," Appendix 39, "Miley: 'The Idea of God….,'" 684ff.을 보라. 마일리의 비평가 중 한 사람인 A. H. Strong은 그의 *Systematic Theology*(New York: A. C. Armstrong, 1902), 452에서 다음과 같이 비난한다. 도덕적, 종교적 체험에 있어서 "도덕적 사고와 종교적 사고"의 우위에 대한 마일리의 강조는 인간이 종교적 진리의 이해와 그 진리에 대한 헌신에 의해 자신의 특성을 변화시킬 수 있다는 교리처럼 위험하게 들린다. 이에 대해 마일리는 선택과 성취가 나누어진 실재이며, 성취는 성령의 능력 하에서만 가능하다고 주장함으로써 이 비난을 진실과는 거리가 멀다고 여겼다.

138) Pope의 *Christian Theology*, MQR, 59(1877), 390. 이에 대한 더 많은 설명을 위해서는 "The Idea of God"을 보라: "하나님의 특징에 대한 우리의 개념은 우리의 종교적 발달의 유형(Type)을 결정한다."(p. 20). "이 개념이 부분적이고, 틀리거나 곡해된 곳에서의 종교적 생활은 그것의 영향 하에 형성되기 마련이다. 그러나 이 개념이 진실되고 완전해짐에 따라 종교적 생활은 보다 더 완전하고, 균형이 잡히며 완성되어진다."(p. 21). Miner Raymond의 *Systematic Theology*, I, 38-44, 247-62에서는 개념이 행동에 앞서 이 행동에 결정적인 영향을 미치는 것으로 여기는 경향의 흔적을 찾아볼 수 있다. 또한 Daniel Whedon의 *Freedom of the Will*, 368에서 그는 개념의 영향력 있는 특징을 강조한다. 그는 말한다. "인간의 도덕의식은 책임을 강조한다. 왜냐하면 지성이 그것을 확인하기 때문이다." "여기에 있는 모든 경우에서와 같이, 도덕의식은 그것이 지성에 의해 보충되고 제시됨과 같이 이 경우에도 도덕적 의식이 그 결정을 내린다."

일관되게 흐르는 원리 중의 하나였다. 그러나 마일리는 웨슬리안 전통의 중심에 충실히 머물려고 격렬하게 노력했는지는 몰라도 그는 이 기본적인 가정 때문에 완전한 성공을 이루지 못하였다.

4. 누드슨의 신앙의 이성적 변호

이따금 마일리는 미국 종교철학에 있어서 새롭게 두각을 나타낸 보뎀 파커 보우네(Bordem Parker Bowne)의 책을 인용했다. 그의 인용은 드물었고 주로 하나님에 대한 교리에 한정되었다. 그러나 40년 후에는 보우네의 인격적 관념론(personal idealism)의 해설자로서 수많은 "학파"와 뛰어난 사람들이 있었다. 그들 중 한 사람이 알버트 누드슨(Albert Knudson)이었다. 그는 완전히 이 철학에 의해 형성된 조직신학을 미국의 감리교에 심었다. 마일리와 왓슨에게 있어서는 지엽적인 관심이었던 것이 누드슨에게는 지배적인 관심사가 되었다. 왓슨과 마일리는 웨슬리인의 유산을 다듬으면서 그들의 기본적 철학에 충실함을 반영했다. 곧 왓슨은 로크(Locke)나 팔리(Paley)에게, 마일리는 상식철학 또는 직관적 사실주의에 충실했다. 그러나 그들에게 있어서는 이러한 철학들은 표면에 성급한 모습만을 드러냈고, 큰 역할을 한 것으로는 나타나지 않았다. 그러나 누드슨에게 있어서는 철학이란 어떤 특별한 문제들에 대한 예비적인 것이나 부수적인 것이 아니다. 그에게 있어서는 철학은 기독교 신학을 표현하는 양식과 정당화의 방법뿐 아니라 그 환경과 도구까지도 지시한다는 것이다. 누드슨 이전에도 신학적 체계화에 대한 철학의 영향은 미국의 감리교에 새로운 것이 아니었지만, 이전에는 결코 그것이 그렇게 광대하고 광범위하지 않았고, 전통에 대한 철학의 수정도 그렇게 격렬하지 않았다.

1) 종교와 신학

누드슨의 경험적 관심은 대단하며, 아주 초기에는 뚜렷했다. 그는 말하기를 종교란 인간 자체가 타고난 표현(manifestation)이라고 했다. 그에 의하면, 이는 인간의 삶 속에서 자연발생적으로 일어나는 것으로서, 사람에게는 믿을만한 것에 의존하고자 하는 감정, 구원에 대한 갈망, 그리고 하나님뿐만 아니라 인간에 대한 의무감 같은 것이 있다는 것이다(Ⅰ, 48).[139] 종교는 그런 것에 관한 개념적 지식에 앞서 있는 하나의 실제이다. 이는 교리보다 더 깊은 "심오한 개인적 태도이며 생생한 경험"이다. 어떤 의미에서는 종교적 경험이란 스스로 정당화하는 것이다. 그러나 종교는 불완전하게도 자아의식이나 자기주장에 빠지게 되기 쉽다. 종교는 신화와 미신으로 치우쳐 생각과 행동에서

---

139) *The Doctrine of God*, 48. Cauthen은 *The impact of American Religious Liberalism*, 110에서 말하기를, 누드슨이 말하는 기독교는 보편적인 종교적 현상(연속성의 원칙)의 하나에 지나지 않으며, 신학은 하나님의 구속적 활동(자율의 원칙)에 대한 기술(description)이라기보다는 인간의 하나님 경험에 대한 세밀한 진술이다. 따라서 누드슨은 일반적으로 종교에 대한 논의로 신학을 시작한다. 그리고 철저하게 인간의 이성으로 해석된 종교체험에 우선권을 부여하고 있다고 하였다.

옳은 길을 벗어나기 쉽다. 따라서 신학이 종교를 만들어낼 수는 없지만 신학은 종교를 통제하는 중요한 기능을 수행할 수 있다. 그러기에 신학이 종교에 대하여 첫째로 해야 할 일은, 종교에 관해 분명히 설명해주고, 부착물을 제거해주고, 종교를 조직적으로 설명하도록 도와주는 일이다(Ⅰ, 63f).

그러나 종교란 단지 주관적 경험만은 아니다. "종교의 본성 자체가 신적 대상을 언급한다."(Ⅰ, 65). 만일 초월적 세계가 종교에 의해 확인된다면 "우리 시대의 심각한 문제"인, 이 확인에 대한 적합성과 적용에 관련된 문제는 신학이 두 번째로 다루어야 한 과제이다. 간단히 말해서, "신학은 종교의 지적 내용을 조직적으로 설명하고, 합리적으로 인증히여 주는 것이라고 힐 수 있다."(Ⅰ, 19).

누드슨은 믿음을 설명하기보다는 변호하는 일(justification)에 더 관심을 가지고 있었다. 이성이 이 일을 수행할 수 있을까? 종교에서의 믿음은 그 자체만으로도 정당한 것이지만, 믿음이 이성과 반대되거나, 대립되거나 또는 이성에 의하여 입증될 수 없는 것은 아니다. 단지 이성을 논리적이고 수학적인 사고에 제한하며 또는 현상계에 한정된 것으로 잘못 인식 할 때는 이성의 하는 일이 불충분한 것처럼 보일 것이다.[140] 이성은 이교(異敎)를 피하고, 믿음을 분명하게 표현하며, 그를 체계화하여 이를 믿지 않는 세계에 천거하는 일을 해야 한다. 믿음

---

140) 누드슨은 이성을 "순전한 논리적 생각의 한정된 분야"에 제한하는 그 잘못된 개념을 개탄한다. "여기에서 전제(premise)와 진리로부터 추론된 결론은 수학적 확실성으로 증명되며, 이것은 그것의 범위를 현상계(The World of phenomena)에 한정한다." *Basic Issues in Christian Thought*, 42을 보라.

과 이성은 함께 역사한다. 하나는 다른 하나를 필요로 한다. 그리고 믿음과 이성, 둘이 없이는 신학은 불완전하다(Ⅰ, 67-84).

종교의 진실을 논증하는 데 있어 신학과 철학은 같은 일을 한다. 기독교신학은 특정한 전통 안에 있으며, 그 교회에 예속되어 있는 것이기에 그 신학은 독특한 것이다. 그러나 "믿음을 이성적으로 입증하는 일"은 철학이 해야 한다. "신학과 철학은 그들의 논거는 인간 경험 전체에 대한 이성적인 해석에 근거하고 있다. 이 경험은 주관적이요 또한 객관적이다. 이 이성적 해석은 두 가지 중요한 분야에서 나타나고 있다. 하나는 형이상학 또는 실제의 이론에서이고, 다른 하나는 인식론 또는 지식의 이론에서이다." 그래서 누드슨은 그의 마지막 저서인 「크리스쳔 사상의 기본 문제들」(Basic Issues in Christian Thought), 44쪽에서 이 문제를 다루고 있다. 조직신학에서 그는 이 문제를 아주 이런 방법으로는 진술하지 않았다. 즉 인식론적 관심이 그렇게 명확하게 설명되어 있지 않았다(Ⅰ, 147-70). 그러나 그의 저술들은 대체로 그가 믿음을 이론적으로 입증하는 일에 있어 인식론과 형이상학 이 두 가지를 축으로 하여 다룬 것으로 드러내고 있다.

2) 인식론과 신앙(Epistemology and the Right to Believe)

누드슨에서 칸트의 인식론의 흔적을 인식할 수 있다. 지식은 사고와 사물의 이원론과 물자체(thing in itself)를 이해하는 것이 불가능하기 때문에 필연적으로 주관적이다. 지식의 출처들(sources)은 인간 밖에 있어, 그것이 사람의 마음에 옮겨져 확실하고 틀림없는 지식이 생기게 할 수가 없다. 그러나 사람의 마음은 단순히 외부의 자극에 대한 수동적으로 받아들이는 것뿐 아니라 사고와 지식의 과정에서 그 자체가 능동적이기도 하다. 의미 있는 경험을 생산해 내기 위해서는 정신의 개념에 감각의 인식 결과가 가해져야만 한다. 따라서 모든 경험은 종교적인 것을 포함해서, 해석된 경험인 것이다.[141]

경험이란 정신의 선험적 범주들에 의해 해석된다. 여기에서 누드슨은 칸트의 선험론의 범위를 넓혀 도덕적, 감각적 그리고 종교적 경험의 범주까지 포함시켰다. 그들은 이론을 다루는 이성에 첨가하여 인간 정신의 네 가지 독특하고 자율적인 고유한 지적 능력들을 나타낸다. 그 네 가지 곧 이론적 이성, 그리고 도덕, 미학이론, 종교체험에 속한 범주는 이것들을 통해 그 자체를 표현하는 깊은 이성의 구성원들이며 영원한 요소들이다. 이런 수용능력은 자기만으로도 서기에 종교적 경험과 지식이 독립적이라고 할 수 있다.[142] 이와 같이 누드슨은 종교를 반대하거나, 부정하는 자들, 그리고 종교를 이성으로 다룰 수 없다고 하는 자들에 대항하여 종교를 지켰다.[143]

종교적 선험성은 직접적이며, 본질적으로 권위 있는 하나님과의 만

---

141) 누드슨은 이 주제를 *The Validity of Religious Experience*, 28-30, 58-71에서 상당히 길게 다루고 있다.
142) Ibid., 175, 232. 그리고 *Present Tendencies in Religious Thought*, 184ff, 246을 보라. *Basic Issues in Christian Thought*, 48에서 누드슨은 말한다. "종교나 과학, 도덕, 그리고 예술에 있어서 특별한 정신적인 진리의 표준은 없다. 정신적 활동의 각 분야는 그 자체가 선험적이다. 이런 선험성은 모두 규범적이다. 그들은 자신들 안에서 스스로의 표준을 지니고 있다."
143) *Present Tendencies in Religious Thought*, 247. 종교의 선험성은 "종교가 인간 이성의 가장 깊은 곳에 영구적으로 자리를 잡고 있으며, 또한 종교는 그 자체의 자율적인 정당성을 가지고 있고, 이는 결코 부정할 수 없다."는 것을 보여준다. *The Philosophy of Personalism*, 257을 보라.

남을 약속하는 것처럼 보인다. 그러나 그 약속은 곧 철회된다. 종교적 경험의 직관이 그 경험을 강력하고 호소력 있게 만들며, 종종 그 내용을 안다고 주장하게 만든다. 하지만 이러한 주장들은 잘못된 것이다. 왜냐하면 종교적 경험은 흔히 있을 수 있는 과오 때문에 이성에 의해 해석되어져야 한다. 과학과 도덕, 예술에서 지식 이성적 과정을 거쳐 얻어지듯이, 종교적 지식도 똑같은 과정에 의하여 얻어지는 것이다. 어느 경우에서든지 그 개연성은 똑같다.[144]

기껏해야, 지식은 진실과 적합성의 개연성은 가질 뿐이다. 왜냐하면 이성은 그 자체의 신뢰성을 확립할 수 없고 단지 가정해야만 하기 때문이다. 이 가정이 믿음의 행위에서 나온다. 이것은 모든 지식의 행위를 불러일으킨다. 이것은 직접적이고 본능적이다. 또한 이것은 이론적, 도덕적, 수사학적, 종교적 경험에까지 미친다. 궁극적으로 이성에 대한 확신과, 정신과 물질의 병행론에 대한 확신은 양자를 초월하는 일원론에 의지해야만 한다. 이 단일화된 원칙이 유신론적 인격주의에서 발견된다. 생각과 사물이 다 같은 하나님을 드러내는 것이기 때문에 이성은 신뢰할 수 있는 것이다.[145]

왓슨과 마일리는 계시가 독립적임을 애써 주장한 반면에, 누드슨은 계속해서 계시가 독립적인 것임을 부인했다. 그는 "신학적 비합리주의"가 전개됨에 대하여 자주 괴로워했다. 그는 믿음(아는 자와 그가 아는 것)에 대해 상세히 기술한다. 그러나 계시(복음적 경험에 있어서

---

144) *Present Tendeincies in Religious Thought*, 143-45; *Basic Issues in Christian Thought*, 47.
145) *The Philosophy of Personalism*, 147-54; *The Validity of Religious Experience*, 98f.

하나님이 주신 것)에 대한 그의 말들은 역사적으로 또는 비판적으로 여기 저기 쓰여 있을 뿐이었다.[146] 더욱이 "인식론적 심연"을 건너기 위해 누드슨이 말하는 믿음은 구원의 계시를 받아들이는 믿음과는 질적으로 다르다. 누드슨이 말하는 믿음은 가능한 증거(곧 반대증거가 없는 증거)에 기초를 둔 것으로 죄와 은총과의 관계는 필요치 않는 것이다.

누드슨의 인식론의 마지막 항목은 그의 형이상학에 연결된다. 그는 칸트와 함께 실천이성의 탁월함을 주장한다. 세상이 아는 믿음은 사람의 중요한 필요와 관심에서 솟아나온다. 믿음이 필요한 것(need to believe)은 인간의 본성에서 나오는 것이며 또한 그것이 믿을 권리(right to believe)가 있음을 증명한다. 누드슨은 종종 보우네(Bowne)의 실천이성의 법칙에 대한 논술 곧 "정신이 주관적 관심과 경향을 만족시키기 위해 요구하는 것은 모두 적극적 반증이 없는 가운데 진실로 여겨질 수 있다."[147]라는 말을 인용했다. 만일 과학자나 철학자가 믿을 권리를 가지고 있다면 종교인도 또한 이 권리를 가지고 있는 것이다. 인간 개인에 있어서, 목적과 가치에 대한 그의 관심이 이론적 이

---

146) 이 문제들은 누드슨의 마지막 책(1950) *Basic Issues in Christian Thought*에서 가장 잘 언급되고 있다. 신학적 불합리성에 대한 부분인 pp. 29-44를 보라. Cauthen이 그의 책 *The Impact of American Religious Liberalism*, 113에서 누드슨의 방식에 대한 관찰은 유명하다. 유럽 위기신학의 풍조에 대한 누드슨의 반응을 요약한 것은 McCutcheon의 *The History of American Methodism*, III, 299-301을 보라.
147) 보우네의 계통적 설명은 *Theism*, 18에 나온다. 그리고 그것을 이용하는 누드슨의 인용문들은 *The Validity of Religious Experience*, 176; *The Philosophy of Personalism*, 162; *Present Tendencies in Religious Thought*, 185; 그리고 *Basic Issues in Christian Thought*, 46에 나타나 있다.

성에 대한 관심보다 훨씬 더 중요하다.[148]

믿을 권리는 일종의 "신앙"형이상학을 형성하는 실재를 긍정하게 하는 권리를 포함한다. 이리하여 칸트는 신, 자유, 영원한 생명 등은 실천이성을 기초로 하여 주장했다. 누드슨은 주장하기를, 이러한 형이상학적으로 인정한 것들의 객관적 정당성과 인식이 칸트가 가정했던 것 보다 더 크며, 또한 "인간의 도덕적, 영적 본성에 바탕을 둔 철학적 실재"를 기본으로 하는 것이 매우 적합하다고 했다. 아마도 그 이상 묻지 않아야 할 것이다. 그러나 "윤리적 기초"를 지닌 형이상학은 주관주의의 비난을 받기 쉽다. 그리고 그 비난은 보다 더 객관적인 이론적 이성의 형이상학에 의해 대부분은 무시당할 수 있다(Ⅰ, 160f).

3) 형이상학과 인격주의(Metaphysics and Personalism)

믿는 권리에 입각한 윤리적 형이상학은 귀납적인 논의나 사변적 논의로부터 도출된 보충적 고려의 필요나 가치를 부인하지 않는다. 인간이 느끼고 종교적으로 행하는 것은 생각에서 어떤 정당성과 설명을 발견해야 한다. 이 목적을 위한 가장 주목할 만한 실재의 이론을 지니고 있고, 그리고 기독교 믿음에 대한 탁월한 철학이 바로 인격주의이다.

인격주의는 이성적인 것보다는 오히려 의도적인 것이다

---

148) *The Philosophy of Personalism*, 308, 164ff.; *Basic Issues in Christian Thought*, 47.

(voluntaristic). 인격주의는 지성(intellect)보다는 의지(will)에 더 강조점을 두며, 인생은 논리보다 깊다고 보는 경향이 있다. 인격주의는 실질적이 아닌 형상 논의의 여지를 인정한다. 인격주의는 추상적 타당성을 문제 삼지 않는다. 그러나 단순한 이성이 생각과 실체 사이의 큰 격차를 메울 수는 없다고 주장한다. 이 점에 있어서 믿음만이 만족시킬 수 있을 것이다. 따라서 결국은 모든 지식은 믿음에 기초를 두고 있는 것이다. 믿음은 모든 철학체계의 궁극적인 기반이다. 그래서 하나님의 믿는다고 할 때, 그것을 겉으로 드러내 보일 수는 없다. 그러나 그럼에도 불구하고 우리는 가장 편한 가운데서 인간의 본성이 완전한 만족을 찾음을 보여줌으로써 입증할 수 있다.[149]

명백히 누드슨의 인식론은 그의 형이상학을 구성하는 일부분이며 또한 그의 형이상학에는 없어서는 안 되는 것이다. 그의 인식론과 형이상학은 모두 인간의 자아 체험으로 시작한다. 이것이 인간을 존재의 본질에서 보게 하는 실제이다.

인격주의자에게 있어서의 근본적인 전제조건은 신의 존재보다도 오히려 자신의 실체, 또는 영혼의 실재 또는 "나"라는 실재이다. 인격(personality)은 경험과 생각에 있어서 기본이다. 그러나 인격은 설명될 수 없다. 인격은 단지 경험의 분석에 의해 얻어지는 한정된 개념이다. 실재는 인격에 의해서만 설명될 수 있다.[150] 인간의 사고의 이율배

---

149) *The Philosophy of Personalism*, 67, 337.
150) *Present Tendencies in Religious Thought*, 75. 일관되게 누드슨은 인격주의의 "독특한 인식론적 중요성과 형이상학적 중요성"을 주장한다. "[인격주의]의 전 체계는 이 통찰력을 중심으로 움직인다. 이전에는 서로 조화되지 않는 것으로 생각되던 그 많은 요소들이 모순 없이 그 자체 안에 흡수할 수 있다는 것은 바로 이 근본적 원칙의 열매임을 증명하는 것이다." *The Philosophy*

반, 또한 동일성과 변화, 하나와 다수, 자유와 필연의 이율배반에 대한 가장 만족스런 해결은 유일한 인격을 중심으로 하는 철학에서 발견한다. 그것은 또한 세계, 창조, 섭리, 기적, 계시에 관한 종교가 지니는 난문제들에 대한 가장 그럴듯한 설명을 제공한다(Ⅰ, 139-45).

인격에서 도출된 이론적 "논증들"은 신의 존재에 대한 믿음을 어려움 없이 마련해 준다(Ⅰ, 241). 종교적 선험성에 근거한 종교적 논증과 실천이성을 기초로 한 도덕적 논증에 누드슨은 이론적 증거와 "이성적" 증거를 보탠다. 곧 우주론적, 목적론적인 것을 포함한 인과율; 개념론적, 존재론적, 그리고 인식론적(곧 사고와 사물의 병행의 원천으로서, 그리고 총명의 주로서의 신에 대한) 증거들을 가하였다. 이러한 논증들을 확실히 증명하기에는 부족한 면이 있었지만, 이런 논증들은 우주에 대한 영적 해석에 보탬이 되었다.[151]

결국, 신의 특성은 유신론적 인격주의에 의해서 가장 유용하게 설명된다. 인격주의는 사람(others)과 교제를 갖고자 하며, 그리고 그의 선하심을 의로운 사랑 안에서 나타내신 하나님의 지성과 자유를 확인해 준다. 인격주의는 "종교에 철학적 토대를 주고자 하고, 그것에 맞는 골격을 주고자 하며, 그것이 번창할 수 있는 지적 분위기를 만들어 주고자 한다." 비록 인격주의가 "명백한 제한과 어려움"을 가지고 있지만 인격주의는 "훨씬 더 심각한 어려움"을 가진 다른 철학들과 비교할 때 강점이 많다.[152] 누드슨은 자기가 연구했던 일 곧 "기독교 신

---

of Personalism, 421, 171, 237f. 그리고 *Basic Issues in Christian Thougt*, 71-75을 보라.
151) *The Philosophy of Personalism*, Ⅳ장, 247ff. 그리고 *The Doctrine of God*, Ⅵ장, 202ff.
152) *The Philosophy of Personalism*, 328, 427. 또한 80을 보라: "하나님의 인격과 인간의 인격

앙의 강력한 보루"인 인격주의적 사고의 빛 아래에서 교리를 재해석하는 과업을 하고 또한 다른 이들도 해줄 것은 요구하고 있는 것이다.[153]

4) 신학의 방법과 권위(Method and Authority)

누드슨에 의하면 철학은 신학을 형성할 뿐만 아니라 신학적 방법까지도 결정한다(Ⅰ, 189f). 그의 철학이 주장하는 방법은 다음과 같다. 이 방법은 비평적인 것이다. 곧 이는 지식의 주관적인 상황을 조사하는 것으로 시작하며, 외적 권위 기준을 부인하는 것이다. 이는 인류학적인 것이다. 곧 신학은 기저저인 신의 계시로부터가 아니라 인간으로부터 시작해야만 한다는 것을 주장하는 것이다. 이는 사변적이 아니라 경험에 의한 것이다. 형이상학적으로 설명된 경험보다는 직접적인 경험의 개념들을 더 좋아하는 염려가 있음에도 불구하고 이는 경험에 의한다. 마지막으로 이는 역사적인 것이다. 즉 "동 시대의 유행"을 버리고 사상의 역사에서 본보기를 발견하는 것이다.[154]

신학은 세 가지 의무를 가지고 있다. 그것의 첫 번째 둘을 우리가

의 신성함은 기독교 종교의 참된 진수를 나타낸다. 기독교신학에 대해 말해지는 모든 것은 거의 의심을 받지 않았다; 이들 신념이 현대 인격주의적 형이상학에서 가장 완전한 철학적 정당성을 인정받았다는 사실 역시 분명한 것 같다. 인격주의는 우리시대의 기독교 철학에 있어서 특히 뛰어난(par excellence) 것이다."
153) *Basic Issues in Christian Thought*, 45.
154) "A personalist Approach to Theology," in *Contemporary American Theology*, ed. Vergilius Ferm, 232. 이러한 특성들에 대한 논의를 *The Doctrine of God*, 189-96에서 비교하여 보라.

이미 살펴보았다. 첫째, 신학은 규범과학으로서 "종교와 신학"에 관한 부분에서 지적하였듯이 "기독교 신앙의 중요한 성격과 내용"을 결정하고 설명하는 일이다. 둘째로는, 인식론과 형이상학의 부분에서 약술하였듯이 신학은 철학적으로 "기독교 신앙의 정당성"을 확립하는 일이다. 세 번째, 신학의 의무는 기독교 전통이 실질적으로 요구하는 일에 호응하는 일과 현재 교회에 봉사하는 일이다(Ⅰ, 196-98).

기독교 신학자는 그의 과업에 적절한 자료들은 가지고 있는데 이 중에 가장 중요한 것은 성서이다. 교회의 역사는 "성서를 보충하고" 성서의 해석을 정리하는 일을 도와준다. 그러나 그 어느 것도 이성적인 비판에 대해 면제되지는 않는다. 신학의 원천이 무엇이든 종교적 진리는 그것이 우리의 양심과 지성에 납득이 될 때, 그 만큼 우리에게 진정한 진리가 된다. 신학과 철학에서 그랬듯이 성서를 평가할 수 있는 자는 빛을 받은 사람이라야 한다.[155] 그 사람은 종교적 선험성에 의하여 가진 종교적 경험에 대한 뚜렷한 표준을 가지고 있다. 그러나 그들이 진리를 받아들이는 일은 책임지지 않는다. 그 사람은 지속적으로 성서와 기독교 전통을 살피면서 자기비판을 해야 한다.[156]

기독교는 두 가지 의미에서 절대적이라고 누드슨은 기록하고 있다. 기독교는 절대자의 계시를 가지고 있다. 이는 인간에게 알려진 최고의 계시이다(Ⅰ, 117). 그러나 기독교는 이 절대성을 보증할 객관적인

---

155) 누드슨의 입장은 매우 분명하다; *Present Tendencies in Religious Thought*, 113을 보라. 이성은 "다른 주인을 인정하지 않는다; 그것은 강요될 수도 없다. 이성이 성서의 권위를 인정할 수 있는 유일한 조건은 성서적 가르침 그 자체가 이성적이라는 증거이다. 성서가 현대의 정신을 얻기 위해서는 그 자체가 현대적이 되어야 한다."
156) *Basic Issues in Christian Thought*, 48-50.

기준을 교회 신조에나 또는 성서 안에 가지고 있지 않다. 단지 그 "본질"을 봐서 기독교는 절대적이라고 말할 수 있는 것이다(Ⅰ, 174f). 현대사상(보스턴 인격주의)의 위대한 장점들 중 하나는 믿음의 본질을 결정하고자 노력하는 것이다. 누드슨은 말하기를, 인격주의는 옛 표준들만큼 그렇게 명확하게 정의되지는 않았다. 그러나 인격주의는 믿음의 본질은 옛 표준들로부터 도출하고 옛 표준들이 지녔던 권위를 유지하였다. 우리는 성서와 기독교의 역사로부터 기독교의 신앙이 그 본질상 무엇인가를 배운다. 그리고 기독교 신학의 임무는 믿음의 내용을 지적으로 설명하고, 가능한 한 일반적인 이성과 종교적 경험의 관점에서 그것을 정당화하는 것이다. 누드슨의 결론은 종교 생활에 관한 그의 초기 주장을 그대로 반영하고 있다. "그것의 궁극적 정당화, 그것은 그 자체 내에서 찾아야 한다."(Ⅰ, 124).

누드슨의 종교, 철학, 그리고 신학에 관한 논의로부터 우리가 무엇을 만들어내야 할 것인가? 그의 구성하며 실증하는 원칙들이 종종 그 시대에 새로 일어나고 있는 새로운 문화적 기세로부터 도출되었기 때문에 그의 사역의 결과가 웨슬리 전통과 본질적으로 공존할 수 있는지의 여부는 뚜렷하지 않다. 그의 작품의 여러 부분은 일반적으로 알려진 이성주의적인 면에 중요한 수정을 계획하고 있는 듯하다. 예로서, 지식의 개연성에 대한 그의 견해, 인간의 절실한 요구에서 발견되는 믿음을 주장하는 그의 견해, 그리고 그의 경험을 강조하는 그의 견해 등을 수정하고자 한 것 같다. 이러한 수정들이 아주 중요하지 않는가?

누드슨의 이성에 대한 비평은 인식론적 가정 곧 웨슬리에서의 입장과는 전혀 다른 토대에서, 지식이 처음으로 믿게 한다고 추정하는 인식론에 있다. 지식은 모든 분야에 있어서 모두가 개연론에 근거하여 영향을 받는다는 그의 주장은 계시의 독특하고 스스로 자체가 진정한 것임을 증명하는 본성을 부인하는 것이 된다. 왜곡된 종교적 믿음과 행동을 예방하기 위해서는 적절한 개념이 필요하다는 그의 주장들은 종교적 견해들의 단호한 특성을 강조하는 마일리의 주장을 생각나게 한다.[157] 신학의 권위, 자료, 그리고 기준 등에 관한 누드슨의 논리는 신학적 진리를 확보하는 데 있어 이성을 결정적인 요인으로 삼고 있다. 그가 믿음을 정당화하는데 사용하고 있는 그의 인격주의의 형이상학은 직접적인 자기 직관에 기초를 두고 있다고 그는 말한다. 그러나 자신을 아는 태도는 직접적이고 정연하다. 또한 이렇게 알려진 자아는 쉽게 알 수 있다. 그리고 이상하게도 잠재의식과 강박관념으로는 알 수 없다.[158]

누드슨이 실천이성의 우월성을 활발하게 주장했지만, 그의 신학 전체가 그의 주장에 의해 형성되었는지는 의문이다. 그에게 있어서 믿으려는 권리는 인식론적 근거를 갖고 있으며, 철학적 사고에 의해 명확해지는 여지가 있다. 사실인즉, 그는 실천이성이나, 계시와의 만남에 의존하지 않고 사색에 의존했다. 이 계시와의 만남은 웨슬리의 사

---

157) Basic Issues in Christian Thought, 14; The Doctrine of God, 52, 205.
158) 그의 연구에서 Will은 그런 입장을 전개하였다. "Implication for Philosophical Theology in the Confrontation of American Personalism with Depth Psychology,"(unpublished Ph.D. dissertation, Columbia, 1962)의 5장을 보라.

고를 지배했으며, 또한 왓슨과 마일리가 이를 자신들의 체계와 모순되지 않게 유지하고자 노력했던 것이다.

누드슨은 경험을 강조했다. 그리고 종교적 선험성에 호소함으로 그것으로부터 얻어진 뚜렷하고 정당한 지식을 옹호했다. 그러나 그 과정에 있어서 종교적 경험(계시)이 이성의 범주와 기준에 예속됨으로 해서 종교적 체험이 이성의 시녀가 되고 말았다.

이 모든 것에 있어서 누드슨은 자신이나 타인을 속이려고 하지 않았다. 그는 인식론이 첫 번째로 중요함을 인정했다. 그리고 인식론이 철학의 한계를 결정하며 따라서 신학의 방법과 모습을 결정한다는 것을 인정했다. 그는 신세계의 흐름을 정직하게 그리고 넓게 받아들이려고 했다. 그리고 어떤 문제나 도진도 무시하지 않으려고 했다. 그러나 마지막에는 경험적 관찰과 철학적 불가지론에 의해 다소 단련된 이성은 일반적으로 신적 실재들을 수축시키고, 자신의 기준을 이용하며, 자신의 자율적인 방법을 취하고 말았다.

1. 웨슬리가 본 죄인으로의 인간

   1) 아담과 원죄

   2) 원죄의 죄책과 부패

   3) 죄인인 인간

2. 왓슨의 타락한 인간의 상태에 대한 견해

   1) 인간의 원래 상태와 타락

   2) 타락의 결과들

3. 마일리의 사람이 구원받아야 할 필요에 대한 견해

   1) 원래의 사람과 타락

   2) 사람의 타고난 부패와 결점

   3) 죄의 정의

4. 누드슨의 구원의 전제 조건들에 대한 견해

   1) 인간의 가치와 자유

   2) 인간의 고통과 죄

제4장
죄인에서
도덕적 인간으로

제4장
죄인에서 도덕적 인간으로

웨슬리는 1738년에 회심을 경험한 후 18일 만에 옥스퍼드대학교의 성 마리아교회당에서 "믿음으로 말미암는 구원(Salvation by Faith)"이라는 제목으로 설교를 했다. 이 설교는 종종 '웨슬리 부흥운동의 선언서'라고 언급되어 왔다. 6년 뒤, 그는 "성서적 기독교(Scriptural Christianity)"라는 제목으로 설교를 했다. 그 설교를 들은 대학교 당국자들은 그 후로 웨슬리로 하여금 설교를 못하게 했다. 1757년에 350쪽이 넘는 「웨슬리 전집」(Wesley's collected works)이 출판되었다. 이 전집에서 웨슬리는 노리치(Norwich)에 있는 존 테일러(John Taylor)의 초기 저서에 대하여 비판을 했다. 어떤 데서 웨슬리는 테일러의 글들이 "독(poison)"이라고 했고, 그의 제자들은 "감언이설의 적그리스도들"이라고 불렀다. 그는 "마호메트가 기독교에 타격을 준 이래로 테일러 박사만큼 기독교에 그런 타격을 준 사람은 아마도 없다"고 비난하기도 했다.[159] 여기서 지속적으로 일고 있는 논쟁은 타락한 피조물로서의 인간의 상태에 관련된 문제였다. 이 문제가 웨슬리 신학에서 아주 중요하다는 것은 그의 많은 글에 나타나 있

---

159) 이 2개의 대학설교는 Sermons, Ⅰ, 35-62, 87-1111에 실려 있다.; 테일러의 책에 대한 응답으로 나온 논문, "Doctrine of Original Sin"은 Works, IX, 191-464에 있다.; 그리고 테일러에 대한 웨슬리의 평가는 Journal, Ⅳ, 200; Ⅲ, 374에 실려 있다. 또한 Letters, Ⅳ, 48을 보라.

다. 이러한 자료들은 모두 웨슬리가 인간은 죄인이라고 지지하고 있는 사실을 증거로 명백히 밝히고 있다.

1. 웨슬리가 본 죄인으로서의 인간(Man as Sinner in Wesley)

1) 아담과 원죄(Adam and Original Sin)

인간의 죄(sinfulness)에 대한 웨슬리의 이해는 성서의 기록에 근거했다. 그 가운데서도 아담과 그의 타락에 대한 창세기 기사는 대단히 중요하다. 테일러와 그 밖의 사람들이 이 기사를 자신들의 기독교에 대한 견해에 맞추기 위해 합리적으로 수정한 데 맞서서, 웨슬리는 이 기사를 문자적으로 해석할 것을 주장한다. 인간의 타락한 상태에 대한 모습을 웨슬리는 그 자신과 자기 민족, 그리고 인류의 경험에서 충분히 확증된 것이라고 하였다.

원상태(原狀態)에서의 아담은 죄가 없었다. 그는 하나님의 형상대로 창조되었고 하나님의 사랑을 누리며 살았다. 인간에게 있는 하나님의 형상은 세 가지이다. 곧 자연적 형상(the natural image), 정치적 형상(the political image), 도덕적 형상(the moral image)이다. 자연적 형상이란 영원한 생명, 이해력, 의지의 자유를 의미하고, 정치적 형상은 다른 모든 피조물을 관리하는 능력을 말하며, 도덕적 형상은 사랑, 정의, 자비, 진리, 순결을 의미한다. 원상태의 인간은 "의와 순수한 거룩으로 가득 차" 있었다.[160] 인간이 하나님을 매우 뚜렷하게 닮은 것은 바로 도덕적인 형상에 있어서이다. 인간은 "하나님을 알 수 있으며, 사랑하고 순종할 수 있었다."[161] 인간에게는 하나님을 향한 이러한 능력이 있기에 인간은 하등피조물과 구별되며, 인간이 창조의 극치였다.

그러나 아담은 완전의 상태를 계속 지속하지 못했다. 불신앙과 교만과 육체의 정욕으로 인해 그는 유혹에 넘어져 하나님의 법을 어겼다. 그가 범죄한 것은 그가 가지고 있는 거룩을 향한 경향성보다 죄를 향한 경향성이 훨씬 더 강했기 때문은 아니었다. 오히려, 그것은 그가 자유를 갖고 있다는 것과 사탄의 유혹에 걸렸기 때문이라고 생각된다. 그의 반역의 결과로 아담은 즉각 형벌을 받았다. 하나님의 은혜는 떠났고 하나님의 형상은 손상을 입었다. 도덕적 형상은 전적으로 상실되었고, 자연적 형상은 부분적으로 상실되었다. 아담은 "거룩하지 않으며, 어리석으며, 불행하게 되었다."[162]

예외 없이 아담의 후손은 원죄 곧 타고난 죄에 의하여 괴롭힘을 받고 있는 것이다. 웨슬리는 죄가 아버지로부터 아들에게 유전된다는 사실을 확신하고 있었지만, 어떠한 방식으로 유전되는지에 대해서는

---

160) Sermons, II, 227f.
161) Works, VI, 244.
162) Works, VI, 223; IX, 345. 여기에서 웨슬리는 죄는 유혹에 항복하는 데서 오는 것이지, 인간의 타고난 어떤 죄적 경향성으로 인하여 온다고 말하고 있지 않다. 그리고 신약성서 주해(Note) 마태복음 13:27, 8을 보라. 여기서 저자가 자연적 형상이 부분적으로 상실되었다고 본 것은 잘못이다. 그것도 전적으로 상실되었으나, 하나님의 선행적 은총으로 부분적으로 회복된 것으로 봐야 할 것이다. (역자의 평)

자기는 확실하게 설명할 수 없다고 했다. 그리고 그는 두 가지 형태의 원죄의 유전을 제시하였다. 첫째 방식은, 아담이 인류의 우두머리(federal head) 곧 아담이 인류를 대표한다는 데 근거한 학설이다. 마치 예수가 그리스도로서 곧 두 번째 아담으로서 인류의 본보기요 형상이었듯이 말이다. 예수는 온 인류를 대표하고 또한 온 인류를 위하여 일하셨다. 그러나 "대표자(representative)"나 "우두머리(federal head)"라는 말은 성서적 용어가 아니기에 웨슬리는 그런 것에 대한 논쟁은 피하고 그 용어들이 지적하는 실재를 역설하는 것으로 만족했다. 아담이 죄를 지었을 때 그는 전 인류를 대표해서 범죄 한 것이다. 아담의 죄에 대한 죄책은 후손들 각자에게 "전가"되었으며, 결과적으로 그들은 영적인 죽음과 현세적인 죽음, 그리고 영원한 죽음의 형벌을 받게 될 것이다.[163]

두 번째 방식은 아담의 자녀들을 손상시키는 아담의 죄가 육체의 출산(physical generation)을 통하여 유전된다는 학설이다. 아담이 인류의 조상이므로 그의 후손은 모두 "그와 같은 종류"의 사람임이 틀림없다. 곧 본성에 있어서 타락했고 모든 기능에 있어서 부패한 사람임이 틀림없다. "모태로부터 주어진 역겨운 죄의 나병이 … 영혼 전체에 널리 퍼지고 모든 능력과 기능을 전부 부패시킬 것이다."[164] 부패(depravity)가 육체의 출산을 통해 전달된다는 것은 육체 그 자체가 죄(sinful)라고 전제하는 것은 아니다. 죄는 인간의 육적 본성에 위치

---

163) Works, IX, 332, 379f. 418, 458. 또한 Notes, 롬 5:12, 14; 고전 15:45, 47; 그리고 Sermons, Ⅰ, 117을 보라.
164) Sermons, Ⅰ, 323; 또한 Works, Ⅹ, 384; IX, 262, 275-82, 378, 그리고 428f.를 보라.

하고 있는 것이 아니라, 부모로부터 자녀에게 전달되는 영혼을 감염시킨 것으로 생각해야 한다.[165]

아담의 죄가 "무죄한" 사람에게 전가된다는 점에서 하나님의 정의에 관한 문제가 생긴다. 그러므로 죄는 아담의 죄이지 하나님의 죄가 아니라는 사실에 주목할 필요가 있다.

아담의 죄의 결과가 아담의 후예들에게 피할 수 없는 고통을 준다는 사실을 주장하는 것이 하나님을 죄를 범하게 한 자로 만들지는 않는다. 이는 마치 살인자의 팔의 힘이 하나님께서 주신 것이라고 해서 하나님이 살인자가 되는 것이 아님과 같다.[166] 그러나 웨슬리는 이 같은 논조가 단지 문제를 한걸음 후퇴시키는 것임을 알았다. 그는 꾸밈없이 솔직하게, 죄인을 향한 하나님의 무한한 사랑과 죄인에 대한 하나님의 전반적인 정죄도 동시에 주장했다. 궁극적으로 그는 선행은총의 교리 때문에 그렇게 하는 것이 전혀 불일치하지 않음을 알았다. 만일 "첫 번째 아담을 통해 상실한 모든 것이 두 번째 아담을 통해 회복될 수 있다면" 아담의 죄로 인해 인간을 처벌하는 것이 부당한 처사라고 하나님을 비난할 수는 없을 것이다.[167] 그러나 이것은 웨슬리의 인간론에 있어서 세심한 주의를 요하는 문제이다. 실제로 죄와 은총을

---

165) Shipley는 "Methodist Arminianism," 182에서 웨슬리안 전통의 실천할 수 있는 해석으로서 이 학설을 확증한다. 일찍이 웨슬리는 원죄의 전가에 관한한 "단지 3가지 견해만이 있을 뿐"이라고 주장한 한 사람에 대해 다음과 같이 응답했다. "나는 아무것도 없을까봐 걱정하지 않는다. 성서와 체험에 의해서 나는 그것을 안다. 죄는 전가된다. 그러나 그것이 어떻게 전가되는지는 모르며, 또한 알고 싶지도 않다." Letters, III, 107을 보라.
166) Works, IX, 335. 웨슬리는 하나님의 전능하심과 인간의 자유 사이에 논리적인 상반(相反)됨이 있음을 알고 있다. 그러나 그 모호함에도 불구하고 인간의 자유를 강조하였다(ibid., 337).
167) Works, IX, 332.

좀처럼 분리해서 다룰 수는 없지만, 그것들을 똑바르게 다루지 못하면 인간론에 있어서 큰 변화를 초래하게 될 것이다. 이 문제에 대하여 다음 장에서 좀 더 폭넓은 고찰을 해야 하겠다.

2) 원죄의 죄책과 부패성(Original Guilt and Depravity)

원죄에 대한 이해에 있어서 웨슬리는 바울과 어거스틴에 일치한다는 것에 대해 웨슬리 신학자들은 대체로 동의하고 있다.[168] 모든 인간은 전적으로 타락했다. 그들은 "진노의 자식"(children of wrath)이며 하나님의 노여움의 대상이다. 각 사람은 자기 자신이 어떠한 행동을 하기 이전에 이미 아담의 죄에 대한 죄책과 부패성을 갖고 있다. 일반적으로, 웨슬리는 제안하기를 사람은 육체적 출산을 통해 부패성을 물려받았으며, 그리고 아담이 범죄할 때 그가 대표하는 인류의 일원으로 참여했으므로 사람은 죄책의 지배 아래 있게 되었다고 했다.

타고난 죄(원죄)로부터 흘러나오는 부패는 인간의 실존 전체를 에워싸고 있다. 웨슬리는 "원죄의 교리(The Doctrine of Original Sin)"에서 이런 증거를 인류의 역사와 전 세계의 다양한 사회에서 충분히 볼 수 있다고 말하고 있다. 소위 "기독교 국가들"조차에서도 큰 혼잡

---

168) Lycurgus M. Starkey, Jr.의 *The Work of the Holy Spirit*, 124ff.; George C. Cell의 *The Rediscovery of John Wesley*, 25, 272; William R. Cannon의 *The Theology of John Wesley*, 200; Robert E. Cushman의 "Salvation for All," in *Methodism*, ed. William Anderson, 106-8. Harald Lindstrom의 *Wesley and Sanctification*, 12.
von Eichen, Scott, Schmidt, Lerch, Lang과 같은 대륙의 웨슬리 해석자들도 이에 동의하고 있다. 그리 말하는데 있어 대표적인 것이 Hildebrandt가 쓴 *From Luther to Wesley*이다.

이 죄로 인하여 나타나고 있음을 볼 수 있다고 그는 말하고 있다. 성서는 인간이 전적으로 부패하였음을 압도적으로 증거하고 있다. 최종적으로, 개인적 경험도 부패의 참상이 없는 사람은 아무도 없다는 것을 드러내고 있다. 이렇게 많은 증거들은 모두 인간이 전적으로 부패했다는 것을 명백히 증명하는 것이다. 이 부패성은 무신론으로, 우상숭배, 교만, 고집 그리고 세상을 사랑하는 것 등으로 다양하게 밖으로 나타나게 된다. 인간은 "심히 부패했고, 악에 기울어져 있으며, 영적으로 선한 것들은 모두 할 마음이 나지 않게 된다."[169] 그의 의지는 속박되어 있고 하나님의 것들을 선택할 수 없다. "갱신되지 않은 의지를 그대로 두면 그 의지는 죄를 선택할 것이고 거룩한 것을 반대할 것이다. 그리고 그것은 물이 언덕바지로 흐르는 것과 같이 분명히 아래로 흐를 것이고 위로는 흐르지 않을 것이다."[170] 하나님의 것들을 이해할 수 있는 인간의 능력이 상실되었다. 사람이 모태에 있을 때 외부세계와 단절되어 있듯이 "그는 영적 세계에 대한 지식도 없고 영적 세계와의 교제도 없다."[171] 인간의 타락에 대한 웨슬리의 주장이 너무도 철저해서, 그는 칼빈이 받았던 것과 같은 비난을 받기도 했다. 웨슬리는 인간은 선을 향한 사람과 악을 향한 사람이 아주 정해져 있다고 생각했다.[172]

---

169) Works, IX, 273.; 또한 208ff, 221, 238-40, 263, 320, 356ff, 439ff를 보라. 이에 대한 웨슬리의 견해를 더 보려면 원죄에 대한 그의 논문을 참고하라. 이 주제를 설교에서 언급하고 있는 것들이 Works, VI, 23, 277, 344.; VII, 282, 340, 400에 실려 있다.
170) Works, IX, 450, 294.
171) Works, VI, 70. VII, 351.
172) Works, IX, 273f. 286. 이 점에 있어 역자(조종남)가 보기에는 저자가 웨슬리를 잘못 이해하고 있는 듯하다. 이는 칼빈의 입장일 것이다.

웨슬리는 또한 원죄의 죄책을 인정한다. 이 점에 대해 몇몇 웨슬리 신학자들은 강한 이의를 제기한다.[173] 인간이 보편적인 부패를 갖고 있다는 바로 그 사실이 당연히 인간을 정죄 아래 있게 한다. 즉 부패한 본성을 가지고 있다는 것은 바로 죄책이 있다는 것이다. 인간이 정죄 아래 있게 된 것은 인류의 대표인 아담의 범죄에 우리가 인류의 일원으로 참여했음에 근거한 것이다. 그리하여 고통을 받고 있는 것이다. 웨슬리는 이 고통은 형벌의 확실한 표시라고 봤다. 그리스도를 통한 하나님의 은총의 공급이 없었더라면 사람은 어떤 행동을 하기 전에 하나님의 노여움과 진노 앞에 서 있고, 신생아는 아담의 죄로 인해 정죄를 받고 영원히 멸망했을 것이다.[174]

웨슬리의 죄론을 상세하고도 비교적 직질히 해석하면서 린드스트롬(Harald Lindstrom)은 주장하기를, 웨슬리는 사람이 원죄의 죄책 때문에 영원히 정죄를 받지 않는다고 죄책의 전가를 제한했다. 단지 "개인의 실제적인 죄로 인한 개인의 죄책"만이 영원한 죽음으로 인도한다. 사람은 아담의 상속인인 동시에 또한 그리스도의 상속인이기 때문에 자기 자신의 범죄로 인한 것이 아닌 것으로 인해서는 정죄를 받지 않는다고 했다.[175] 그러나 린드스트롬은 성화의 견지에서 웨슬리를 해석하려는 열망이 이 점을 가볍게 다르게 보게 할 수 있었던 것이

---

173) Lindstrom의 *Wesley and Sanctification*, 34-37; Cannon의 *The Theology of John Wesley*, 104ff.; 그리고 John L. Peters의 *Christian Perfection and American Methodism*, 42.
174) *Methodist Arminian*, 176-95에 있는 David C. Shipley가 웨슬리안과 알미니안 전통에 있어서의 죄책에 대한 논의를 잘하고 있다. Paul W. Hoon의 *The Soteriology of John Wesley*, 13-14를 보라. 또한 Works, XIX, 143에 있는 웨슬리의 말, "하나님은 어린이를 순진하다고 보지 않으신다. 그들은 아담의 죄의 죄책을 지니고 있다."를 보라.
175) Lindstrom의 *Wesley and Sanctification*, 34f.

다. 십플리(Shipley)는 선행적 은총의 보편성에도 불구하고 웨슬리와 플레처는 원죄의 죄책의 실재를 주장하였다는 것을 인정하기에, 그는 보다 진리에 가까운 입장을 취한 것 같다. 더 나아가, 19세기 감리교에서의 원죄의 죄책에 관한 논쟁에 있어, 웨슬리안 자료들에 대한 어필은 웨슬리의 원죄의 죄책에 대한 증언에 의한 것이라야 한다.[176]

웨슬리의 구원론에 대한 해석에 있어서, 선행적 은총이 거론되었다. 이와 연관된 의견들은 대단히 중요하다. 웨슬리 신학의 기반을 형성하는 죄와 은총 간의 양립할 수 없는 긴장관계를 잘못 이해하면, 필연적으로 죄책과 자유에 대하여 그릇되고 애매모호한 판단을 하게 된다. 이 영역에 대한 그의 어떤 진술들은 경솔하고 일치하지 않은 것도 있는 것이 사실이다. 그러나 웨슬리에게 있어서 죄책에 함축된 의미를 제한하는 것은 죄와 은총에 대한 그의 교리를 약화시키는 것이고, 결국에는 그의 신학화의 원동력을 부식시키고 만다.

타락한 아담의 후손은 모든 능력과 재능이 부패되어 있다. 곧 이해력, 애정, 정열, 그리고 의지가 부패되어 있다. 모든 것이 다 "올바른 상태가 아니다." 그 결과 그의 영혼에는 "건전함이 없다." 하나님의 의로운 심판이 그에게 임하고, 그는 현세에서의 죽음과 영적 죽음, 그리고 영원한 죽음의 지배 아래 있게 되었다. 그의 몸은 부패하기 쉬우며

---

176) Shipley는 "Methodist Arminianism," 169-76에서 다음과 같이 주장한다.; 비록 선재은총의 논리가 원죄의 죄책의 취소를 말하지만, 상반되게 Fletcher와 웨슬리는 모든 사람이 지금 선재은총에도 불구하고 죄책 가운데 있다고 말한다. Henry Sheldon은 말하기를 초기의 감리교는 부패뿐만 아니라 죄책이 아담의 모든 후손들에게 전달되었다는 결론을 의심 없이 지지하였다. 그러나 19세기 말에 Raymond, Miley, Foster, Tillett는 이 원죄의 죄책을 부인하였다. 반면에 Summers와 Curry는 이것을 지지하였다. *American Journal of Theology*, 10(1906), 38, 39에 있는 글 "Charges in Theology Among American Methodists"를 보라.

죽어야만할 운명이다. 하나님과 분리된 그의 영혼은 죽은 것이다. 그리고 육적으로, 영적으로 죽은 상태에서 "그는 영원한 죽음으로 달려가고 있는 것이다."[177] 이런 것이 인류의 종말이다.

3) 죄인인 인간(Sinful Man)

웨슬리는 가끔 원죄의 교리가 기독교와 이교도를 구별하는 중요한 교리라고 주장했다.[178] 인간이 하나님으로부터 멀리 떠나 고립되었다는 것은 사실이다. 인간이 아무리 그렇게 하려고 노력할지라도 "자아의 범주를 넘어 움직일 수는 없다." 그는 다른 사람의 일보다 자신의 관심사를 좋아하면서, 자기 자신만을 위해 행동한다.[179] 이 같은 보편적 경향이 지은 죄에서 나타나는 것이다. 악한 뿌리로부터 악한 열매가 맺힌다. 하나님에 대하여 적대적인 육에 속한 마음(carnal mind)으로부터 교만, 고집, 그리고 세상을 사랑하는 죄들이 나오는 것이다. 인간은 계속 "죄 위에 죄를 쌓으므로" 영원한 죽음을 받아들인다. 내적 죄는 외적인 죄를 범하게 하고, 이 외적인 죄는 하나님과의 관계의 최종적 단절을 초래한다.

그러면 웨슬리에게 있어서 죄의 본질(essence)은 무엇인가? 이것

---

177) Sermons, Ⅰ, 156, 117; 그리고 또한 Works, IX, 291을 보라.
178) Works, IX, 194; Ⅵ, 54, 63.
179) Colin Williams의 *John Wesley's Theology Today*, 50; 그리고 Works, IX, 456에 나오는 웨슬리의 말을 주목하라. "그렇다. 중생하지 않은 사람들의 최고의 목적 자기 자신(self)이다. 그들의 종교 행위에서도 그렇다. 저들은 이름을 위해, 어떤 세속적인 이익을 위해, 또는 기껏해야 지옥에 안 가기위해 의무를 수행한다. 그들은 전혀 하나님을 찾지 않으며 자신의 관심사만을 추구한다. 그러므로 그들의 목적은 자기 자신이요 하나님은 단지 그 일을 위한 수단일 뿐이다."

은 상당히 중요한 질문이다. 왜냐하면 그가 칭의를 다룰 때와 성화를 다룰 때에 따라 그의 어구가 다르게 해석되기 때문이다. 위에서 고찰한 바와 같이 그의 죄의 교리는 일반적으로 하나님 앞에서 의롭다함(칭의)을 받기 전 곧 칭의를 받아야 할 타락한 인간을 다룬다. 웨슬리는 신자의 삶을 더 직접적으로 다룸에 따라 죄의 교리에 대한 그의 강조는 변했다. 일반적으로 알려지기는 그가 죄를 물건처럼, 측정할 수 있는 어떤 것처럼, 또는 본질, 혹은 실체로 간주했다는 것이다. 그는 때때로 죄에 대해 언급할 때 "쓴 뿌리", "본체", 혹은 "옛사람"이라고 말하였다. 그는 또 죄가 "지워지다", 죄를 "소멸하다", 죄를 "뽑다", 혹은 죄를 "뿌리째 뽑아낸다"는 등 다양하게 언급하기도 했다.[180] 그러나 린드스트롬이 애써 드러내 보이고자 했듯이, 웨슬리는 또한 죄를 치료되어져야만 하는 질병, 바이러스, 혹은 나병으로 간주했다.[181] 피터스(Peters)는 웨슬리가 죄를 근절될 수 있는 하나의 실체로 간주한다고 그를 비난하는 것은 옳지 않다는 데 동의했다. 린드스트롬의 그런 해석은 구원에 있어서 "순간적 의존(곧 은혜의 사건이 순간적으로 이루어지는 일)의 직감을 요구하는 가르침과 일치"하지 않는다. 또한 이런 해석은 웨슬리가 주장하는 "타락과 회복의 가능성"을 충분히 설명하기가 어렵게 된다.[182] 죄는 인간 실재의 존재론적인 타락이나 파괴라기보다는 오히려 질병이나 전염병이다. 죄는 생물학적, 그리

---

180) Peters의 *Christian Perfection and American Methodism*, 39-47, 58f. 그는 웨슬리의 저서에서 나온 이런 용어들을 기록하고 있다. 이들 용어에 관한 것을 또한 Shipley의 "Methodist Arminianism," 180, 297에서도 찾을 수 있다.
181) Lindstrom의 *Wesley and Sanctification*, 40f.
182) Peters의 *Christian Perfection and American Methodism*, 58.

고 인간의 왜곡이라기보다는 동기와 의도에 있어서의 관계의 전도이다.[183]

웨슬리의 논의는 그의 죄론에 대해 그 이상의 혼란을 일으키고 있다. 그가 자주 인용한 죄에 대한 정의는 일반적으로 성화의 문맥 속에서 나타난다. 거기서 그는 말하기를 "엄격하게 말해서, 죄란 알려진 하나님의 법에 대한 의도적 범죄뿐이다."고 했다.[184] 분명히 이러한 정의는 위에서 요약하여 언급했듯이, 그의 죄에 대한 보다 폭넓고 깊은 개념을 표현하지 못하고 있다. 푸루(Flew)는 서술하기를, "웨슬리의 인간론에 있어서 사람의 의식적이고 고의적인 의도를 강조하는 것은 가장 큰 약점"이라고 했다.[185] 훈(Hoon)은 이 같은 특별한 강조가 웨슬리의 기독사 완선론에서 제기된 요구로부터 나온 것이 아닌가 하고 생각한다.[186] 사람을 항상 의식적이고 의도적인 죄에서 "완전하게 하는" 것은 상대적으로 쉬운 일이다. 웨슬리의 전체적 견해가 이것이 암시하는 것보다 훨씬 더 지각력이 있는 것인데도 불구하고, 완전의 교리를 다루는 상황에서 그는 때때로 죄에 대한 자신의 일반적 견해를 수정하였다. 웨슬리의 후계자들은 죄에 대한 문제를 다룰 때에 이같

---

183) E. Dale Dunlap의 *Methodist Theology in Great Britain*, 42f, 111; "메소디스트들은 타락을 존재론적으로 보지 않으며, 관계론적으로 본다. 그리고 그들은 자유가 은총 하에서의 인간성의 부분임을 인정한다." Outler가("The Methodist Contribution to the Ecumenical Discussion of the Church"에서) 이 점에 대해서 논의할 것을 보라. 그는 메소디스트 유산이 원죄의 교리와 전적인 타락을 주장하되, 죄는 하나의 부패이지 인간성의 실제적인 타락이 아니라고 주장한다.
184) Letters, V, 322; IV, 155; 그리고 이 점에 대한 유용한 토론은 Peters의 *Christian Perfection and American Methodism*, 39ff를 보라.
185) R. Newton Flew의 *The Idea of Perfection in Christian Theology*, 333; Shipley의 "Methodist Arminianism," 352와 비교해 보라.
186) Hoon의 *The Soteriology of John Wesley*, 303f.

이 잘못된 죄에 대한 정의로 인하여 생긴 일들을 면밀하게 조사해야만 했다. 그런데 그들은 죄를 특정범위로 한정한 웨슬리의 개념을 독특하고 확정된 것으로 간주했다. 그리하여 점차로 웨슬리의 보다 통찰력 있고 폭넓은 견해를 무시하는 경향이 생겨났다.

결정적인 것이 강조되어야만 한다. 타락으로 인해 인간은 자유를 상실했다. 그의 의지는 지금 전적으로 속박되어 있으며 오직 악을 향하는 경향으로만 자유롭다. "타락 이후, 선한 어떤 것을 선택할 수 있는 자연적 능력을 갖고 있는 사람은 아무도 없다."[187] "의무적인 일이 아닌 단순한(an indifferent nature)" 일들에서만 자유가 있을 뿐이라고 웨슬리는 주장한다. 인간은 자기가 선택하는 대로 육체와 영혼의 활동을 통제할 수 있다. 그러나 인간의 자유가 그로 하여금 선을 선택할 수 있도록 하지는 못한다. 하나님의 은총에 의해 도움을 받음으로써만 인간은 선을 행할 수 있다. 인간은 전적으로 타락했고, 죄책이 있기에 영원한 죽음의 선고를 받고 있는 것이다. 그는 자기의 운명에서 한 발짝도 벗어나게 하지 못하는 그런 속박 속에서 괴로워하고 있는 것이다.

---

187) Works, X, 350; Ⅶ, 229.

2. 왓슨의 타락한 인간 상태에 대한 견해(Watson on Man's Fallen Condition)

왓슨이 웨슬리안 자료에 대하여 의식적으로 주의를 기울이고 기독교 복음의 영향에 끊임없이 관심을 가진 것은 그의 신학이 죄에 대한 정통교리를 지지하는 데 도움이 되었다. 그의 종교적, 문화적 환경의 도전과 증가하는 그의 인간의 책임의 범주에 대한 신뢰, 그리고 웨슬리 신학을 통합적으로 체계화 하려는 열망이 왓슨으로 하여금 그 전통을 수정하도록 자극했으며, 결국에는 애초의 웨슬리 신학보다도 덜 자극적이고 덜 창조적인 제한된 스콜라 철학(Scholasticism)으로 귀착되게 만들었다. 타락에 대한 그의 논리는 분명하다. 곧 그는 인간의 책임적 행위에 근거하여 원죄의 죄책을 부정하고, 그리고 부패성은 성령의 상실로 인해 생긴 것이라고 설명했다. 그의 수정은 새로운 우선순위와 변증적 관심들을 나타낸 것으로, 신앙의 원동력에 대한 철저한 무감각이나 혹은 신앙의 내용에 대한 뒤틀린 왜곡을 표현하는 것이 아니었다. 그의 의도는 하나님 앞에서의 인간의 크나큰 책임에 대한 웨슬리의 명석한 견해를 보호하려는 것이었다. 그러나 그의 수정은 은연중에 이루어졌다. 그런 수정은 발견하기 어려운 것도 아니다. 그런 수정은 이후의 세대에 와서 더욱 분명히 드러났다.

1) 인간의 원래 상태와 타락(Man's Primitive Condition and Fall)

왓슨에 의하면 창조기사의 정점은 인간 창조이다. 인간은 두 개의 본질적 구성요소로 되어있다. 즉, 흙으로부터 형성된 육체와 하나님의 생기에 의해 육체에 불어 넣어진 생령(living soul)으로 구성되어 있다. 인간은 하나님의 형상 곧 자연 현상, 도덕적 형상으로 창조되었다. 자연적인 형상은 영성, 영원한 생명, 지적 능력으로 이루어져 있다. 인간은 합리적으로 숙고하는 능력을 통해 지식을 얻을 수 있고 의지의 자유가 있다. 자연적 형상은 도덕적 형상의 기초가 된다. 도덕적 형상은 율법을 알고, 율법에 따라 기꺼이 행하고자 하는 것으로, 지식과 의와 진정한 성결로, 창조주의 도덕적 완전을 반영하는 것으로 이루어져 있다. 이는 정확히 말해, 아담은 본래의 의(원의: original righteousness)를 지니고 있었다. 본래의 아담은 "행위에서, 그의 생각에서도" 죄가 없었다.

아담의 지적 능력(understanding)은 종교적 진리를 받아서, 유지하고, "진심으로 찬성"할 수 있었다. 그는 단순히 죄로부터 자유로운 것이 아니라 "긍정적이고 능동적인 미덕"을 소유하고 있었다.[188]

왓슨은 비록 모세의 기록이 "문자 이상의 고상하고 신비한 의미"를 갖고 있음을 검토해 봐야 하겠지만, 모세의 기록을 단지 교훈적 신화나 우화라고 하는 자들에 반대하여 모세의 기사의 문자적 의미를 주

---

188) The Institutes, II, 11-17은 인간의 본래적 상태에 대한 구체적인 논의를 싣고 있다.; 그리고 Works, VI, 343; VIII, 418; Sermons, I, 49; 그리고 Conversations for the Young, 26, 36를 보라.

장했다(II, 19-31). 그는 원의와 원죄, 둘 다 주장했다. 그러나 그는 웨슬리보다 훨씬 더 심한 그의 문자주의로 인해 선한 세상에서의 죄의 출현을 둘러싼 신비에 대한 종래의 설명들을 제한했다.

원래의 인간이 시험을 당했을 때 선과 악 사이에서 하나를 선택할 수 있는 능력은 절대로 필요한 것이다. 만일 그가 명령은 순종할 능력이 없는 것이라면 명령은 헛된 것이며, 만일 그가 유혹을 이길 수 없는 것이라면 금지령은 헛된 것일 것이다. 아담은 도덕적 행위자인 사람이 지킬 수 있는 보편적이고 포괄적인 법과 특별한 금지 명령 곧 지식의 나무를 먹으면 안 된다는 명령 아래 살고 있었다. 그러나 그의 의지는 지적인 교만과 감각, 정열로부터의 간청에 의한 외적 영향의 지배를 빋있다(II, 32). 이런 일들에 있어, 선택의 능력늘 자체는 사악한 것이 아니다. 그 능력을 잘 적용하면 그 때는 많은 선을 이룰 수 있는 것이다. 그러나 그런 적용은 우연히 되는 것이 아니다. 이는 "근신, 기도, 저항, 그리고 의지"를 지배하는 적극적인 훈련을 요구했었다. 순진하고 친절하며, 온전한 이성적인 존재는 하나님을 "꽉 붙잡을 때"에만 타락하지 않는다. 그리고 이것은 바로 하나의 행동이기 때문에 그것에 대한 의지의 결정이 있었음이 틀림없다(II, 33). "부주의" 혹은 "정욕에 관여함"으로, 아담은 뱀의 간계를 받게 되었고 결국 타락하게 된 것이다.[189]

왓슨은 악의 궁극적 기원에 대한 질문에는 답이 없음을 인정한다.

---

189) Sermons, II, 185ff. 393; 그리고 *Conversations for the Young*, 31; "스스로의 통제를 통해 자신의 의식을 완전하게 지키는 자, 그리고 하나님께 겸손히 복종하는 가운데 그의 이성을 지키는 자는 죄를 질 수 없다. 인간의 선행은 이 두 가지 면에서 행해져야 한다."

그는 뱀은 사탄이라고 말하며, 이는 "악마의 세력에 대한 교리"와 관계된 문제라고 했다. 왓슨은 사람은 본래적 상태에, 또는 타락한 상태에 있어서도 "탁월하고 악한 지성적 존재"에 의한 유혹에 노출되어 있으나, 이러한 유혹들을 수락하여야만 죄가 되는 것이라고 주장한다 (Ⅱ, 38). 왓슨도 웨슬리처럼, 사탄의 유혹에 내재해 있는 이원론(the dualism)을 엄밀히 조사하지는 않았다. 죄의 기원에 대한 왓슨의 견해는 다음의 세 가지 사실에 근거하고 있다. 즉 "필연적 유한성, 그리고 그에 따른 피조물의 불완전함", "이성적이고 책임감 있는 존재에 절대 필요한 선택의 자유", "의지에 미치는 유혹의 영향" 이 세 가지이다(Ⅱ, 33). 왓슨은 인간의 타락에 대한 논리적 근거 곧 인간 타락의 요인들은 인간의 이성과 책임에 있다고 보았다.[190] 그러나 만일 이들 전제들에 완전히 의존되었다면 그의 논리는 인간의 필요와 하나님의 역사에 관한 근본적 실재들도 다루었어야 했을 것이다. 왓슨의 신학은 분명히 그 근본적 실재들을 인정했을 것이다.

2) 타락의 결과(Result of the Fall)

아담은 유혹을 받아 타락했고 죽음의 심판 아래 놓여졌다. 왓슨은 아담이 죽어야할 운명으로 창조되었고 단지 동산에서 추방됨으로써 고통을 당하며 수고하게 되었다고 주장하는 펠라기우스의 논지를 반대한다. 죄가 인간의 본성을 "부패하게 하는 큰 장애물"이라는 개념

---

190) *Conversations for the Young*, 35f.; 그리고 *Sermons*, Ⅱ, 185ff.

보다 더 맞는 개념이 없음을 그는 알았다(Ⅱ, 45). 실제로 인간의 본성은 부패되었다. 그 결과 원의는 완전히 상실되었고, 아울러 회심케 할 어떠한 힘도 없게 되었다. 인간의 삶은 지상의 부패한 성품의 지배를 받게 되었고, 그의 의지는 속박되어서 "일반적으로 악을 선택"하는 데만 자유롭게 되었다(Ⅱ, 77). 왓슨은 "인간은 전적으로 억압되어 있어 죄로부터 자유로울 수 있는 부분은 전혀 없고, 그러므로 인간에게서 기인하는 것은 무엇이든지 죄다."라는 칼빈의 입장을 시인하면서 인용했다(Ⅱ, 48). 결국, 타락의 결과로 아담은 육적, 영적, 영원한 죽음의 형벌을 받게 되었다.

왓슨은 아담의 죄와 그 후손들의 삶에서의 그 죄의 결과와의 관계를 설명해야 하는 어려운 문제에 직면하게 되었다. 왓슨은 아담이 개인일 뿐만 아니라, "공적인 사람, 즉 인류의 우두머리와 대표자"로 생각되어야 한다는 사실에 동의한다(Ⅱ, 52). 어떤 식으로든 인류는 아담의 타락과 타락의 결과를 공유하고 있다. 왓슨은 이에 관련해서 일반적으로 알려진 두 가지의 설명을 살펴본다. 죄의 "간접전가설(mediate imputation of sin)"은 우리가 아담의 후손이기 때문에 우리는 죽음을 면할 수 없는 육체와 부패한 본성을 물려받았다고 주장한다. 죄책이 아니라 부패성이 전가되었다는 것이다. 그러나 왓슨은 말하기를, 이 견해는 죄책과 형벌을 배제함으로써 성서적이 아니라고 했다(Ⅱ, 53). 죄의 "직접전가설(Immediate imputation)"은 우리가 아담과 연합되어 있기 때문에 아담의 죄가 우리의 죄로 간주되었다고 주장한다. 우리는 인류의 한 부분으로서 아담의 행동에 동의한 것으로 여겨져 우리에게는 그와 함께 죄책이 있고 그의 타락에 의해 당연히 고통을 받게 되었다는 것이다. 그러나 이 견해가 웨슬리에게는 진기한 것이 아니었지만, 왓슨에게는 이 견해가 만족스럽지 않았다.[191] 왓슨은 이 학설에 동의하지 않는다. 그는 말하기를, "책임 있는 존재로서 우리는 행동할 수 있는 가능성을 가지고 있다. 그런데 이 견해는 책임 있는 자로서 있어야 할 행위를 모호하게 만든다."고 했다. 왓슨에 의하면, 이 개념은 "우리로 하여금 아담의 범죄와 그에 따르는 모든 결과들을 책임지도록 만든다. 그리고 모든 의도적 자범죄와는 상관없이, 아담에게 있는 죄책을 우리에게 동등하게 있게 한다. 이 견해는 우리가 의식하지 않고 공정하게 행동했는데도 아담의 죄책을 우리가 지게 한다(Ⅱ, 53).

왓슨은 그 문제에 대한 아이삭 왓츠 박사(Dr. Isaac Watts)의 해답을 찬성하면서 그의 말은 인용한다. 아담의 후손들에게 전가된 것은 아담의 고의적인 불순종이 아니라, 그의 불순종에 대한 법적 결과(즉, 죄책 혹은 형벌에 대한 책임)가 전가된 것이다(Ⅱ, 54). 아담의 범죄의 세습은 인간이 아담과 동일한 종(種)(seminal identity)이라는 데 근거한 것이다. 즉 아담이 범죄했을 때 인류는 그의 허리에 있었던 것이다. 결과적으로, 아담의 죄의 사법적 결과가 그의 후손들에게 유전되어 그들은 육체적, 영적 그리고 영원한 죽음의 지배 아래 놓이게 된

---

191) 마일리는 그의 *Systematic Theology*, Ⅱ, 508에서 원죄의 죄책(타고난 죄책)을 부인하면서 그 증거로 왓슨의 글들을 인용하였다. Leland Scott는 "Methodist Theology," 565, 602에서 19세기 초의 Shinn과 Fisk는 모두 유아에게는 책임이 없기에 그들에게는 원죄의 죄책이 없다고 했다. 이와 같이 이들은 자유와 책임에 대한 웨돈의 철저한 주장을 위한 발판을 마련하고 있는 것이다.

것이다.[192] 분명, 왓슨은 그와 같이 이해함으로 자기 자신이 직접전가설과 간접전가설의 부적합함을 피했다고 생각했다. 이 문제를 논하면서 마일리는 왓슨이 함정에 빠졌다고 딱 잘라서 말했다. 왓슨은 직접전가설을 반대했다. 그러면 그는 "모든 인간이 아담과 동일한 종(種)(seminal identity)이라는 데 근거한" 아담의 죄의 전가설도 반대해야 한다는 것이다.[193]

비록 왓슨이 원죄의 죄책을 인정하면 이는 사람이 자유의사로 행하는 행위를 위배한다는 이유로 자신의 신학에서 원죄의 죄책을 제거하고 웨슬리의 주장을 시정하고자 했는지는 모르나, 자신을 더 깊은 모순 속에 빠져들게 했다. 왓슨의 주장 곧 아담의 죄 때문에 인간에게 죄책이 있게 되었다는 것은 부낭하나, 인간은 아담의 죄에 대한 형벌의 결과를 받게 되었다고 말하는 그의 논리는 이상하고 납득이 안 된다.

왓슨은 아담으로부터 유전된 원죄는 인간 본성의 부패로 이해했다. 그리고 이 부패는 하나님의 영이 떠난 결과라고 이해했다(Ⅱ, 55). 하나님이 죄인에게서 떠난 결과로 생긴 도덕적 상태가 바로 영적 죽음인 것이다. 왓슨은 원죄가 인간 본성에 주입된 "실제적 악, 오염, 부패"라고 하는 것을 부인한다(Ⅱ, 78). 이러한 견해는 하나님으로 하여금 죄에 대해 책임이 있게 만들기 때문이다. 그래서 그는 인간 본성의

---

192) *Conversations for the Young*, 36; Sermons, Ⅰ, 303, 360; 아담과 그 후예가 같은 종에 속하고 있다는 의미에서 "사형선고가 아담과 그의 모든 후손들에게 언도된 것이다."
193) Miley의 *Systematic Theology*, Ⅱ, 507-9, 522-24. 마일리는 "왓슨이 조직신학에 있어서 여전히 존경받을만한 인물"이라고 인정하면서도 "그가 주장한 원죄의 교리는 알미니안을 교리적인 혼동과 모순으로 이끌고 감에 틀림없다."고 생각하지 않을 수 없다고 주장한다(pp. 507, 523).

부패는 성령의 떠남에서 생겼고, 성령의 부족함과 부재의 상태가 사실 실제적인 악을 낳게 한다는 주장을 아주 좋게 여겼다.[194] 이로부터 "무능력, 난잡한 정욕의 지배, 욕망의 지배가 나온다. 그 결과 속박과 하나님에 대한 적대감을 가지게 된다."(Ⅱ, 79). 그러나 만일 사람이 시험을 당했을 때, 자신을 지키기 위해서는 성령이 필요하고, 그리고 성령이 물러날 때에는 불가피하게 죄를 짓는다고 주장한다면, 이는 애초에 사람이 의로부터 죄로 추락했다는 문제를 교묘히 피하고 있는 것이다. 왓슨은 이 문제를 정면으로 대처하지 못했다.

만약 의(righteousness)를 정의하되, 의는 타락 이전의 아담에게 성령의 영향과 도움이 있었던 상태라고 정의하지 않는다면, 성령의 상실을 원의(original righteousness)의 상실과 동일시하는 것은 적절치 않다. 왓슨 자신은 그렇게 정의하지 않았다. 왓슨은 다음과 같이 말한다.

성령의 떠남이 "인간의 부패의 원인이다. 인간이 성령의 힘을 의지하고 있는 동안은 성령의 보호를 받았지만, 성령이 그의 범죄하는 가능성을 막지는 아니하였다. 인간이 죄를 범했다. 그러니 성령은 떠난 것이다. 일단 죄의 파도가 밀려오자 방파제는 무너졌고, 인간의 전 본성은 죄로 가득 차게 되었다. 하나님으로부터 소외된 이 상태에서 인간은 악으로의 모든 성향을 지니고 태어난다. 왜냐하면 통제하는 힘과 성결케 하는 능력이 없으며, 성령이 임재하지 않기 때문이다"(Ⅱ,

---

194) Works, Ⅶ, 234; Sermons, Ⅱ, 291ff. 그리고 *Conversations for the Young*, 38. "인간의 본성은 전적으로 부패되었고 죄로 가득 차게 되었다. … 모든 사회에 가득 찬 악을 생각할 때에 당신은 그 근원이 가장 부패한 곳이라고 결론 내려야만 한다."

81f).

이렇게 왓슨은 다시 웨슬리안 유산을 수정한다. 웨슬리안에서는 부패는 모든 인간의 본성을 온통 부패케 한 실질적인 부패(active depravity)를 말했는데, 왓슨은 부패는 성령이 떠남으로 인하여 수동적으로 생긴 것이라고 하여 부패의 개념을 덜 치명적인 것으로 말했다.[195] 비록 그가 부패의 보편성은 여전히 인정하고, 그와 아울러 인간이 그의 속박으로부터 자신을 자유롭게 하지 못한다는 것은 인정했으나, 웨슬리의 견해를 침식하는 일은 행해진 것이다.

후기의 몇몇 미국인 후계자들에 의해 취해진 왓슨의 인간론에 대한 변화들 가운데 하나는 주목할 만하다. 죄에 대한 논의 다음에, 그리고 선행직 은총에 의한 사유의 회복에 대한 논의 앞에, 웨이크필드(Wakefield)와 빈니(Binney), 그리고 랠스톤(Ralston)은 그들의 신학책에서 인간의 도덕적 행위라는 난(section)을 삽입했다.[196] 그들이 사용한 몇몇 자료들은 왓슨에게서 나온 것이다. 많은 자료들은 미국인의 자료에서 특히 브레드스(Bledsoe)와 웨돈(Whedon)에게서 나왔다. 그러나 그들이 가져온 변화는 왓슨의 의도를 실현하여, 인간의 자유를 구원론적 입장에서 보지 않고 오히려 인간론적 입장에서 설명하는 것이었다. 이런 변화는 왓슨 자신이 기꺼이 만들려고 한 것은 아니

---

195) *Conversations for the Young*, 38; 그리고 *Sermons*, II, 81ff., 291ff. Dunlap은 *Methodist Theology in Great Britain*, 140에서 말하기를, 왓슨의 이해는 죄의 심각하고 파괴적인 영향을 완화시키는 경향이 있다고 하였다. 또한 그는 말하기를, 그와 동시대인인 아담 클라크는 이 점에 있어서 본래의 웨슬리안 입장에 더 가깝다고 하였다.
196) Samuel Wakefield의 *A Complete System of Christian Theology*, 308-35; Amos Binney의 *The Theological Compend*, 111-13; T. N. Ralston의 *Elements of Divinity*, 161-76.

었다. 그러나 메소디스트 공동체에서는 얼마 되지 않아 이는 대단히 중요한 수정이었다고 평가하는 사람들이 나왔다.

3. 마일리의 사람이 구원받아야 할 필요에 대한 견해(Miley on Man's Need for Redemption)

마일리가 일관되게 도덕적 원리를 주장하는 알미니안 신학을 따르고 있다는 것은 그의 죄론(doctrine of sin)에 잘 나타나 있다. 그의 「조직신학」 책에 첨부되어 있는 "원죄에 대한 알미니안 입장(The Arminian Treatment of Original Sin)"이라는 글에서 그의 논리적이고 조직적인 사고를 잘 드러내고 있다. 그는 이 글에서 알미니안주의의 윤리적 원리에 대한 확고한 신념을 내보이고 있다. 그리고 다른 감리교 신학자들이 이 원리에서 벗어나거나 상반되는 말을 하는데 대해 민감한 반응을 나타내고 있다. 그는 "타고난 벌점(native demerit)" 곧 죄책(guilt)을 부인하는 것이 명확한 알미니안주의의 특징이라고 했다. 그러므로 그는 "원죄의 죄책", "형벌로서의 부패성의 전가", "유전된 부패(inherited depravity)에서 오는 죄책"을 부인했다. 그러나 그는 웨슬리 전통을 따라, 인간의 부패한 상태의 실제적인 모습은 강력히 주장했다. 동시에 그는 자유로운 책임을 강조하는 자신의 알미니안적 원리와 순진한 자가 유전에 의하여 부패되었다는 자신의 주장 사이에 생기는 모순은 이상하게도 깨닫지 못했다. 따라서 타락에 대한 마일리의 견해는 당대의 많은 사람들과 대부분의 그의 후계자들에게 당연히 만족을 주지 못했다.

1) 원래의 사람과 타락(Primitive Man and the Fall)

죄 문제를 다루면서, 마일리는 과학의 발전에 의해 생기게 되는 여러 가지 관련된 문제들에 대해서 논평해야 할 의무가 있음을 느꼈다. 즉 "진화론"(단순한 가설), "인류의 역사," "인류 기원에 대한 여러 학설", "창세기 기록의 신빙성" 등을 다루어야 한다고 생각했다. 그는 이들 문제들을 조심스럽게 평가한 후, 그는 각 경우에 대한 모세설화의 문자적 가르침을 그대로 받아늘였다(Ⅰ, 358-92). 마일리는 웨슬리가 확신했듯이 아담의 본래적 재능이 그의 후손들과 비슷하며, 결코 크게 뛰어나지 않았다고 생각했다. 애초에 사람이 하나님을 닮았다는 것은 사람이 하나님의 형상대로 창조된 그의 "영적 본성" 곧 인격을 말하는 것이다(Ⅰ, 407). 이것 때문에 인간이 모든 하등동물과는 다른 것이다. 하나님의 형상에는 성결이 들어 있다. 아담에게 새롭게 창조된 성결은 그 자신이 어떤 행위를 하기 이전에는 단순히 주관적인 상태요 그리고 "그의 도덕적인 일과 의무와 일치하는 성향이었다"(Ⅰ, 410). 자유로운 인격적 행위에 윤리적인 면이 없으면, 그의 도덕적인 행위는 칭찬할 만한 것이 못되며, 보상받을 수 있는 것도 못된다.

비록 그 본성과 성향에 있어 거룩하다 할지라도 아담은 "그가 행하고자 하는 선을 보존키 위해서는 성령의 도움을 필요로 했었다"(Ⅰ, 422). 마일리는 원래의 사람(아담)의 성결에는 처음부터 상주하는 성령의 임재가 있었다고 말한다. 그러나 마일리는 성령이 떠남으로, 곧 아담의 범죄 이후, 아담의 본성이 부패케 되었다고 주장한다. 그가 주장하는 이러한 견해는 "그리스도인의 삶에 있어서 성령은 영혼을 최초로 갱신해주며 정화시켜주는 분(the agent)일 뿐만 아니라 그 갱신된 능력을 돕기 위해 상주하는 분이라는 견해와 완전히 일치한다."(Ⅰ, 422).

정통적인 견해대로, 마일리는 아담은 시험대에 놓여졌으며 도덕률과 특별한 하나님의 명령에 순종했어야 했다고 본다. 이 "선한" 사람의 탈선을 설명함에 있어서, 마일리는 아담의 마음속에는 지켜야 할 그 법을 거역하려는 충동이 그의 감정에 있었을 것이라고 가정한다. 이러한 충동들은 자연스럽고, 순진한 것으로, 최초의 성결과 모순되지 않는 것이지만, 그러나 만일 그것들을 "부당하게 받아들인다면" 그 충동들은 주어진 법을 의도적으로 위반하려는 충동으로 작용할 수 있는 것이다. 하나님에 대한 올바른 이해에 근거한 사랑과 두려움은 인간을 도와주기도 하고 제지하기도 한다. 그러나 일시적인 생각을 달리함으로 하나님에 대한 시각과 하나님의 정의의 형벌에 대해 그의 시각을 흐리게 되었으며, 그리고 어떤 제지도 없어, 불순종하고자 하는 강한 욕구를 따른 것이다(Ⅰ, 423-36).

그렇다면 어떤 의미에서 하나님이 타락을 허락하셨을까? 이에 대해 마일리는 "만일 죄에 대한 형벌이 정당하다면, 죄에 대한 허가는 부당할 수 없다."는 전제에 근거하여 답하고 있다. 이것은 세련된 궤변이다(Ⅰ, 437). 더 나아가 타락은 책임이 따르는 자유가 있다는 것을 전제한다. 즉 하나님은 인간이 죄를 짓도록 허가하지 않았으며, 또한 죄를 막으려고 간섭하시지도 않았다. 마일리는 웨슬리가 타락의 결과 인간은 구속의 섭리를 통해 보다 더 위대한 영광을 얻게 되었다고 말한 것을 논박했다. 이런 식으로 하나님을 정당화하려는 시도는 최고의 선을 위해 죄가 필요한 것으로 만드는 것이 됨으로 하나님의 성결을 비난하는 것이 된다고 했다.[197]

2) 사람의 타고난 부패와 결점(Native Depravity and Native Demerit)

타고난 부패성의 교리는, 자연인(nature man)은 영적인 삶으로부터 벗어나, 부패한 상태에 있으며, 마음이 악으로 기울어져 있다는 것을 가정한다. 앞에서도 살펴보았듯이 부패성은 하나님의 성령이 떠난 결과이다. 부패성은 의지의 어떤 특수한 상태가 아니라, 대체로 감각적이요 도덕적인 성향에서의 하나의 주관적인 도덕적 상태이다. 악으로의 성향은 부패로부터 바로 따라 나오는 것이다. 부패성의 실체는 성서와 부패가 우주에 미친 파괴에 대한 증거에 의해 확증되고 있다(Ⅰ, 442-55). 소위 "타고난 선행(natural virtues)"이 부패성을 물리치지 못한다. 여기에서 마일리는, 이러한 선행은 인간의 본성에서

---
197) 웨슬리의 견해를 알려면 Works, Ⅵ, 295; Ⅸ, 332를 보라.

오는 것이 아니라, 오히려 모두에게 주어진 하나님의 선행적 은총 때문이라고 하며 일관되게 웨슬리안의 입장을 반복하여 주장했다(Ⅰ, 456).

비록 최초의 부부 곧 아담과 하와에게 있어서의 부패성의 특성과 그 기원은 잘 설명 될 수 있지만, 이 부패성이 어떤 근거와 법에 의하여 그 후손에게 세습되었는지를 확실하게 증명하기는 대단히 어렵다. 아담의 죄의 전가를 설명하는 두 가지 중요한 이론이 있다. 즉 형벌설과 유전전가설이다(Ⅰ, 467). 이들 두 이론 중 전자는 모든 인류가 아담의 죄에 함께 참여하였기 때문에 부패성의 형벌을 받게 되었다고 주장한다. 그러나 이 주장은 온 인류가 같은 속(屬)에 속해 있기 때문에, 아담의 범죄에 온 인류가 함께 참여했다고 말하지만, 이는 근거 없는 가정이다. 그리고 이 학설은 죄책에 대한 유일한 근거라고 할 수 있는, 각 개인의 자유로운 인격적 행위가 관계되고 있지 않기 때문에 결국 적합하지 않다(Ⅰ, 480). 같은 이유로, 왓슨이 지지했던 종의 동질성 이론(seminal identity)도 반대하게 된다. 형벌설에 대한 또 다른 해석이 있는데, 이들은 아담이 전 인류를 대표하는 시조이기에, 인류가 법적으로 하나라고 주장한다. 이런 근거에서 그들은 하나님이 그의 자손에게 죄책을 전가시켰다고 주장한다. 그러나 이러한 주장은 자유로운, 인격적 참여에 의해서 생기는 죄책을 전혀 말할 수 없기에, 하나의 허구에 불과하다. 더욱이 이 이론은 인간이 형벌을 면하지 못한다고 주장하면서 동시에 인간의 책임은 부정하기 때문에 거부되어야 한다. 앞서 말한 바와 같이 왓슨은 마일리가 곤란해 하는 이 문제

를 이미 해결했다.[198]

어쨌든 부패성을 법적으로 입힌다는 이론은 총명한 알미니안주의자들에 의하여 단호히 거부되었다. 부패성은 형벌이 아니다. 이는 이어 받는 것이다. 이는 유전 전가(genetic transmission)의 법칙에 의하여 이어 받는 것이다(Ⅰ, 500ff). 모든 것이 다 유전 전가의 법칙에 따라 자기와 같은 종류를 생산하는 것이다. 아담이 거룩함을 계속 유지했더라면 그의 후손들은 같은 상태에서 그들의 시험을 받았었을 것이다. 아담이 죄를 범하매, 그에게서 성령이 떠남으로 인해 그의 본성은 부패되었고, 그의 후손은 자연적 출생에 의해 이 부패성을 물려받게 된 것이다. 마일리는 이러한 그의 견해가 성서와 일반적 가톨릭 교리, 그리고 김리교회의 신조에 의해 지지되고 있다고 주장했다(Ⅰ, 507f). 부패성의 실체는 하나님의 사법적 판결에 의해 고통을 받게 되었다는 것이 아니라, 유전되었기 때문에 고통을 받고 있다는 것이다. 인간의 부패는 마치 형벌을 받는 것처럼 심각하다.[199]

---

198) 마일리는 메소디스트들은 "자유로운 인격적 행위가 없는 윤리의 개념을 신학에서 제거시켜야만 한다."고 주장하였다(*Systematic Theology*, Ⅰ, 410). J. W. Mendenhall은 MQR, 74(1892), 496에서 마일리의 입장을 논평하면서 말하기를, "마일리 박사가 바른 근거 위에서 타락과 그 결과에 대한 알미니안 개념을 훌륭히 수호하였으며, 그 결과 마일리는 어거스틴주의를 시정하며, 인간을 높이고 또한 그의 무지함을 성서에 근거하여 지워버렸다."고 했다. 그러나 이 기간에는 메소디스트의 정설(orthodoxy)을 지지하는 옹호자들도 있었다. 예를 들어 E. M. Marvin은 *The Doctrinal Integrity of Methodism*, 97ff에서 "인간의 부패성에 대한 바른 태도는 교리의 출발점이다. 그리고 이 교리를 수정하는 것은 복음적 신학을 포기하는 것이다. 그리고 이 부패에 대한 교리를 잘못 생각하게 하는 두 경우가 있는데, 곧 의지의 자유를 강조하는 경우와 어린이들의 종교교육을 강조하는 경우이다."라고 했다.

199) Pope의 조직신학을 논평하면서, 마일리는 포프의 죄의 교리는 "정확히 칼빈주의 신학에 속하는" 것으로 표현되어 있어 혼란스럽다고 하며 거절했다. 마일리는 인간성의 부패와 그것이 아담에서 시작되었다는 포프의 견해에 동의한다. 그러나 그는 아담의 대표성 때문에 죄가 파생되었다는 것, 그리고 죄책, 형벌, 그리고 부패성이 세습되었다는 포프의 견해는 부정한다. MQR, 59(1877), 400ff.를 보라. 또한 Olin Curtis는 *The Christian Faith*, 519에서 포프의 죄에 대한 견

이렇게 마일리는 일반적으로 말하는 부패성을 받아들이되, 부패는 인간에게 죄책을 부과하는 것 없이 오는 것이라고 주장했다. 그래 부패성을 가진다는 것이, 어떤 방법으로든지, 죄책과 형벌을 받는 충분한 근거가 되는 것일까? 그렇지 않다. 한낱 성향(mere nature)이 죄책의 원인이 될 수는 없다. 왜냐하면 죄책은 하나님의 법을 어기는 자유로운 인격적 행위에서 생기는 것이기 때문이다. 인간에게 유전된 부패한 본성은 죄의 행위를 자극한다. 그러나 사람이 그것을 허락하고 행동에 옮기기 전(前)이나 행동하지 않는 한 그것들은 죄가 아닌 것이다. 그러한 자범죄들(actual sins)만이 죄책의 근거가 되며, 하나님의 진노와 형벌을 받게 되는 이유가 된다(Ⅰ, 516). 만일 이에 일치하지 않는 몇몇 알미니안주의자들이 말하는 대로, "죄 된" 본성이 죄책을 있게 한다고 주장한다면, 칼빈주의자들의 선택과 유기의 교리를 부인할만한 정당한 근거가 없게 된다. 그러나 알미니안주의자들이 "그들의 근본원리 곧 타고난 죄책이 없는 타고난 부패성을 고수"한다면 그들의 입장은 안전하다. 죄책에 대한 결정적인 문제는, 또한 자유에 대한 문제이다.[200]

해, 특별히 죄책의 세습에 대해서 혹평하였다. "알미니안신학에서는 일치된 주장도 없고 변호도 없어, 일정한 입장이 없었다." 한편 Miner Raymond는 *Systematic Theology*, Ⅱ, 80-98, 315에서 "성령의 상실(deprivation)에 의한 부패"설을 지지하며, 부패는 모든 인류의 의지가 노예가 되었다는 것을 포함한다고 주장하였다. 인간의 상태(condition)가 너무도 가혹하기에 오직 하나님만이 적당한 치료를 베풀 수 있다.
200) 마일리와 웨돈은 메소디스트들이 이 문제에 있어 종종 실패했다고 생각한다. 그들이 원죄의 죄책을 부패성에 연관시키려 함에 따라, 마일리는 Arminius, Wesley, Fletcher, Watson, Pope, Summers를 모순에 빠지게 만들었다고 비난했다. Scott의 "Methodist Theology," 452, 214를 보라. 여기에서 Scott는 웨돈이 "개인적으로 범죄함으로 생긴 유전적 본성"만을 인정할 뿐, 죄책이 세습된다는 것(hereditary guilt)은 부인하였다고 지적한다. 그리고 이에 Bledsoe, Raymond, Summers, Merrill, Miley가 동의하였다고 말한다. Shipley는 그의 "Methodist Arminianism," 39

3) 죄의 정의(Definition of Sin)

마일리는 부패성의 교리를 변호하는데 있어서 최후의 방어선까지 후퇴했다. 마일리가 변호하는 것은 인간의 심각한 부패상, 곧 죽음이다. 죄와 죽음의 관계는 정통교리에서 중점으로 다루는 문제다. 더욱이 그가 인간의 아무 행위가 없었는데도 부패된 본성이 그에게 세습되었다는 주장을 자유로운 인격적 행위를 주장하는 자신의 알미니안 원리와 어떻게 조화시킬 수 있었는지를 이해할 수가 없다. 마일리의 자유로운 인격적 행위에 대한 견해는 부패를 단지 선택의 자유, 곧 죄를 선택할 것인가 안할 것인가의 선택의 자유에서 범죄할 가능성을 의미하는 것에 지나지 않는 것으로 만든다. 따라서 다른 메소디스트들이 이러한 그의 견해를 냉정하게 받아들이지 않은 것은 당연한 것이다.

그가 원죄의 죄책을 부인할 뿐 아니라 부패의 성격을 수정하게 된 것은 그의 죄, 죄책, 자유 등의 본질에 대한 도덕적 직관에서 기인한 것이다. 그것에 충실하기 위해서는, "알미니안주의는 [자유로운, 인격

에서 말하기를 Miley는 논리적 근거위에서 대륙의 알미니안주의를 지지하면서 Wesley-Fletcher 의 원죄와 인간의 교리를 거부하였다고 하였다. 그리고 Scott는 그의 "Methodist Theology," 454에서 죄책에 대한 초기 웨슬리안들의 애매한 표현은 주목을 받지 않은 것도 아니고, 예기하지 못한 것도 아니라고 주장했다. 그들은 "아담의 죄의 죄책에 대한 인간의 근본적 참여(혹은 적어도, 대표)가 전혀 피할 수 없는 비극적인 것으로 보임에도 불구하고" 이를 엄격히 체계적으로 주장하지를 아니 하였다. 그런 일에 대한 생각은 모든 사람에게 미친 하나님의 은혜로운 구속의 빛 안에서만 뚜렷이 나타난다. 마일리의 해석적 입장은 논리적 일관성에 대한 그 관심의 실천적 제한 때문이 아니라, 배타적 일관성을 요하는 도덕적 책임의 교리 때문에 비판받기 쉽다. 죄책은 오로지 개인의 실제 행위에만 적용된다는 마일리의 입장이 Wesley와 Fletcher, 그리고 Watson의 입장과 구분되는 것이다. Ibid, Appendix 20, "Whedon의 W. B. Pope and John Tigert-and 'Hereditary Guilt.'" 624ff를 보라.

적] 행위를 제외시킨 견해나, 또는 유전된 부패한 본성으로 인한 죄책을 포함한다는 정의도 수용할 수 없다."(Ⅰ, 527). 인간의 본성과 하나님의 법 사이의 "유사성이 없다"는데 기초해서 인간의 본성에 형벌이 세습되었다고는 단언할 수 없다. 유사성은 인간의 본성에 관계되는 것이 아니라, 인격과의 관계이다. 한 걸음 더 나아가, 그에 의하면 죄를 정의함에 있어서는 죄는 실제로 범한 죄이거나, 태만의 죄이던 간에, 거기에는 고의적인 요소(voluntary element)가 있어야만 한다는 것이다(Ⅰ, 528). 그리하여 마일리는 죄를 다음과 같이 정의 내리게 되었다. 곧 "죄는 하나님의 법을 알고 있는 상태에서의 자유로운 도덕적 행위로 하나님의 법을 불순종 한 것이다."(Ⅰ, 528). 이런 불순종만이 형벌을 받게 되는 것이다.[201]

마일리는 적절한 지식에 근거한 자유로운 인격적 행위를 강력히 주장함에도 불구하고, 그는 도덕적 붕괴 또는 타고난 부패성이 냉혹한 현실로서 인간의 삶에 만연되어 있다고 생각했다. 그것은 영적인 생활과는 다른 실존의 상태이고, "은총을 받기에는 전혀 부적합한 상태"이다(Ⅰ, 529). 그것은 스스로 구원하려는 어떠한 노력도 불

---

201) 이런 죄에 대한 정의는 그의 후기의 주장과 일치한다(*Systematic Theology*, Ⅱ, 147).; "죄는 죄를 범하는 행위자를 별도로 하고는 실제로 존재하지 않는다." Curtis는 *The Christian Faith*, 200에서 이에 동의하면서 말하기를, "죄는 개인이 행한 것이다.; 그것은 하나의 행위이다. 죄인이 없는 곳에는 죄가 없다."고 하였다. 또한 Scott의 "Methodist Theology," 621f., Appendix 19에 있는 "Whedon: 'The Doctrines of Methodism'"을 보라. 이러한 인간능력의 평가에 대해 William Kelley는 MQR, 76(1894), 837에서 Miley는 영혼을 마치 경기를 위해 옷을 벗은 운동선수로 소개하였다고 평하였다. T. O. Summers의 견해는 웨돈-마일리의 견해와는 달랐다. Summers는 주장하기를, 죄와 덕은 자발적인 행위에만 한정되는 것이 아니라고 하였다. 한 행동의 동기가 죄일 수 있으며, 인간의 상태도 그의 행동과 똑같이 도덕의 대상인 것이다. Summers의 *Systematic Theology*, Ⅱ, 49ff. Scott의 remarks on Summers, "Methodist Theology," 389f를 보라.

가능하게 한다. 유아기에 죽은 어린아이에 일어난 일은 유전된 부패(inherited depravity)나 또는 하나님의 선하심과 무관하지 않다. 그리스도는 저들의 죄 된 본성을 제거하시며, 모든 고발자들에 대항하여 저들을 의롭게 하신다. 그러면 타고난 죄책을 부인하고 타고난 부패성만을 고수하는 것은 죄의 교리의 실제적인 효과를 약화시키는 것인가? 마일리는 결코 그렇지 않다고 말한다. 마일리에 의하면, 우리가 진정 뉘우쳐야할 죄는 우리가 범한 죄뿐이다(Ⅰ, 530).

마일리는 자신의 주장을 옹호하여, 죄에 대하여 웨슬리가 특정한 범위로 한정하여 다음과 같이 내린 정의를 인용했다. "엄밀히 말해서 알려진 하나님의 법을 의도적으로 범한 것 외에는 아무것도 죄가 아니다." 이 짐에 있어 두 사람 사이의 본질적인 차이점이 발견되지 않는다(Ⅰ, 528). 그들의 죄에 대한 정의에 있어서의 유사점이나 부패성에 대한 설명에 있어서의 유사점을 들어 마일리는 자신이 자신의 신학적 유산에 대체로 충실하다고 생각했다. 그는 자신이 타고난 죄책을 부정하는 것이 웨슬리-알미니안주의를 왜곡하는 것이 아니라 오히려 그것을 정화하는 것이라고 여겼다. 마일리의 자유의지와 죄에 대한 견해는 흥미롭게도 19세기와 20세기의 사고방식에 기초했지만, 미국 감리교 내에서 수용되기에는 너무 늦었다. 인간론에서 그가 주장한 요소들은 보다 명백해졌으며, 점차적으로 감리교 신학에서 지배적인 것이 되었다. 이러한 변화에 대한 충분한 것들을 알버트 누드슨의 저서들에서 찾아보기로 하자.

4. 누드슨의 "구속의 전제조건들"에 대한 견해(Knudson's "Presuppositions of Redemption")

미국 메소디스트들의 신조에 대한 최초의 연구에 따르면, 제기된 질문의 4분의 3이 인간은 죄인이라는 기초에서 인간을 정의하는 일이었다. 그러면서 이를 다음과 같이 특유하게 표현했다. "인간은 하나님을 알 수 있고 하나님과 함께 교제할 수 있는 이성적 존재이다"[202] 그들은 이 확신을 지지하기 위해, 인간을 하나의 자유로운 인격적 존재요 또는 도덕적 가치를 지닌 영혼으로 특유하게 보는 알버트 누드슨을 당연히 인용했을 것이다. 감리교 신학에서 논의되고 있던 죄의 교리의 쟁점들, 즉 원죄의 죄책과 부패성, 아담의 죄의 전가와 전 인류에 대한 하나님의 유죄선고 등은 이미 누드슨에게는 별로 중요한 것이 아니었다. 인간에 대한 그의 논의는 "구속의 전제조건"이라는 일반적인 표제 하에서 진행되고 있다. 여기에서 그가 말하고 있는 "긍정적인" 전제조건의 첫째는 "인간의 가치와 형이상학적 자유의 실체"라고 그는 지적한다. 이것들 다음에는 교대로 구속의 "부정적" 전제조건인 죄와 악에 대하여 설명을 해야겠다. 따라서 이런 관점에서 볼 때 인간을 바라보는 관점이 근본적으로 변한다. 이 변화에 관련된 문제들 그리고 그로 인한 감리교 신학의 중요한 변화에 있어서의 최종적인 결과를 보여주기 위하여 이에 관련된 항목들을 살펴보아야 하겠다.

---

202) S. Paul Schilling의 *Methodism and Society in Theological Perspective*, 279.

1) 인간의 가치와 자유(Man's Worth and Freedom)

누드슨은 우주에 관한 온전한 견해를 위해서 뿐 아니라 신학을 위해서도 인간론이 가장 중요한 것이 되어야 한다고 주장한다. 인간론은 신론 다음으로 중요하다. 심리적으로 신론이 인간론 앞에 오는 것이다(Ⅱ, 76). 통합되고 일관된 교리의 표현이 되려면, "두 개의 다소 일치하지 않는 개념인 … 창조와 구속"이 어느 한쪽에 종속되어야 한다는 것이다. 인간에 대한 첫 번째 견해는 낙관적이고 이상적인 것이며, 두 번째는 비관적이며 이원론적인 것이다. 분명히 누드슨은 첫 번째 견해를 택하고 있으며, 신적인 창조의 개념에 직접 함축되어 있는 인간성의 그러한 면들을 가장 중요하게 여겼다(Ⅱ, 77). 그는 구속의 전제조건을 논의하면서 이런 입장을 끝까지 고수했다. 그러나 그는 구속(redemption)을 창조에 종속시킴으로써 웨슬리의 입장을 떠나, 왓슨과 마일리가(특히 마일리가) 그런 입장으로 수정하려 했지만 결코 찬성할 수는 없었던 것을 명백히 드러냈다.[203]

창조의 선함(goodness of creation)에 근거하고 있는 구원의 전제조건에는 두 개의 매우 중요한 적극적인 전제가 있다. 곧 인간의 가치와 인간 영혼의 자유라는 전제조건이다. 새로운 과학을 통한 깊은 연구에도 불구하고 이 세계에 대한 비평적인 고찰은 여전히 인간만이

---

[203] 이 점에 대해 윌(Will)은 다음과 같이 말하였다. 즉 "이러한 구속의 교리를 평가절하는 것은 인간의 타락에 대한 기독교의 교리를 진정으로 받아들이는 신학적 입장과 전체적인 인간구조의 왜곡을 물리쳐야만 한다는 것을 의미한다."고 하였다.; James Edward Will의 "Implications for Philosophical Theology," 94. 그리고 Cutis K. Jones의 "Personalism as Christian Philosophy," unpublished Ph. D. dissertation, Union, 1944, 194를 보라.

창조의 유일한 목적이며, 나머지 피조물들의 가치는 인간과의 관계 속에서 찾게 된다는 결론을 내리고 있다. 인간에 관한 기독교적 견해에 있어서 독특하고도 근본적인 요소는 인간의 영혼 또는 자아에 최상의 가치가 있다는 것이다. 이러한 평가는, 인간은 자율적인 존재라는 윤리적 확신과 인간이 하나님과의 유사성을 지니고 있으며 하나님과 교제할 수 있는 능력이 있다는 종교적 확신에 근거하고 있다(Ⅱ, 78). 그러나 그 유사성은 명백하지 않으며 또한 증명할 수도 없다. 이는 믿음, 곧 유신론적 인격주의의 하나님 개념에 근거한 철학적 주장으로 입증하는 것이다(Ⅱ, 89-93).

인간에 대한 궁극적인 문제는 인간의 자아 곧 영혼에 관한 문제이다. 인격주의에 있어서는 영혼이 아주 중요한 전제조건이며, 심지어는 하나님의 존재보다 더 특유한 것이다. 누드슨은 (1933년에) 말하기를, 영혼의 실재를 입증하는 것은 "어떤 의미에서 … 우리 시대에 가장 필요로 하는 것이다."라고 했다(Ⅱ, 92). 인간의 의식 곧 영혼의 영역에는 행동을 일으키며 결정짓게 하는 육체적 행위의 여러 다른 형태와는 구별되는 인과관계의 행위(causal agency)가 있다. 이것을 인간의 기본적인 확신 가운데 하나로만 절하하여 취급하려는 논의는 실패했다. "참되며 능동적인 자아에 대한 확신만이 붕괴 일로에 있는 인류의 높은 영적인 관심을 회복시킬 수 있다. 또한 이 확신에 대한 모든 현대적인 공격에도 불구하고, 그보다 더 좋아 보이는 확신은 없다."(Ⅱ, 113).

인간의 "무한한 가치와 그의 영혼의 실재"를 인정하는 것이 인간 영혼의 자유를 보다 결정적으로 인정하는 것이다(Ⅱ, 113, 120). 만일 영혼이 자유롭지 않다면, 그 영혼의 고귀한 가치는 사라지게 된다. 자아의 위엄과 비할 데 없는 가능성들은 영혼의 자유 선택(contrary choice)의 본질적인 힘에 있다. 이 선택의 힘은 비록 내적, 외적인 영향을 받지만 그에 의하여 굴복 당하지 않는 선택의 힘이다. 자연적 결정론에 의해서든지 신학적 결정론에 의해서든지, 이러한 자유가 부인된다면 인간은 세상에서의 그의 위치와 구속적 힘에 협력하는 그의 능력을 상실하게 된다. 누드슨은 자신의 "자유 의지의"(libertarian) 교리에 최고의 가치를 둔다. 또한 그는 자신의 입장에 일관하여 자유가 구원에 앞서서 절대 필요한 것이라고 변호한다. 초기의 메소디스트들에 있어서 하나님에 대한 자유는 구원의 십리에서 은혜로 회복된 자유를 전제하였다. 그러나 누드슨에게 있어서는 자유를 전제하는 구원을 말한다. 그러므로 구원을 다루는 다음 장에서는 누드슨의 "형이상학적 자유"의 교리에 대해 새롭고도 보다 상세하게 다루고자 한다.

2) 고통과 죄(Suffering and Sin)

인간의 자유는 "부정한 생각" 그리고 "부도덕한 행위"의 가능성을 필연적으로 내포한다. 사실 이 세상이 당하고 있는 곤경은 자유 때문에 그렇게 되었다고 보기보다는, 그 이상으로 훨씬 더 위험한 상태이다. 이러한 세상에 직면하여, 기독교 신앙은 자연 악과 고통, 그리고 도덕적인 악과 죄의 문제를 다루어야만 한다.

악(evil)은 언제나 관념론에 있어서 다루기 힘든 문제이다. 이는 인격주의 범주에 속한 관념론에서도 그렇다. 비록 누드슨이 이 문제를 꽤 상세히 논의하기는 했지만, 그가 시도한 만큼 큰 해결은 제시하지 못했다. 그는 악을 인정하는 인간 노력의 역사를 개관하고, 많은 견해들을 전적으로 부적당한 견해라고 지적하였다. 즉 불교의 악을 부정하는 견해(negation), 구약이 악을 응보 또는 천벌로 보는 견해, 정통신학에서 악을 부패라고 보는 견해 등을 부정하였다. 그 분야를 정리하면서 그는 "최근 기독교의 가르침(current Christian teaching)"이란 글에서 요약해서 자기의 입장을 설명했다(Ⅱ, 212-21). 그는 이 문제는 전적으로 해결될 수 없다고 일반적으로는 동의하고 있다고 보았다. 일부 사람들은 다음과 같은 근거에서 논리적으로 해결하려는 것 같다. 즉 쾌락이 인생의 궁극적 가치가 아니다. 인간의 표준이 하나님의 표준과는 다르다. 그리고 아픔과 고통은 긍정적인 일을 한다. 특별히 인간을 하나님께로 이끄는 긍정적 기능을 수행한다는 근거에서 악의 문제를 설명하고 있다. 그리함으로 한편 악의 문제를 실제적으로 해결할 수도 있었다. 악은 정복해야 할 하나의 적만큼이나 어려운 하나의 난제가 아니다. 이를 정복함에 있어서 종교는 강력한 도움이 된다(Ⅰ, 221). 아마도 이에 대한 논의에서 가장 눈에 띠는 것은 누드슨이 자신의 인격주의에 호소하여 이 문제를 언급한 것이 없다는 것이다. 그의 인격주의가 많은 분야에서 나타나고 있지만 이 문제에 대하여는 의미심장하게도 침묵을 지켰다.

그러나 기독교가 중요하게 다룰 일은 도덕적인 악과 죄에 관한 것이다. 이 실재에 대한 기독교의 이해에는 서로 상반되는 듯한 두 견해가 있다. 첫째는 인간은 자유롭기 때문에 그의 죄에 대해 책임이 있다는 윤리적 견해이고, 다른 하나는 인간은 스스로의 노력으로는 죄의 속박에서 벗어날 수 없다는 종교적 견해이다. 이 두 견해는 모두 기독교 신앙에 있어서 필수적인 것이며, 이 두 견해를 어떻게 조정하느냐는 신학의 기본적인 문제들 가운데 하나이다(Ⅱ, 223-32).

그렇다면 무엇이 죄인가? 첫째로, 죄는 형이상학적 자유를 전제로 한다. "양자택일의 행동을 할 수 있는 능력이 없으면 개인에게 죄책이 따르는 의미에서의 죄는 있을 수 없다. 죄와 죄책, 그리고 자유는 서로 붙어 다닌다."[204] 둘째로, 죄는 일련의 행동 이상의 것이다. 죄는 하나님과 인간 그리고 지이외의 관계에 있어서 총괄적 사랑의 가치에 기본적으로 반대되는 것이다. 셋째로, 책임성에 있어서 죄는 하나님의 관점에서 판단된 정당한 지식과 적절한 표준을 필요로 한다. 마지막으로, 죄를 이해할 때는 죄책의 사실과 죄책에 대한 느낌, 그리고 신앙의 언어와 신학의 언어를 주의 깊게 구별해야 한다. "종교적인 은유를 형이상학적 이론으로 변형하는 일이 있어서는 안 된다."(Ⅱ, 415, 233-49).

그러므로 누드슨은 다음과 같이 죄에 대한 기본적 정의를 내렸다. 죄는 "도덕적 결함이다. 이는 우리가 불완전한 태도로 하나님과 인간, 그리고 우리의 진정한 자아를 대할 때 나타나는 도덕적 결함이며, 또

---

204) *Basic Issues in Christian Theology*, 113. *The Validity of Religious Experience*, 208. Henry C. Sheldon의 *A System of Christian Doctrine*, 120-22. Curtis의 *The Christian Faith*, 199-206, Borden P. Bowne의 *Studies in Christianity*, 144-46, 179-81을 보라.

한 우리가 그것 때문에 하나님 앞에서 책임지게 하는 도덕적 결함이다."(Ⅰ, 249). 대체로 그는 웨슬리가 고의적으로 범 하는 것이 죄라고 정의한 것(voluntaristic definition)에 찬성한다. 그가 '하나님으로부터 벌 받은 상태도 죄'를 포함시킨 추가적인 실제 요소들이 그의 입장을 보다 포괄적인 것으로 만들었다. 그러나 근본적으로 누드슨은 인간이 선택을 잘못함으로 생기는 죄 이외는 아무 것도 죄로 인정하지 않는다.[205]

죄의 기원의 문제는 처음부터 신학적으로 설명하기 어려운 일이었다. 누드슨은 모든 이원론과 숙명론을 분명하게 반대하고, 죄는 인간의 인격적 자유에서 기인한다고 주장한다(Ⅱ, 252). 거기에는 다른 설명이 필요 없다. 신정통주의자들이 우리는 어떤 특별한 반 의지적 힘, 외부의 힘에 의하여 필연적으로 죄를 짓는다고 말한다. 그러나 이런 주장은 인간의 책임의 소재를 인정하지 못하기에 틀린 것이고, 또한 그들의 자유에 대한 모호한 개념 때문에 받아들일 수가 없다.[206] 누드슨은 다음과 같이 말한다.

"원죄라는 것은 일반적으로 전해 오는 바에 의하면 하나의 가설이다. 그러므로 죄의 기원을 인간의 비극적 행동으로 인하여 생겼다고

---

[205] Paul Ramsey는 *Basic Christian Ethics*, 287에서 다음과 같이 말하고 있다. "누드슨의 죄에 대한 도덕적 정의는 죄를 인간 자신의 행위에서 온다고 간주한 것은 그의 장점이라 하겠다. 그러나 '죄'라고 하는 말은 단순히 편의상 부르는 말로, 어떤 행동을 지적하는 말이 되었다. 그리고 '사악하다(sinful)' 그리고 '고의성이 있다(willfulness)'라는 단어들은 인간의 본성을 말하는 것이 아닙니다. 단지 '도덕적 성향'이란 단어만이 인간의 본성과 관계가 있다. 악으로 향하는 성향은 결코 개인의 도덕적 행위가 아니다. 이는 그가 선천적으로 이어받은 것이다. 누드슨의 입장은 죄를 부도덕한 행위[로] 보는 유명론적(唯名論的) 견해라고 말할 수 있다."
[206] *Basic Issues in Christian Thought*, 40f., 109ff.; *The Validity of Religious Experience*, 207-11을 보라.

설명하려는 모든 이론들은 또한 하나의 가설이다. 세습된 죄책이나 또는 유전된 도덕적 부패라는 것은 있을 수 없다. 죄책은 양도할 수도 없는 것이다. 엄밀히 말해서 모든 도덕적 성품과 도덕적 상태, 그리고 도덕적 조건이 다 그러하다. 개인의 의지와 동떨어진 선이나 악은 없다. 그러므로 우리는 다른 어떤 특별한 데서가 아니라, 바로 인간의 의지와 그 자유로운 활동에서 죄의 기원을 찾아야 한다."[Ⅱ, 257f].

따라서 누드슨은 곧바로 원죄의 죄책과 부패성을 반대하여 초기 메소디스트들이 지지하던 그 교리적 설명들을 떨쳐버린다. 그는 1세기 이상 미국 감리교 안에서 진척되어 오던 초기의 신학적 경향을 성취시켰다.

누드슨은 또한 인간이 최초에는 원진했다는 것도, 경험석 증거가 부족하다는 이유로 부정한다. 그러나 보다 명확한 것은 그에 의하면 사람이 의롭다 또는 완전하다는 것은 도덕적인 개념으로써, 이는 오로지 자유로운 사람이 성취함에만 적용된다는 것이다. 인간의 삶은 오히려 비도덕적인 지평 위에서 시작한다. 인간에게는 선천적으로 충동과 욕망, 그리고 정욕이 있는데, 이것들은 그 자체가 윤리적으로는 중립이다 곧 악한 것이 아니다.

인간의 충동, 욕망, 정욕 등이 크게 격해졌다 해도, 강한 도덕적 충동이 있었을 때와 비교하면서, 그것들 자체를 죄로 여겨서는 안 된다. 이러한 성정들은 유혹의 원인(ground)이 되기는 하지만, "유혹 자체가 죄는 아니다."(Ⅱ, 259). 죄는 의지가 불법적인 충동을 제어하지 못함으로 생기는 것이다. 대체로, 인간은 악을 고의적으로 선택하기보다는 오히려 자신의 행동이 뜻하는 바를 모르는 채 보다 작은 선(lesser good)을 선택할 때가 있다(II, 258-61). 이와 같이 죄는 뒤섞인 동기에서 자기도 모르게 위장하여 인간의 삶에 침투한다. 죄는 필연적인 것이 아니다. 죄는 인간의 자유로운 선택의 결과로 생기는 것이다.[207]

죄의 보편성은 널리 인정되어 왔고, 타락의 교리들은 여러 가지로 설명되어 왔다. 누드슨도 죄의 실제적인 보편성을 인정한다. 그러나 그는 그 사실을 설명함에 있어서, 그는 죄를 악으로의 비의지적인 타고난 성향으로 보지 않고, 오히려 "출생하면서부터 가지고 있는 비도덕적인 충동들, 욕망, 그리고 관심들을 가지고 도덕적인 일을 하려는 과정에서 일어나는 큰 어려움"을 죄로 본 것이다. 도덕적 관념은 "서서히 시작하여 발전해 간다." 그리고 도덕적 관념이 성장하기 위해서는 "전 생애에 걸쳐 끊임없이 방심하지 않아야 한다." 이 도덕적 관념에 거슬러 작용하는 심리적, 사회적 세력도 "많고 매우 강력하기 때문

---

[207] Kenneth Cauthen은 그의 책, *The Impact of American Religious Liberalism*, 120에서 누드슨이 이렇게 설명함으로써 되어진 일들을 설명하고 있다. 즉 그는 "순진한 단계와 죄의 악한 시작 사이의 연결 그리고 자유와 불가피성 사이의 관련을 주장함으로, 의도적인 선택의 자유가 있다는 것은 곧 인간의 자유는 기본적으로 부패한 것이 아닌 것을 말할 수 있게 하였다. 동시에 그의 그런 주장이 그로 하여금 자유가 있기에 우리가 책임져야 할 죄책을 논할 수 있는 입장을 유지할 수 있게 하였다. 그러므로 그는 딜레마를 의식조차 하지 않는다. 왜냐하면 그는 모든 것에 고루 침투하는 연속성의 원칙을 능숙하게 사용하며 특별히 그 선택에 몰입함으로써 그것을 극복했기 때문이다." Jones는 "Personalism as Christian Philosophy," 191-95에서 인격주의가 다음의 사실을 부인한다고 지적하였다. 즉 인간에게는 이성적 계몽을 따르지 않는 매우 중요한 힘들이 있으며, 또한 하나님에 배반하여 악을 의도적으로 선택하는 일 있다는 것을 부인한다. 그들은 그렇게 함으로 죄의 깊이와 자비로운 하나님의 은총을 감소시키고 있는 것이다. McCutcheon은 말하기를, 인격주의자의 인간론은 "인간과 신 사이의 근본적인 구분을 무시하며 하나님께 대한 인간의 관계에서 '존재'(being)의 범주를 '행함'(doing)의 범주로 변천시키고 있다. 그와 같이 그들은 하나님과의 교제의 조건으로서 도덕적 의지를 강조한다."고 하였다. *The History of American Methodism*, III, 279-80을 보라.

에 때로는 그 힘에 굴복하는 것이 거의 불가피한 것처럼 보일지도 모른다."(Ⅱ, 265).

죄는 "필연적으로 일어나는 것은 아니지만, 죄를 피하기가 대단히 어려워서 일어날 가능성이 많다."(Ⅱ, 261). 이렇게 죄의 교리를 논함에 있어서 누드슨은 의지의 속박을 환경의 어려움, 곧 의지가 작용하는 주위 환경의 어려움으로 대체함에 이르렀다. 이 변화의 심리학적 그리고 신학적 의미는 실로 크다.

이 죄의 출현에 대한 하나님의 책임은 무엇일까? 죄는 하나님의 계획의 한 부분이 아니라고 누드슨은 주장한다. 죄는 단순히 인간의 도덕적 덕성을 달성하기 위한 하나의 수단이 아니라, 절대적인 악이다. 부언하면, 만일 하나님이 죄를 원하신다면, 죄는 필연적인 것이다. 그러니 불가피하게 죄를 짓는다는 말은 모순이다. "죄에 대하여 하나님이 하신 일은 단지 죄의 가능성을 허용하신 것이다."(Ⅱ, 269). 이 가능성은 도덕적 자유를 의미하며, 진정한 자유라면 악도 선택의 대상의 하나로 포함되어야만 한다. 또한 도덕적 자유의 가능성은 "하나님의 구속적 행위의 능력"에 대한 하나님의 약속을 나타내는 것이다.[208]

누드슨의 인간론에서 빼놓을 수 없는 한 가지 속성은 바로 인간의 도덕적 성격이다.

"도덕적 인간"의 성격은 인격적인 자아 곧 자신의 실재와 가능성을 지성적으로 인식하고 있으며, 자신의 삶을 관리하는 자유를 가진 인격적 자아를 전제한다. 인간의 교리의 여러 가지 일은 이 근본적인 확

---

208) *The Doctrine of Redemption*, 270; *Basic Issues in Christian Thought*, 119.

신에 따라야만 한다. 죄책과 부패, 원의와 타락, 죄의 기원과 보편성, 그리고 죄에 대한 여러 견해와 고루 미친 죄의 세력 등의 모든 문제들은 본질적으로 도덕적인 인간의 본성과 관련해서 해결해야 한다. 도덕적 인간의 개념에 대한 누드슨의 확고한 신념과 그것에 따르는 일들은 그를 웨슬리에서 분명히 떠나게 했다. 또한 웨슬리의 많은 후계자들과도 어느 정도 구별되게 만들었다. 웨슬리는 인간의 도덕적 상태에 대해 논의하지 않았으며 또한 그것을 옹호하기 위해 많은 시간을 소비하지 않았다. 웨슬리는 인간의 도덕적인 질병과 하나님의 치유사역에 대해 보다 많은 관심을 기울였다. 인간의 선함은 웨슬리의 목표였으며, 출발점이 아니었다. 바로 이 점이 이 연구를 시작하고 끝내는 데 있어 두 사람의 견해가 크게 다른 것이다. 죄에 대한 그들의 서로 상반된 견해는 그리스도인의 삶과 사고의 거의 모든 분야에 그들의 견해가 관련되어 있다. 기독교 신학자로서 그들은 대체로 같은 신학적인 바탕을 지녔다. 정확히 이런 이유로 해서, 한쪽 편을 들기 위한 것이 아니라 가능한 한 진리에 가까이 도달하기 위해 그들 두 사람 사이의 상이점을 살피는 것은 매우 중요하다.

1. 웨슬리안의 값없이 주시는 하나님의 은혜

　1) 하나님의 대속의 은혜

　2) 선행적 은총

　3) 의롭게 하시는 은혜

　4) 성결케 하시는 은혜

2. 왓슨의 예수의 대속과 그의 혜택에 대한 견해

　1) 모든 사람을 위한 그리스도의 대속

　2) 은혜와 자유

　3) 은혜로 인한 구원

3. 마일리의 구원에 있어서 하나님 하시는 일에 대한 견해

　1) 그리스도의 대속

　2) 은혜로 인하여 생긴 동기

　3) 칭의와 중생

4. 누드슨의 그리스도와 구원에 대한 견해

　1) 그리스도 안에 계신 하나님

　2) 형이상학적 자유와 하나님의 은혜

　3) 그리스도인의 삶

제5장
값없이 주시는 은총이 자유의지로
(From Free Grace to Free Will)

제5장
값없이 주시는 은총이 자유의지로
(From Free Grace to Free Will)

처음부터 메소디스트들은 연회로 모이면 그들의 토의내용을 구체적으로 기록한 회의록을 발행했다. 1745년도 회의록에는 큰 논쟁의 불씨가 내포된 몇 가지 기본적인 교리적 주장들을 담은 조항이 있었다.

"질문 23, 어느 점에서 우리가 칼빈주의와 같게 되었다는 것인가?
대답, (1) 모든 선은 하나님의 값없이 주시는 은총의 탓으로 돌리는 점에서, (2) 모든 선천적 자유의지(natural free will)와 은총에 선행하는 모든 능력을 부인하는 면에서, 그리고 (3) 인간의 모든 공로, 심지어 하나님의 은총에 의해 그가 소유하거나 행한 공로까지도 배제하는 면에서 그렇다."

이 회의록에 있는 다른 조항들은 다음과 같이 말하고 있다. 즉 "웨슬리와 메소디스트들이 하나님의 주권적 은총을 그렇게 철저하게 주장함으로 저들이 지나치게 칼빈주의에 치우치고 있는 것이 아닌지를 물어보는 것이 필요하다는 것을 알게 되었다."

1770년에 도덕폐기론(antinominian)적 칼빈주의자들과의 심각한 논쟁 중에 연회에서 나온 회의록들은 선행에 의한 칭의를 근본적으로 허용하는 것처럼 보였다. 그리하여 메소디스트 모임 도처에서 많은 반항이 일어났다. 1년 후에 모인 연회는 이들 이전의 회의록들을 해명하는 글을 다음과 같이 기록하였다. "우리는 행위에 의한 칭의의 교리를 거부한다. … 이전에 발표된 회의록들은 충분한 주의 없이 이루어진 것이다. … 우리는 엄숙하게 선언한다. … 우리는 오로지 우리의 주요, 구원자이신 예수 그리스도의 공로 외에는 어떠한 의지할 대상이나 의지할 자도 없다. … 우리가 행한 일들(our works)은 우리가 구원을 얻는 일에 있어 아무 공로가 없다. 처음부터 끝까지, 전체적이든 부분적이든 간에 우리의 행위는 조금도 우리의 구원과 관계가 없다."[209] 이들 논쟁에서 문제가 되고 있는 것은 하나님의 은총과 인간의 책임과의 관계였다. 이는 가장 핵심적인 신학적 문제들 가운데 하나이다. 이것이 바로 은총의 교리를 고찰하는 데 있어서 관심의 초점이다.

---

209) Wesley의 연회회의록은 Works, VIII에 실려 있다(p. 275를 보라); 두 번째 인용문은 Luke Tyerman의 *The Life and Times of the Rev. John Wesley*, M. A., III, 100에서 인용한 것이다. 몇몇 회의록에서의 신학적 주장들을 Colin Williams의 *John Wesley's Theology Today*, 57-71에 있는 것과 비교해 보라.

1. 웨슬리의 값없이 주시는 은총(Wesleyan Free Grace)

1) 하나님의 속죄의 은총(God's Atoning Grace)

웨슬리의 저서에는 속죄에 관한 상세한 진술들이 거의 없다. 속죄(Atonement)에 관하여 쓴 그의 논문이나 설교는 전혀 없다. 그렇게 된 이유는 아마도 "복음이 의미하는 바가 너무 광범하기 때문에 그를 한 편의 논문에 담기에는 어렵기 때문이었을 것이라고 셀(George Cell)은 생각한다."[210] 그러나 웨슬리에 있어서 속죄는 구속의 은총에 대한 근거로서 매우 중요하다고, 그는 속죄에 대하여 그의 저서 전체에서 자주 다음과 같이 언급하고 있다. "기독교 신학에 있어서 속죄의 교리만큼 더 중요한 것은 없다. 이것이야말로 기독교를 이신론(Deism)과 바로 구별하는 항목이다."[211]

존 데쉬너(John Deschner)는 그의 탁월한 연구에서 웨슬리의 기독론에 대해 세심하고도 주의 깊은 해석을 하고 있다. 그는 그 연구에는 웨슬리의 「신약성서주해」가 가장 가치 있는 풍부한 자원임을 깨달았다. 데쉬너는 그리스도의 사역을 예언자, 제사장, 왕으로서 하신 일을 설명하면서, 제사장으로서의 그리스도의 희생적 사역이 가장 근본적인 것이요, 그의 제사장적 직무가 그의 예언자적 직무와 왕적 직무를

---

210) George C. Cell의 *The Rediscovery of John Wesley*, 297, 313-21에서 셀은 속죄는 안셀름이 시도했던 그런 이성적인 증명의 대상이 아니라고 말한다. 그러나 그는 웨슬리가 안셀름의 의향을 충분히 공유하고 있다고 말한다.
211) Letters, VI, 297; I, 241; III, 351; Works, VIII, 277; 로마서 4:5에 대한 Notes(신약전서 주석)

결정한다고 설득력 있게 주장했다.[212] 웨슬리가 영국 국교회의 39개 조 신조에 담겨져 있는 정통적 속죄론인 배상설(Satisfaction theory)을 주장한다는 것은 모두가 일반적으로 동의하는 사실이다.[213]

속죄는 하나님의 정의와 자비를 잘 나타낸다. 하나님의 정의는 죄에 대한 것으로서 아마도 하나님의 "분노(wrath)"라는 말로 적절히 칭할 수 있을 것이다. 사람은 그 자신의 죄 그리고 아담의 죄 때문에 죽음의 형벌을 받게 되어 있다. 인간은 하나님께 무한한 빚을 지고 있으며, 그것을 되돌려 갚을 것이 아무것도 없다. 그러나 하나님은 정의로우신 동시에 자비로우시므로 인간을 구원하기 원하신다. 그러나 하나님은 자신의 정의를 위반할 수는 없다. 그리하여 죄는 처벌을 받아야 한다. 그러므로 하나님은 자신의 아들을 보내어 인간의 죄로 인한 벌을 받게 하심으로 구원의 길을 마련하신 것이다. 그리스도는 그의 고난과 대속으로 인간이 하나님께 지불해야 할 빚을 갚은 것이다. 웨슬리는 "그리스도께서 우리를 위해 행하셨으며 또한 고난 받으셨다."는 사실을 거듭 말하고 있다.[214] 속죄에서 하나님의 정의는 유지되며,

---

212) John Deschner의 *Wesley's Christology*, 77-9, 그리고 그 책의 IV, V, VI장을 보라.
213) Ibid., 5, 93, 152, 190; Paul W. Hoon의 "The Soteriology of John Wesley," 145; Harald Lindstrom의 *Wesley and Sanctification*, 60; William R. Cannon의 *The Theology of John Wesley*, 209; Lycurgus M. Starkey, Jr.의 *The Works of the Holy Spirit*, 118f. David C. Shipley는 "Methodist Arminianism," 242에서 Fletcher의 속죄에 대한 광범위한 논의는 부족하지만 그와 웨슬리는 모두가 "39개 신조에 내포된 속죄의 '배상설'에 무언 찬성을 보내고 있다."고 말한다.
214) Sermons, II, 430. 그리스도 안에 있는 인간의 구속과 관계가 있는 하나님의 사랑과 거룩의 속성을 시종 다루고 있는 Hoon의 "The Soteriology of John Wesley," 54-66를 보라. 하나님의 거룩하심에 대한 웨슬리의 강조는 Letters, II, 376; V, 284; IV, 321; III, 345; Works, VII, 266; 막 15:34, 히 5:7, 요 10:17-18, 마 25:34 그리고 롬 3:25-26에 대한 웨슬리의 신약성서 주해에 잘 설명되고 있다. "정의의 속성은 침해됨 없이 보존되어야만 한다. 우리 구주에 대한 참된 징벌의 고통이 있어야, 정의의 속성은 침해됨 없이 유지된다." 웨슬리의 구원에서의 하나님의 사랑에 대한 이

인간을 향한 하나님의 자비는 충분히 나타났다. 그리고 하나님의 아들은 모든 것의 머리로서 높임을 받으셨다.

그리스도의 속죄는 구원에 있어서 유일한 공로이며, 구원을 얻게 하는 "유효한" 근거이다. 모든 공로는 그리스도에게 있으며, 인간에게는 아무것도 없다. 웨슬리는 이 점을 구원을 얻기 위해서는 그리스도의 삶에 절대적으로 순응하여야 한다고 가르치고 있는 윌리암 로우(William Law)와의 서신에서 강조했다. 웨슬리는 그리스도의 의(Christ's righteousness)의 전가를 말하는 전통적 교리를 따르지 않았다. 웨슬리는 인간이 그리스도의 사역에 수동적으로 의지하고 자신의 의를 등한히 하는 도덕폐기론의 주장을 경계했다. 그는 그 대신 그리스도의 능동적 의가 아닌 수동적 의, 즉 그리스도의 복종과 죽음이 세상 죄에 대한 충분한 보상이 되었으며, 용서와 구원의 가치 있는 근거를 마련했다고 강조했다.[215]

웨슬리는 둘째 아담으로서의 그리스도에 대해 자주 언급하면서, 첫째 아담에 의해 야기된 황폐와 그리스도의 치료하시는 사역을 대조시킨다. 그리스도를 통해서 인간에게 생기는 이익은 대단히 중요하다. 원죄는 그리스도가 아니었다면 우주적 죽음을 가져왔을 것이다. 하나

해는 마 6:9, 10:29, 눅 15:32, 딤전 1:1, 요일 4:19의 주해와; Works, VI, 235, 250, 323에 잘 나타나 있다. George Cell의 *The Rediscovery of John Wesley*, 342에 있는 것과 비교해 보라. 그리고 R. W. Dale은 그의 "The Theology of John Wesley," in *Fellowship with Christ and Other Discourses*, 232에서 말하기를 "속죄의 실재 곧 그리스도의 죽음에서 하나님의 정의와 자비의 종합을 주장한 웨슬리의 발견은 하나님의 영감으로 받은 것으로, 감리교회를 창조하는 힘이 되었다."고 하였다.

215) Letters, III, 350ff., Sermons, II, 426ff. 벧후 1:1. 롬 1:17에 대한 신약 주석. 이들 두 사람 곧 웨슬리와 로우의 관계에 대해 폭넓게 고찰하기 위해서는 J. Brazier Green의 *John Wesley and William Law*(London: Epworth Press, 1943)를 점검해 보라.

님의 은총은 죽음의 선고를 유보시켰으며, 아담과 그의 자손의 생명을 계속하게 하였다.[216] 또한 웨슬리는 그리스도를 통한 하나님의 속죄의 은총이 유아의 원죄의 죄책을 말소시켰고, 그 결과 어린아이가 성년이 되기 전에 죽을 경우 그들은 정죄 받지 않는다고 주장했다. 이러한 확신은 그의 세례관을 일부 수정하는 것이며, 또한 칼빈주의의 유기(reprobation)의 논리를 부정하는 것이다.[217]

그가 아담의 죄와 그리스도의 속죄가 동일하게 우주적 영향을 끼쳤다고 주장하는 것은 웨슬리에 있어 하나의 문제가 된다. 즉 성인들은 과연 원죄의 죄책을 가지고 있는가? 아니면 그들도 그들을 위한 그리스도의 속죄에 의해서 죄책이 말소되었는가? 하는 문제가 제기된다. 이 점에 있어서 웨슬리의 후계자들 사이에서 많은 논쟁이 있는 것을 봐서도 이 문제에 대한 웨슬리의 정확한 입장이 무엇이냐를 결정하는 일은 어려운 문제이다. 왜냐하면 웨슬리는 가끔 아담의 죄로 인해 영원한 죽음을 선고받은 사람은 아무도 없다고 말했기 때문이다. 즉 그는 아담의 죄의 결과를 일시적이며 영적인 죽음에 속한 결과에만 한정하지 않았다.[218] 그러나 웨슬리에게 있어, 특징적인 것은, 선재은총이 없으면 죄인인 인간은 영원히 정죄를 받게 된다는 것이다. 일반적으로 속죄에 의한 원죄의 죄책의 말소는 자신의 죄에 대하여 또는 그들 안에 있는 은혜에 대해서 책임이 있기 전에 죽은 자들

---

216) Works, VIII, 277; Letters, VI, 239.
217) Sermons, II, 237-39; Works, IX, 303, 462; 그리고 Williams의 *John Wesley's Theology Today*, 115-22; Starkey의 *The Works of the Holy Spirit*, 90-94; Lindstrom의 *Wesley and Sanctification*, 28-30.
218) Works, IX, 286, 315; X, 236.

곧 주로 어린이들에게만 적용되도록 마련하신 것이요, 하나의 비상적인 조치라고 볼 수 있다.[219] 속죄를 통하여 얻어진 은총의 전체적인 섭리는 시간과 공간의 범위에 미친다. 그러므로 웨슬리는 훌륭한 미덕을 드러낸 이교도들과 기독교 이전의 사람들이 있음을 인지하고 놀라지 않았다. 비록 그들이 그리스도의 이름을 모를지라도, 그들의 선행은 그리스도의 보편적 은총에서 나온 것이다.[220] 모든 사람에게서 그렇듯이, 그들 안에서도 하나님의 선하심이 인간의 노력에 선행했던 것이다. 하나님은 인간이 멀리 이탈되어 있다 할지라도 그들을 모두 찾으신다. 이 확실한 웨슬리안의 입장은 하나님의 선행적 행위(divine initiative)와 인간의 책임과의 중요한 관계를 다룸에 직접 연결된다.

2) 선행적 은총

그리스도 안에서의 하나님의 구원의 활동은 절대로 인간에 의존한 것이 아니다. 다른 방법으로는 인간에게 구원이 주어질 수 없다. 사람의 힘으로는 구원을 얻을 수 없다. 은총은 하나님이 값없이 주시는 선물이다. 웨슬리는 자신의 내적 싸움을 통하여 이 기독교의 진리에 대

---

219) Ibid., IX, 268, 273, 303, 476; 롬 2:14에 대한 신약주석. Lindstrom의 *Wesley and Sanctification*, 28-37, 44-50.
220) 웨슬리는 "본래적 양심(natural conscience)"에 대하여 다음과 같이 기록하였다. "양심은 타고난 것이 아니다. 양심은 선천적으로 주어진 것이라기보다는 초자연적인 하나님의 선물이다. 양심은 자연적인 것이 아니다. 이는 하나님의 아들 곧 세상에 오셔서 각 사람에게 비취는 참 빛이신 하나님의 아들이다. 그러므로 우리는 모든 인간에게 말할 수 있다. "오! 인간이여, 자연이 아니라 그리스도가 그대에게 참된 선이 무엇인지를 보여 주었노라."고. Works, VII, 188; VI, 508-13; VIII, 277-78; Letters, VI, 214, 239; 요 1:9, 롬 1:19에 대한 신약 주석(Notes)을 보라.

한 흔들리지 않는 확신을 갖게 되었다. 그러나 이 값없이 주시는 은총이 그리스도 안에 있는 모든 공로를 마련한 것이라고 정의하는 것은 이 은혜의 독특성을 충분히 지적한 것이 못 된다. 웨슬리는 그의 "값없이 주시는 은총(Free Grace)"이라는 유명한 설교에서 "우리의 구원에 미치는 하나님의 은총 혹은 사랑은 값없이 모든 사람에게 그리고 모든 사람을 위하여 주시는 것"이라고 기록했다.[221] 이것은 우리가 여기에서 다루려고 하는 것의 단서를 제공한다.

"만인을 위한 은총"은 칼빈주의에 대한 웨슬리의 답이다. 대부분의 사람들이 필연적으로 멸망할 수밖에 없는 상황에 있는데, 그리스도의 사역이 은총을 입은 선택된 소수에게만 한정되어 있다고 생각할 수는 없다. 하나님은 모든 사람들이 당신께 나아오도록 초청하셨다. 웨슬리는 선택된 자에게만 한정된 제한적 속죄론에 반대하여 값없이 주시는 은총과 보편적 은총을 대담하게 말함으로써 그의 주장을 하나씩 정리해 나갔다. 만일 누군가가 구원을 받지 못한다면, 그것은 하나님이 그를 미워해서가 아니라 그가 하나님께 저항하기 때문임을 알아야 한다. 이 점에 있어서는 웨슬리의 후계자나 해석자들 모두가 의견의 일치를 보는 것 같다.[222]

---

221) Works, Ⅶ, 373. Curnock는 Journal, Ⅱ, 421n에서 Thomas Jackson은 말하기를 이 "Free Grace"라는 설교가 웨슬리의 말 가운데 가장 힘 있고 인상적인 것이었다고 하였다. Luke Tyeman은 그의 *The Life and Times of the Rev. John Wesley*, M.A. Ⅰ, 317에서 지적하기를 이 설교가 그가 발표한 설교 가운데 가장 힘 있는 설교였다고 하였다.
222) Journal, Ⅱ, 71, 177, 223; 또한 설교 "On Predestination", Works, Ⅵ, 225ff., 그리고 소책자 "Predestination Calmly Considered", ibid., 204-58, 또한 "What is an Arminian?" ibid., 358-61; 요 6:44, 롬 1:17에 대한 신약주석(Notes)을 보라. George Whitefield와 칼빈주의 메소디스트들은 은총의 보편성에 대한 일반 메소디스트의 주장을 따르지 않았다. 비록 그들이 영국에서는 보다 큰 활력을 가지고 있었을지라도 미국 감리교에서는 지속적인 세력이 되지 못했다. David

하나님의 은총은 값없이 모든 사람에게 주시는 것이다. 각 사람은 하나님의 선물인 선재은총을 받는다. 이 은총은 사람이 요청하기 전에 하나님이 모든 사람에게 주시는 은총이다. 이 선재은총을 받지 못하는 사람은 아무도 없다. 기독교인, 모하멧교도, 이교도, 가장 추악한 야만인들까지 "모두가 어느 정도는 이 선재은총을 소유하고 있다."[223]

다만 만일 사람이 "성령을 소멸"했다면 즉 선재은총의 역사를 거절하여 성령이 떠나게 되면, 그 사람은 은총 밖에 놓여있다고 말할 수 있다. 선재은총은 하나님이 맨 처음에 주시는 선물로서 사람이 거절할 수 없는 것이다. 인간은 그것을 갖지 않겠다고 할 수도 없다. 그러나 사람은 이 선재은총과 버둥거리다 결국 선재은총의 역사를 막을 수는 있다. 아니면, 사람은 선재은총의 역사를 따라 그리스도의 임재를 체험할 수 있다.[224]

이 선재은총이 수여됨으로 아담의 죄에 의한 속박 때문에 전적으로 결핍되어 있던 자유가 어느 정도 회복되었다. 웨슬리에게 있어서 은총에 의하여 자유가 회복되었다는 것은 철학적 착상이 아니며, 이

C. Shipley의 *The Drew Gateway*, 25(1955), 195-210에 있는 "Wesley and Some Calvinist Controversies"을 보라.
223) Works, VII, 345, 374: "인간에게 있는, 혹은 인간에 의해 행해지는 모든 선(good)은 하나님께서 시작하시고 또한 그것을 행하시는 분은 하나님이시다. 따라서 하나님의 은총은 값없이 모든 사랑 안에(free in all) 주어지는 것이다; 즉, 인간에게는 어떠한 힘이나 공로도 없으며 오직 하나님께만 있는 것이다. 하나님은 우리에게 그의 아들을 값없이 주셨으며, 이 아들을 통하여 모든 것을 우리에게 값없이 주신다. 또한 Sermons, II, 44n.
224) John Fletcher, Works, III, 442. 그는 웨슬리를 이렇게 해석한다.: "우리는 하나님의 형상과 은혜(favor)가 맨 처음 우리의 첫 조상에게 수여되었음과 같이 … 이들 혜택들은 처음에 아무런 대가없이 그리고 불가항력적으로 우리에게 주어졌다고 믿는다." … 나는 말한다. "이는 불가항력적으로 주어진 것이다. 왜냐하면 하나님은 우리가 구원의 은총의 능력을 받아들일 것인지 않을 것인지에 따라서 주신 것이 아니기 때문이다." Shipley의 "Methodist Arminianism," 187-91을 보라.

는 하나의 종교적 실재로서, 명백히 구원론적인 의도에서 나타난 실재이다. 웨슬리는 이 자유의 회복에 의해서 인간은 구원에 있어 책임이 있게 되었다고 말한다. 이로써 칼빈주의자의 논리를 반박할 수 있게 되었다. 웨슬리의 확신은 절대적이다: 그는 다음과 같이 말한다. "모든 사람에게는 초자연적으로 회복된 어느 정도의 자유의지가 있다. 그와 더불어 세상에 태어나는 모든 사람을 계몽하는 초자연적인 빛이 있다."[225]

이와 같이 선재은총은 자유와 더불어, 또한 인간의 부패하고 왜곡된 능력이 불가피하게 필요로 하는 빛을 수여한 것이다. 성령에 의해 조명된 인간의 양심은 옳고 그릇된 것을 분별할 수 있게 되었다. 인간의 본성이 새로워져서 하나님에 관한 것들을 어느 정도 볼 수 있게 되었다. 웨슬리는 그의 설교 "우리 자신의 구원을 성취함에 있어서(On Working Out Our Own Salvation)"에서 선재은총의 교리를 설명하면서 다음과 같이 말하고 있다. "하나님께서 모든 사람들 안에서 일하시매, 사람은 일할 수 있다! 할 수 있기에 필연코 해야 한다."[226] 그러

---

[225] 선재은총은 인간에게 어느 정도의 능력을 회복시켰다(Works, 229f.; IX, 273, 275, 294; VII, 228; VII, 52를 보라). 그리고 하나님을 지각하는 믿음을 회복시켰다(Works, VII, 188, 345; VI, 512; VIII, 106; 요 1:9, 롬 2:14에 대한 신약주석을 보라). J. Weldon Smith III은 *Religion in Life*, 34(1964), 799에 있는 글, "Some Notes on Wesley's Doctrine of Prevenient Grace"에서 다음과 같이 결론을 맺고 있다. 즉 선재은총은 2중의 의미를 가지고 있다. 전가된 은총(Imputed grace)으로서 선재은혜는 아담의 죄의 죄책을 감당하였지만, "믿음에 이르게는 못한다." 이는 그리스도와의 실존적인 만남에서 적극적인 은총(active grace)으로서 효과를 나타낸다. 이러한 그의 통찰은 유용하기는 하지만 적극적인 은총과 믿음 사이의 관계를 분명히 설명하지 않았다.

[226] Works, VI, 513. 웨슬리는 Works, VIII, 373에서 말하기를 "모든 사람에게 공통적으로 미치는 하나님의 선재은총은 비록 우리를 의롭게 하기까지는 않더라도 우리를 그리스도에게로 이끌어 가기에는 충분하다"고 하였다. Hoon은 그의 *The Soteriology of John Wesley*, 102에서 아래와 같이 설명한다. "하나님의 능력과 사랑을 확대하고 그리스도의 공로를 높이며, 인간을 낮추기 위해서, 웨슬리는 칼빈주의적인 경향을 따라, 구원은 하나님이 다 하시는 것이고 사람은 아무것도

므로 하나님은 구원의 은총에 대한 인간의 호응과 상관없이 사람을 구원하지 않으신다. 그리고 이 호응은 선재은총 때문에 가능한 것이다. 그러나 이렇게 말함으로 "접촉점"의 문제가 다 해결된 것은 아니다.

일반적으로 하나님의 은총과 인간의 자유와의 관계를 웨슬리안 해석자들은 두 가지 견해로 설명했다. 가장 우세한 입장은, 선재은총에 기초하여 인간은 하나님께 나아갈 수 있다는 것이다. 즉 선재은총이 의롭다함(Justification)을 받게 하는 믿음은 아닐지라도, 최소한도 회개를 할 수 있게 한다고 주장하는 견해이다. 인간이 자신의 구원을 이룸에 있어 책임이 있는데, 이는 자연의 힘에 의해서(by nature)가 아니라 은총에 의해서(by grace) 가능하게 되었기 때문이다. 좀 더 구체적으로 말하자면, 자신에게 부여된 선재은총을 무력하게 하는 것이 인간의 권한에 있기에, 인간이 구원을 받아들일 것인가 거절할 것인가는 인간이 결정에 달렸다고 말할 수 있다. 이와 같이 웨슬리는 진정한 신인협동설(synergism)을 말하고 있는 것이다. 이 협동은 하나님의 은혜에 근거한 사람의 호응을 말하기에, 이 협동은 스타키(Starkey)와 같이, "복음적 협동설(evangelical synergism)"이라고 부르는 것이 좋겠다.[227]

아니라고 말하게 되고, 또 다른 한편으로는 인간의 책임을 인정하고, 인간으로 하여금 그가 있는 곳의 위기상황을 알게 하기 위해서, 웨슬리는 인간이 하나님과 함께 일할 수 있고(can work), 또한 일해야만 한다(must work)."고 주장하였다. Starkey는 그의 The Work of the Holy Spirit, 122에서 말하기를, 웨슬리는 은총에 근거한 인간 책임을 주장함으로, 루터교의 신앙지상주의(antinomianism)와 가톨릭의 선행으로 인한 칭의(justification by works)라는 잘못된 개념에서 벗어났다고 하였다.

227) Starkey는 그의 책, The Work of the Holy Spirit, 116-23에 있는 "The Holy Spirit and the

그러나 구원에 있어서의 신인 협동설에 대한 이 '해명'은 웨슬리가 이해하는 것보다는, 사람에게 더 많이 달려 있다고 보는 것이 옳을 것 같다. 여기에서 우리가 이해하는 바, 웨슬리는 선재은총에 근거해서도 인간은 하나님을 바라며, 구원을 받기 위해 결정적인 일을 할 수 없다고 이해했다. 그러기에 칭의에 있어서 인간은 수동적이다. 인간은 구원을 자신의 노력으로는 얻을 수 없다고 철저하게 단념하고, 하나님의 은총에 전적으로 의지할 때에 비로소 구원을 얻는다. 인간이 저항을 그칠 때에 하나님은 그를 지배하실 수 있다. 인간은 더 이상 자신을 의지하지 않게 될 때, 거기서 벗어나 하나님을 의지한다. 이와 같이, 선재은총의 목적은 인간으로 하여금 하나님을 바라게 하는 것이 아니다. 오히려 선재은총은 사람으로 하여금 진정으로 자신의 진상을 알게 하며, 자신의 죄와 자신의 무력함을 깨달아 자신을 단념하게 함으로 하나님이 그의 삶의 모든 것을 지배할 수 있게 하는 것이다. 쿠쉬만(Cushman)의 표현을 인용한다면, 선재은총은 "절망을 통하여 의지의 무력함(the inactivation of the will through despair)"을 깨닫게 하는 것이다.[228] 웨슬리에게 있어서 회개의 본질은, 사람이

Human Will: Evangelical Synergism(co-Operation)"라는 항목에서 말하기를, 웨슬리의 신인협동설이 은총에 근거하고 있음을 분명히 하며, "우리는 웨슬리의 입장이, 하나님과 인간 모두가 하나님의 구속적 목적과 의지의 궁극적 지도하에서 일한다는 인지(recognition) 속에서 과거의 신인협동설에 대한 논쟁을 대체할 수 있다고 말할 수 있다."(122f.)고 말한다. 그의 연구에서 그는 시종 "복음적 협동설"(evangelical synergism)이라는 용어를 사용하고 있다. 웨슬리의 신인협동설에 대한 상세한 설명을 위해서는 Cannon의 *The Theology of John Wesley*, V장을 보라. Umphrey Lee의 *John Wesley and Modern Religion*, 161-73; S. Paul Schilling의 *Methodism and Society in Theological Perspective*, 50-52; Lindstrom의 *Wesley and Sanctification*, 93, 214; 그리고 Maximin Piette의 *John Wesley in the Evolution of Protestantism*, 362들과 비교해 보라.

228) William K. Anderson이 편집한 *Methodism*, 114에 있는 Robert E. Cushman의 글, "Salvation

회개를 통하여 하나님의 유일한 은총에 의해 구원을 얻게 하는 것이다. 전통적 의미에서 말하는 "신인협동설"이나 "신단동설"은 웨슬리에게 영향을 주지 않았다. 웨슬리의 선재은총의 교리는 독특한 것으로서 종교적 삶을 신학적으로 이해하는 데 영구적인 공헌을 하였다.

웨슬리에게 있어서, 회개는 칭의, 믿음에 앞서 있어야 하지만, 칭의를 받게 하는 직접 요인은 아니다. 회개할 때 구원에 필요한 믿음(saving faith)이 필연적으로 동반하는 것은 아니다. 인간의 집요함이 하나님을 지배하지 않는다. 하나님이 어떤 은총을 그리고 언제 주시느냐는 전적으로 하나님의 장중에 있는 것이다. "주님(Lord)의 능력은 조만간 임재하시어 믿음과 의로움을 주실 것"이라고 웨슬리는 말한다. 사람이 계속해서 절망의 고통 속에 있으면 마침내 "하나님께서,

---

for all; Wesley and Calvinism"을 보라. 여기서 Cushman은 설명하기를, "악(evil)으로의 의지에서 의 자유는 그 의지의 작용으로 이루어질 수 없다.… 그 의지가 기진맥진하여 죽어야만 한다."(p. 115)라고 말한다. "절망은 인간의 사악한 의지를 중화시키는 것으로서 이로 인해 인간의 저항이 그침으로 비로소 하나님이 효과적으로 활동할 수 있다"(p. 108). 절망을 통한 의지의 휴지(休止, inactivation)는 인간이 하는 것이 아니라, 인간 활동이 죽어야 오는 것이다. 결국 웨슬리는 자연과 은총의 실제적인 절대적 분리를 거절하기에 그는 예정론자(predestinarian)가 아니다(p. 115). "웨슬리와 칼빈주의자 간의 결정적인 차이점은 웨슬리가 믿음의 과정을 이론적인 과정에서도 보지만 체험적인 입장에서 보다 유리하게 보는 데 있다."(p. 105).

셸(cell)은 그의 책, *The Rediscovery of John Wesley*, 251에서 주장하기를, 웨슬리 신학에서의 자유(freedom)는 "초기 종교개혁에서 주장한 믿음(saving faith)의 교리를 논박하거나, 절충하거나, 반박하는 것이 아니었다고 하였다. 웨슬리에게 있어서 말하는 "신단동설은 하나님께 대한 우리의 절대적인 의존을 제외하고는 인간에게 도덕적 선의 능력이 없다"는 것이다.(p. 257). "구원하는 믿음에 대한 웨슬리의 교리는 … 구원에 있어서 하나님이 절대적이며, 인간은 아무것도 할 수 없다는 루터와 칼빈의 사고를 완전히 새롭게 한 것이다."(p. 271). Shipley의 "Methodist Arminianism," 277f.를 보라. 그는 여기에서 사람이 회개와 믿음으로 초기의 구원의 은총(선대은총)에 협력하는 것은 곧 "반대 없이" 하는 것이라고 기술하고 있다. 또한 184, 218-23을 보라. Hildebrandt도 그의 책, *From Luther to Wesley*, 173, 91-99에서 웨슬리가 선재은총을 신단동설적으로 설명한 것을 지지하고 있다.

자기의 기쁘신 뜻 가운데, 그의 탄원에 응답해 주신다."[229] 웨슬리의 모든 저서에는 감당할 수 없으며, 예측할 수 없는, 주권적인 은총의 특성들이 곳곳에 언급되고 있다. 선재은총은 인간의 사악한 의지를 무효화시키는 절망이 있게 한 다음에, 하나님이 의도하시고(to will) 행하고자 하는(to do) 하나님의 선하신 뜻을 나타낸다. 구원에 이르는 길을 단순한 것으로 쉽게 생각하는 것들은 웨슬리에게 용납되지 않았다. 웨슬리는 영혼이 하나님께 다가가기 위하여 얼마나 신음하며 비통하는지를 너무나 잘 알고 있다. 그런데 그의 일부 후계자들이 이에 대하여 너무나 쉽게 말을 말하고 있는 것이다.

3) 이롭게 하는 은총(Justifying Grace)

웨슬리, 종교개혁자들, 어거스틴(Augustine), 바울에 있어서는 은총의 교리가 다른 모든 교리들의 기초를 이루고 있다. 예수 그리스도 안에서의 하나님의 은총의 교리는 바로 구원의 복음 전체와 같은 것이다. 은총은 비인격적인 것, 즉 성례전에 의해서 객관적으로 전해지는 것이 아니다. 은혜를 주시는 분은 하나님이시다. 하나님은 "그 자신과 동떨어진 어떠한 것"도 주시지 않는다.[230] 은총은 인간이 죄인임

---

229) Letters, Ⅶ, 202; Sermons, Ⅰ, 258. Shipley는 "Methodist Arminianism," 115에서, 비록 인간이 믿음 안에서 하나님을 믿고 영접하지만 그는 하나님을 지배하지 않는다고 말한다. Hoon은 "The Soteriology of John Wesley," 88에서 기록하기를 웨슬리에게 있어서 은총은 모두 능력 있는 것(all-powerful)이지만 불가항력적인 것은 아니다.; 은총이 역사하는 데는 주체할 수 없는 변화(variation)도 있다. Works, Ⅵ, 280; Sermons, Ⅰ, 185; Ⅱ, 52; Letters, Ⅳ, 32, 321; Ⅶ, 202, 298을 보라.
230) W. T. Whitley가 편집한 *The Doctrine of Grace*, 323에 있는 H. L. Goudge의 글, "Some

에도 불구하고 사람을 용서하고, 사람과 화해하시며, 그들을 의롭다 하시며, 더 이상 분노와 형벌에 종속되지 않게 하시는 하나님의 의향(disposition)이다. 이것은 또한 내재적이고 영혼을 주관적으로 치유하며 영혼에 능력을 주시는 하나님의 역사(work)이다. 이는 성령의 사역에 의한 하나님의 사랑에서 이루어진다. 웨슬리에게 있어 은총은 하나님의 초월적 사랑에 의한 죄책의 용서와 성령의 내재적 역사에 의하여 죄의 부패성을 정복하는 능력인 것이다. 웨슬리가 강조하는 구원의 두 가지 초점인 칭의(justification)와 성화(sanctification)는 인간을 향한 하나님의 이중적 섭리에 대한 웨슬리의 이해에 근거하고 있으며, 또한 죄에는 죄책과 부패성이 포함되어 있다는 그의 이해를 반영하고 있는 것이다.[231] 하나님의 전체 사역인 구원은 오직 은총에 의한 것이다. 웨슬리는 올더스게이트 사건에서부터 생(生)의 마지막까지 이 종교개혁의 요지(구원은 오직 은총에 의한다)를 주장했다.

인간은 믿음을 통해서 하나님의 은총을 받는다. 이 믿음은 그 자

Notes on Grace"를 보라. N. P. Williams의 글, *The Grace of God*(New York; Longmans, Green and co., 1930), 22f. E. Dale Dunlap은 *Methodist Theology in Great Britain*, 38에서 주장하기를, 웨슬리안의 전통에서는 "엄밀히 말해 하나님의 은총을 말하지 않는다. 은총은 인간의 영혼 속에 있는 하나님이다. 따라서 은총은 어떤 '매개'(means)에 의해 주어지는 것이 아니다." 라고 하였다.

231) Works, VI, 509를 보라; "칭의에 의해서 우리는 죄의 죄책으로부터 구원되며 하나님의 은혜가 운데로 회복된다; 성화에 의해 우리는 죄의 힘과 뿌리에서 구원되며, 하나님의 형상을 회복한다." "메소디스트라 불리는 사람들은 하나님이 함께 묶어놓은 것을 떼어놓지 않으려고 조심한다. … 우리의 온전한 교리는 한편으로는 칭의를 충분히 제시하며, 다른 한편으로는, 마음과 삶의 온전한 성화를 주장한다(Works, vii. 205). Sermons, I, 41-45; II, 226f.를 보라. Starkey의 *The Work of the Holy Spirit*, 34-37; Shipley의 "Methodist Arminianism," 398-405에서는 웨슬리의 은총의 2중적 특성을 주의 깊게 요약하고 있다.

체가 하나님의 선물이다. 만일 믿음이 인간 자신의 일이라고 한다면 그는 그리스도보다는 자신을 신뢰할 것이며, "자기의 힘으로 한 행위와 미덕에 의해서 의롭게 되었다."고 생각할 것이다. 그러나 "예수 그리스도의 공로를 믿는 참되고 살아 있는 믿음"은 성령에 의하여 주어지는 은총의 선물이다.[232] 이것은 인간으로 하여금 하나님의 것을 보게 하고 그들의 증거를 통해 확신케 하는 인간의 영적 감각(spiritual senses)의 회복이다. "믿음은 하나님이 주시는 증거(divine evidence)이다. 이를 통하여 영적인간은 하나님을 인식한다." 이는 "영혼에 나타난 일종의 영적인 빛이며, 초자연적 통찰력 또는 그것에 관한 지각"이다.[233] 믿음은 또한 "하나님께 대한 확실한 신뢰와 확신"이며, 그리스도의 공로에 신뢰하는 것이다. 그것은 자기 안에 있는 모든 공로를 포기하고 하나님이 나타내신 하나님의 자비를 받아들이는 것이다. 믿음 안에서 그리스도의 사역은 인격적으로 직접 나타난다. 그 때, 그 죄인은 그리스도가 자기를 위하여 죽으셨음을 알게 된다.[234]

이러한 믿음을 통하여 인간은 의롭게 되고, 그의 죄는 용서받으며, 하나님의 사랑으로 회복된다. 이것이 웨슬리가 칭의에 관하여 명백하고도 적절하게 설명한 것이다. 인간은 칭의에 있어 의로워지는 것이

---

232) Works, Ⅶ, 361, 362; 롬 4:5, 그리고 요 6:44에 대한 신약주석. Letters, Ⅰ, 239; Ⅱ, 46; Ⅳ, 110, 220.
233) Works, Ⅷ, 4; Sermons, Ⅱ, 448.
234) Sermons, Ⅰ, 284f. 아마도 웨슬리의 올더스케이트 체험의 진수는 그가 이 믿음의 새 차원을 그 때 발견한 것이라고 말할 수 있다. 웨슬리는 그 때의 일을 일지에 다음과 같이 기록하였다. "나는 그리스도를 신뢰하였다. 구원을 위해 그리스도만을 신뢰하였다. 그리고 하나님이 나의 죄, 바로 내 죄를 용서하시고, 또한 죄와 사망의 법에서 나를 구원하셨다는 확신이 나에게 주어졌다."(Journal, Ⅰ, 476).

아니다. 칭의는 사법적인 처사로서, 그에 의하여 죄책이 사해진다. 분명한 것은 칭의는 의로워진 자들을 위한 것이 아니다. 칭의는 의로워지기를 원하는 죄인들을 위한 것이다. 칭의는 인간이 얻거나 성취할 수 없는 것이다. 칭의는 하나님의 값없이 주시는 은총으로서, 하나님이 인간의 죄를 용서하시고 그리스도 때문에 마치 의로운 것처럼 그를 받아 주시는 것이다.

4) 성결케 하는 은총(Sanctifying Grace)

웨슬리는 믿음을 통한 그리스도의 의의 전가가 실제적으로 죄인을 의롭게 한다는 것을 부인한다. 그리스도는 우리를 대신하여 의로운 것이 아니라 성령의 능력 아래 우리가 의로워지도록 그 기반을 마련해 주시는 것이다.[235] 웨슬리에 의하면 그리스도께서 우리를 위하여 행하셨기 때문에 우리는 죄에서 사함을 받는다. 동시에 그리스도께서 성령을 통하여 우리 안에서 행하시기 때문에 우리가 거룩해진다. 이와 같이 은총이 용서하시며 능력을 주신다는 것을 알 수 있다.

의인(Justification)과 시간적으로는 동시에 은총의 성화(중생 혹은 신생)의 역사가 있다. 똑같은 믿음의 행위에서 인간은 단순히 의롭다고(죄와 정죄로부터 자유롭다고) 선언되는 것이 아니라 실제로 의로

---

235) Works, Ⅷ, 49를 보라: "모든 공로가 우리를 위해 행하시고 고난당하신 하나님의 아들 안에 있듯이 모든 능력은 하나님의 영 안에 있다. 그러므로 모든 사람이 믿어 구원에 이르기 위해서는 성령을 받아야만 한다." 웨슬리의 설교, "The Lord Our Righteousness"(Sermons, Ⅱ, 423ff.)를 보라.

워지는 것이다. 곧 하나님의 형상으로 새로워진다. 종종 웨슬리 해석자들은 성화가 그의 신학 전체의 중심이라고 간주한다.[236] 웨슬리가 인간의 영혼 안에의 하나님의 역사를 이해함에 있어 가톨릭의 개념을 따라 성결의 삶을 크게 강조하고, 온 땅 위에 성서적 성결을 전하려고 했다는 것은 부인할 수 없는 사실이다. 그러나 윌리암(William)이 사람들이 웨슬리의 구원론은 가톨릭이 말하는 덕성과 선행에 대한 강조를 결합시킨 것이라고 주장하는 것은 웨슬리의 성숙한 사상을 잘 이해하지 못한 데서 나온 것이라고 한 말은 옳다. 도덕과 완전에 대한 웨슬리의 관심은 항상 개신교의 은총에 대한 그의 견해에 의해서 이해되어야 한다. 주목할 것은 웨슬리는 모든 중요한 고비마다 아주 지속적으로 은총을 강조했다는 것이다.[237]

이를테면, 신생, 중생, 성화, 온전한 성화, 기독자 완전은 모두가 다 믿음의 열매요, 하나님의 사랑의 산물이다. 그리고 그것들의 시작과 지속, 그리고 완성은 전적으로 그리스도의 속죄에 의존한다.[238] "성서

---

236) Lindstrom의 명저인 *Wesley and Sanctification*, 7-16에서 그는 말하기를, 웨슬리의 알미니아니즘을 강조하는 해석자들은 그의 성화의 개념을 두드러지게 역설하는 경향이 있다고 하였다. 예로서 Leger Piette, Rattenbury, Petri, Lee, Lindstrom 등이 그렇다. 그러나 웨슬리신학에 관한 보다 최근의 연구자들은 칭의와 성화의 양자를 강조하는 경향이 있다(예로서 Williams 같은 사람). 혹은 성령론(Starkey 같이)에나 기독론(Deschner 같이)에 우선적인 관심을 두고 있다. Hildebrant는 그의 책, *From Luther to Wesley*, 24에서 "칭의가 루터의 가르침의 중심을 차지한다면 웨슬리에게서는 이 자리를 성화가 대신하고 있다고 말한 Lindstrom의 말은 아마도 정확할 것이다."라고 인정한다. 그러나 그는 "이것이 본질적으로 단순한 접근의 차이라고 지나치게 강조한다거나," "복음자체에 반대해 복음을 나누고(divide) 그중의 하나로 다른 것을 뒤집어엎는 일"은 좋지 않다고 경고하였다. 웨슬리의 설교 "Satan's Devices", Sermons, I, 199; 또한 Letters, VII, 55를 보라; 용서와 사랑이 이 한 단어 '은총'에 포함되어 있다는 것은 얼마나 멋진 일인가! 긍휼(mercy)과 힘(strength)! 그러므로 칭의와 성화는 함께 엮어진 것이다.
237) Williams의 *John Wesley's Theology Today*, 174-76; 또한 Deschner의 *Wesley's Christology*, 99=197f.를 보라.
238) Works, VII, 41. "자기가 이미 받은 은총을 활용하는 자는 … 확실히 그 은혜를 유지할 것이다.

적 성결(scriptural holiness)"은 사실 웨슬리안의 으뜸가는 관심사이다. 성서적이라는 이 형용사는 성결의 역사의 근원과 모습이 성서에 있다는 것을 가리킨다. 곧 하나님의 은총은 성서에 기록된 구원의 계획을 통해 자유롭고도 완전하게 역사한다. 오로지 이러한 기초 위에서 온전한 성화와 완전에 대한 웨슬리의 주장은 그의 전체 입장과 일치한다. 성결은 도덕적인 성취가 아니다. 의(義)는 하나님께서 주시는 것이지, 사람에게서 나오는 것이 아니다. 하나님의 은총은 우리가 임의로 제한할 수 없는 것이다. 그렇기 때문에 온전한 성화는 우리가 죽기 전, 이 땅 위에 있는 동안에도 가능한 것이다. 이와 같은 값없이 주시는 은총의 역사는 충만하고 완전한 것이다. 이것이 값없이 주시는 하나님의 은혜의 또 다른 속성이다.[239]

신생(new birth)에서 죄의 세력은 제거된다. 죄는 여전히 남아 있으나 힘이 없어 지배하지 못한다. 신생은 "복음적 회개"와 믿음으로 이루어진다. 성화의 과정은 하나님이 그 위에 주시는 은총의 선물을 믿음으로 받아들임으로 시작되며 지속된다. 그러나 구원이 추구하는

그렇다. 하나님은 은혜를 계속해서 주시되, 보다 더 풍성하게 주실 것이다. 반면에 주신 달란트를 활용하지 않는 자는 아마도 그를 유지할 수 없을 것이다. 달란트를 활용하지 않는 자에게서는 그 달란트는 어김없이 그로부터 제거될 것이다." 또한 XI, 380; 요 3:3, 행 2:19, 롬 2:9에 대한 신약주석을 보라.

239) Starkey는 *The Works of the Holy Spirit*, 162에서 다음과 같이 말하고 있다. "웨슬리가 그리스도인의 삶을 이해하되, 이를 인간의 무능력보다는 하나님의 가능성이라는 견지에서, 인간의 두려움보다는 하나님의 약속이라는 견지에서, 미래에서라기보다는 성령의 인도와 위로 그리고 힘 가운데 지금 여기에서의 하나님의 승리적 현존이라는 견지에서 이해한 일은 오늘날 다시 주장되어질 필요가 있다." John Peter는 *Christian Perfection and American Methodism*, 185에서 "웨슬리는 인간의 본성에 대한 평가에 있어서 현실적이었다. 그럼에도 불구하고 그는 하나님의 은총의 구속의 효능이 여기까지만 미치며 그 이상은 미칠 수 없다고 말하는 그런 독단적인 주장을 거절했다"는 것을 환기시키고 있다.

목표인, 온전한 성화(entire sanctification)가 성화과정의 최종 단계가 아니다. 그리고 이는 인간의 노력에 의해서 이루어지는 것이 아니다. 온전한 성화는 하나님이 주시는 큰 믿음의 행위로 체험하게 되는 것이다. 이와 같이, 이 모든 믿음의 단계에서, 성화는 결코 정적인 소유물이 아니다. 오히려 성화는 하나님과 인간의 인격적인 관계에서 순간순간 유지되는 것이다. "우리는 매순간 우리에게 임하시는 그리스도의 능력을 느낀다. 그것에 의해서 우리는 영적 생활을 계속할 수 있다. 그리스도의 능력의 임재 없이는 우리가 현재 거룩하다 할지라도 우리는 다음 순간 악마와 같이 가련한 사람이 될 것이다."[240]

인생의 종착점에 이르러 인간은 믿음의 행위에 따라 보상을 받는다. "하나님은 처음부터 용서에서 성결로 그리고 천국으로 나가게 하셨다." 그리고 이 모든 것이 처음부터 끝까지가 은총에 의해 오는 것이다.[241] 이 구원의 시작은 하나님께서 하시는 것이다. 그리고 이 구원의 각 단계에서 하나님의 은혜가 효율적으로 역사한다. 그러나 구원은 결코 기계적이거나 비인격적인 방법에 의한다고는 생각지 않는다. 하나님의 영이 각 생명에 불어넣어진다. 이 영을 계속해서 보존하기

---

240) Sermons, II, 393: I, 95, 292; II, 217, 235, 382. Hildebrandt가 *From Luther to Wesley*, 182-95에서 기독자 완전(perfection)은 오직 은총에 의한 것이다-그것은 인간이 이루는 것이 아니라 끊임없이 부어주시는 그리스도의 선물이라고 주장하였다. 그리고 Peters의 *Christian Perfection and American Methodism*, 181-88, 218도 보라. 여기에서 Peters는 Wesley, Fletcher와 같이 Asbury도 기독완전을 나날이(day-to-day) 주시는 선물로 여기고 있다고 말하였다. "하나님은 결코 어제의 경험으로 오늘의 소유(possession)를 측정하지 않았다. … 그러므로 한날의 고백은 그 다음날의 청원이 되었다. 이것은 우유부단함이 아니라 열망이었다." 또한 Letters, V, 26, 69, 138, 188; VI, 91, 241, 339를 보라.
241) Sermons, II, 202. Works, X, 307, 320, 388, 431, 444. 마 12:37, 롬 2:11, 고전 1:7, 히 4:2에 대한 신학주석, Shipley의 "Methodist Arminianism," 259-68, Deschener의 *Wesley's Christology*, 177-86.

위해서는 기도와 찬양, 예배를 통하여 하나님께 그것을 되돌려 보내야 한다.

지금까지의 것을 요약하자면, 웨슬리 신학을 해석함에 있어 열쇠가 되는 하나님의 "값없이 주시는 은총"은 다음과 같은 뚜렷한 특징들을 지니고 있다.

(1) 은총은 선물이다. 즉 하나님이 그리스도 안에서 역사하심에 근거한 선물이다.

(2) 은총은 값없이 모든 사람들을 위해 주신다. 즉 그리스도의 속죄는 모든 사람을 위한 것이다.

(3) 은총은 하나님이 값없이 모든 사람 안에 주신다. 즉 선행적 선(prevenient goodness)은 모든 사람을 인도하며 강하게 한다.

(4) 은총은 구원을 위해 값없이 주신 것이다. 즉 구원은 공로나 업적과 관계없이, 사람이 은혜로 인하여 믿음으로 구원 받는 것이다.

(5) 은총은 온전한 구원 곧 온전한 성화, 그리스도인의 완전에 이루도록 값없이 주신다.

웨슬리가 값없이 주시는 하나님의 은총에 대하여 위에서 설명한 것과 똑같은 말로 설명을 전개하지는 않았으나, 이렇게 설명하는 것이 웨슬리의 구원에 대한 입장을 왜곡한 것은 아니다. 우리는 웨슬리의 후계자들이 이런 특징들을 어떻게 관찰했는지를 살펴보고자 한다.

2. 왓슨(Watson)의 예수의 대속과 그 혜택에 대한 견해

리차드 왓슨은 그의 저서에서 그리스도의 속죄가 웨슬리 신학의 중심교리라는 것을 강하게 주장하고 있다.[242] 그의 「신학강해」(the Institutes)에서는 속죄론에 대한 언급이 거의 1/5가량을 차지하고 있으며, 다른 어떤 신학적인 문제보다 더 많은 부분을 차지하고 있다. 이러한 현저함이 웨슬리 자신의 견해를 반영하는 것이기에, 왓슨은 이에 대한 변증을 하게 되었다. 왓슨은 속죄에 관한 자신의 입장을 체계적으로 설명하기보다는 속죄를 부정하는 쏘시니안들(Socinians)과 속죄를 제한하는 칼빈주의자들을 반박하는데 더 많은 관심을 두고 있었다. 그러니 그는 속죄로 인하여 주어시는 그 혜택들에 대하여는 의심한 적이 없다. 명백히 그는 그리스도를 통한 하나님의 사역을 중요시했다. 이런 하나님의 사역은 칭의와 성화 그리고 영생에 있어서 두드러지게 나타난다고 했다. 그의 은총론은 타락하고 죄에 빠진 인간이지만 그는 또한 하나님이 주시는 구원을 받아들이거나 거절하는 데 대한 책임이 있음을 주장할 수 있게 했다. 왓슨의 은총론에 대한 변증적인 관심은 본질적으로 웨슬리에게 충실한 것이었다.

---

242) Dunlop은 "Methodist Theology in Great Britain," 100에서 다음과 같이 진술하였다. 초기 메소디스트들의 전체적인 신학적 작업(enterprise)은 "복음주의적 열심에 의해 시작되었다." "그들은 영혼의 구원을 열망하였으며, 구원은 그리스도의 속죄의 실재와 효능에 근거한 것이었다. 속죄는 그들 신학의 핵심이었으며, 그들 설교의 주제였다. 그리고 속죄는 그들의 기독교 생활과 영광의 희망에 대한 실제적인 근거였다." 또한 214f.를 보라. Outler의 "Lecture in Methodist Polity"(Yale, 1951), 4-7; Deschner의 *Wesley's Christology*, 3-5; 그리고 Watson의 *Sermons*, I, 348도 보라: "속죄의 희생으로서의 그리스도의 죽음은 참된 기독인의 영광이다. 그것은 기독교라는 녹문(錄門, arch)의 종석(宗石, keystone)이다; 그러므로 우리는 그리스도의 속죄를 의지한다."

1) 모든 사람을 위한 그리스도의 대속(Universal Atonement)

속죄의 본질에 대한 왓슨의 견해에 대해서 마일리는 말하기를 "왓슨의 속죄에 대한 견해는 분명하지 않다."고 했다.[243] 마일리가 걱정한 것은 왓슨이 속죄의 도덕적 통치설을 분명하고 확고하게 주장하지 않고 그가 빈번히 배상설(Satisfaction theory)에 빠지는 것 때문이었다. 마일리의 의도는 왓슨이 속죄의 통치설이 아니라, 배상설을 더 중요하게 여기는 것을 막는 것이었다.

왓슨은 예수의 속죄를 하나님의 통치라는 관점에서 설명했다. 이는 다음과 같은 것을 전재한다. 첫째, 하나님의 율법이 있다. 곧 하나님께서 사람을 자기의 뜻에 순종하도록 이끌려는 하나님의 율법이 있다. 둘째, 인간의 자유, 곧 사람에게는 그 법을 따르거나 불순종할 수 있는 자유가 있다는 것을 전제한다. 하나님께서는 사람들에게 그 법을 순종하도록 종용하셨으며, 또한 불순종 할 때는 무서운 형벌이 있다는 것을 제시하시므로, 사람이 그 법을 범하는 것을 막으려고 하셨다. 그러나 사람이 죄를 범하매, 그는 하나님의 뜻에서 벗어났으며, 하나님이 말씀하신 그 형벌을 받게 되었다. 하나님은 자비로우셔서, 사람이 멸망하는 것을 원치 않으시지만, 하나님의 정의를 유지하기 위하여, 하나님은 도덕적 통치를 따라 죄를 벌하여만 했었다(II, 91-94).

하나님은 인간의 회복을 위하여 그 근거를 마련하셨다. 곧 그리스도께서 인간의 죄에 따른 형벌을 예비적으로 대신 지게 하셨다. 이 일

---

243) Miley의 *Systematic Theology*, II. 168.

을 성경은 화목제물(Propitiation), 화해(Reconciliation) 또는 속량(Redemption)이라는 말로 표현하여, 하나님과 사람 사이에 있는 적대 관계가 있었으나, 하나님의 진노가 떠나고 곧 속량되고, 그 결과 정확하게 속전 또는 속량의 대가가 지불되었다는 것을 가리키고 있다(II, 123). 이와 같이 왓슨은 하나님의 정의와 하나님의 법의 권위라는 관점에서 예수의 속죄의 객관적 의미를 강조한다. 왓슨은 하나님의 법을 위반하였을 때에, 거기에는 양자택일의 길이 있음을 말했다. 즉 범죄는 도덕적 통치를 붕괴하는 것이기에 위반자들이 벌을 받거나, 그렇지 않으면 고귀하고 영화로우신 분의 대신 죽으심으로, 그분을 통하여 용서가 마련되고, 그의 손에 의하여 죄로 버려진 자들의 도덕적 회복의 길이 마련된 것을 받아들이는 실이다(II, 139). 예수의 속죄를 이렇게 보는 견해는 웨슬리에서 크게 벗어난 것이 아니다.

왓슨은 웨슬리안 전통을 따라 그리스도의 행하신 의(Active righteousness)가 (전가됨으로 또는 그리스도가 사람을 대신하여 행하였음으로) 사람이 법을 순종할 필요가 없게 되었다는 이론을 반대하였다(II, 140f). 다시 왓슨은 웨슬리와 같이, 예수의 속죄를 말함에 있어, 죄책에 대한 형벌이 부당하게 순진한 어린이에게 부과되어 있었다고 하는 주장을 부정하였다. 그리스도는 저주받고 무력한 인간을 위해 스스로 대신 고난을 당하신 것이다.[244]

---

244) Sermons, II, 180, 190-99; I, 332-37; Works, VIII, 428ff. 538ff. Dunlap의 "Methodist Theology in Great Britain," 108-10과 비교하라. Dunlap은 거기서 말하기를, 왓슨은 그리스도의 대속적인 희생적 죽음, 곧 예수 속죄의 중심은 인간 죄를 위한 속량(expiation)을 강조하는 안셀름을 따랐다고 하였다.

그러면 그리스도께서 하신 일은 누구에게 통용되는가? 이 문제에 대하여 왓슨은 많은 논리를 펼쳤다. 왓슨은 그리스도가 하신 일은 모든 사람을 위한 것이라고 강조하며, 모든 칼빈주의자들이 이는 제한된 자들만을 위한 것이라고 주장하는 것을 애써 반박하였다.

그의 주장은 주로 성서에 기초하여, 그리스도가 "온 세상의 죄를 위해 죽으셨다"고 명백히 주장했다. 성서에는 "그리스도가 온 인류를 위해 죽지 않았다고 말하는 본문은 어디에서도 찾아볼 수" 없다. 그리스도는 모든 사람을 위하여 행하셨고 모든 사람을 위하여 죽으신 것이다(288f). 왓슨은 칼빈주의에서 사용하는 성서적 용어들 즉 하나님의 선택, 소명, 예지 등의 의미를 바로 이해하면, 하나님의 구원을 제한하게 되는 것이 아니라 오히려 속죄의 보편성을 지지하게 된다고 주장했다(Ⅱ, 289-361). 따라서 그는 「신학강해」에서 거의 200페이지에 걸쳐 하나님의 은혜의 보편성을 주장했다.

왓슨은 속죄의 보편성에 대해서, 웨슬리가 그리스도의 사역의 보편성뿐만 아니라 선재은총에 의해 회복된 인간의 자유의지를 주장함으로 속죄의 보편성을 주장한 것보다, 더 두드러지게 강조했다. 비록 왓슨이 선재은총을 크게 중요시하지 않았을지라도 그것을 무시한 것은 결코 아니다.

2) 은총과 자유의지(Grace and Freedom)

예수의 속죄의 일반적 혜택은 인간이 바라는 것과 상관없이, 그리고 어느 누구도 제외됨이 없이 성령에 의해 모든 사람에게 수여되어 있다. 이 선행적 은총 곧 하나님의 영향(influence)은 모든 일반섭리와 특별섭리 그리고 이른바 "자연적 능력(natural virtues)"의 근거(ground)이다. 이 선행적 은총은 죄 많은 사람들의 어리석음을 질책한다. 즉 이 은총은 죄인들을 찾아가서 그들의 삶을 개선시킨다. 이 은총은 아담이 즉시 죽게 되는 것을 면하게 했으며, 사람들이 그들 죄의 직접적인 결과로 받을 육체적 죽음의 형벌을 면할 수 있게 하였다. 이 은총이 유아기에 죽은 자들이 영원한 신의 저주로부터 안전하게 한다.

이 은총에 근거하여 인간은 자유를 회복하여, 그가 부패한 상태에 있음에도 불구하고 구원을 받아들이거나 거절할 수 있게 된 것이다.[245]

일반적으로 웨슬리안의 신학뿐 아니라 왓슨의 신학을 이해하기 위해서는, 선재은총이 그 뒤에 오는 은총 곧 의롭게 하는 은총 그리고 성결케 하는 은총과 어떻게 연결되는 지를 확인하는 것이 절대 긴요하다. 왓슨은 타락한 인간이 단지 죄를 범하는 일에만 자유로울 뿐이라고 주장하는 일에 있어서는 메소디스트들은 칼빈주의자들과 똑같고 다르지 않다고 말한다. 그러나 하나님의 은혜로운 영향 아래서 인간은 선을 선택할 수 있다고 하는 것이 성서의 견해이며, 성서는 그런 의미에서 "전반적으로" "인간에게 책임이 있다는 교리"를 지지하고

---

245) Works, VII. 227, 237, 346f. Sermons, I, 361, 415; II, 56f, 87, 362f.; 그리고 Institutes, II, 207, 83ff.

있다.²⁴⁶ 만일 선재은총이 충실하게 응해진다면, 이 선재은총은 더 깊은 은총으로 이어져 구원을 받게 할 것이다. 그러나 선재은총을 거부한다면, 성령은 궁극적으로 분노하여 "그의 도움을 철수하게 될 것이며" 심지어는 "더욱 죄가 크고 위험한" 상태로 빠지는 것을 허용하게 될 것이다(Ⅱ, 87; Ⅰ, 221).

왓슨은 때때로 은총이 불가항력적인 것이며 인간은 단지 그 능력에 수동적일 뿐이라는 사실을 인정한다. 게다가 불가항력적 은총의 교리에 대한 증거들도 있다. 성령의 일반적인 영향(곧 선재은총)은 인간의 바람이나 그 추구와 상관없이 각 사람에게 주어진다. 더구나 이 구원의 은총을 처음으로 받을 때에는 인간은 수동적이며 하나님은 아무런 방해를 받지 않고 역사하신다. 그러나 바울의 경우에서와 같이 항상 "불가항력적인 영향이 모두 갖춰지고, [인간] 자신의 행위가 시작하려고 할" 때가 있다(II, 448). 구원의 은총은 인간이 수동적으로 받는 것이라고 주장하는 일에 있어서 왓슨은 웨슬리의 깊은 식견에 가깝다.²⁴⁷

그러나 계속해서 왓슨은 이 선재은총이 인간의 자유의지를 무효로 하지 않는다고 말한다. 선재은총은 강제로 역사하지 않는다. 사람을 설득한다. 성령은 우리에게 선한 욕구와 결심, 그리고 열망을 주시지만, 우리는 이를 거부할 수도 있다. 그러나 인간은 은총의 힘 안에서, 우리를 위한 하나님의 뜻에 순응할 수 있는 능력이 있다. 하나님

---

246) Works, VII, 255; Sermons, II, 110-12, 312-14.
247) Works, V, 411ff., 434ff.; VI, 354; Sermons, II, 314, 418.

은, 비록 인간이 수동적인 존재이기는 하지만, 홀로 우리를 위하여 무엇을 정하거나 행하시지는 아니하신다(Ⅱ, 448f.). 하나님은 인간에게 선을 추구할 수 있는 힘을 주신다. 그러나 하나님이 인간 대신 친히 선을 행사하지는 않는다. "이러한 능력의 자유로운 사용과 적용이 인간이 책임 있는 존재라는 것을 말해 주는 것이다. … 이러한 가정 위에서 죄인은 더 이상 자기의 힘으로 자신을 구원할 수 없으며, 죄인은 오히려 그리스도의 요청에 그의 힘없는 손을 내밀어 응함으로 치유함을 받는 것이다." 신비한 방법으로, 하나님은 자신의 힘을 "인간의 도덕적 본성을 파괴하지 않으면서, 인간의 자유와 결합시킬 수 있었다." 믿음의 사람들은 "하나님의 도움과 인간의 행위와의 관계에 관한 논쟁"이 이렇게 해결된 것을 잘 알 것이다. 이런 설명이 적합할 것이다. 이는 "철학적으로가 아니라, 실제적인 면에서 진실로 적합한 논리이다."[248]

하나님의 은총이 신앙생활에 있어서의 인간의 노력을 대신하지 않는다(Ⅰ, 223).

그와는 반대로, 하나님의 은혜는 단지 인간으로 하여금 일하도록 격려한다. 왜냐하면 하나님의 격려가 없이는 인간의 "노력은 희망이 없을 것이기 때문이다." 인간은 이 하나님의 격려를 받아 두려움과 떨림으로 자신의 구원을 이루는 것이다.

선재은총은 하나님으로부터 소외된 죄인의 관계를 완화시키거나,

---

248) Sermons, Ⅱ, 112; Ⅰ, 392; Ⅱ, 128. Dunlap은 "Methodist Theology in the Great Britain," 151n.에서 주장하기를, 왓슨의 "협력적" 은총의 개념은 "선재은총에 의존한 것이다. 이를 Melanchthonian 신인협동설로 이해하면 안 된다."고 하였다.

인간을 대신하여 공적을 세워주는 것도 아니다. 하나님은 선재은총을 통하여 죄와 타락 가운데 있는 인간을 회개와 믿음으로 이끌기 위해 사람과 겨루신다.[249]

그러므로 은총 안에서의 자유(freedom-in-grace)는 칼빈주의에 대항하는 방벽이 된다. 이것이 성서와 경험에서 풍부하게 입증되고 있는 구원의 조건적 요소이다. 이러므로 하나님의 의로우신 성품이 지켜지며, 그리스도의 사역의 효력과 필요성을 시인하게 되고, 인간이 구원을 받을 수 있을 뿐 아니라 구원에 있어 책임 있게 만들게 된다. 동시에 이는 인간의 모든 공로는 부정하고 구원은 전적으로 값없이 주어진 은총의 일로 만든다. 왓슨은 인간의 자유는 예수의 속죄의 은총에 기초한 것이라고 주장함으로 참된 웨슬리안의 특색을 나타내고 있다.

비록 왓슨이 종종 선재은총을 "성령의 영향"이라고 불렀지만, 그런 변화가 웨슬리의 기본적인 확신에서 벗어나게 한 것은 없다. 그러나 선재은총에 의한 영적인 것에 대한 조명과 견해는 웨슬리만큼 탁월하지 못했다. 선재은총은 사실상 왓슨이나 웨슬리에게서 같은 의미를 가지고 있었지만, 왓슨에게서 선재은총이 덜 강조된 것은 사실이다. 그것은 왓슨에게는 선재은총이 그의 신학 전체의 결정요인으로서는 덜 중요했기 때문일 것이다. 보다 자세한 연구가 이러한 암시를 충분히 확인해 줄 것이다.[250]

---

249) Sermons, I, 449, 140; II, 238; Works, VII, 253-55; *Conversations for the Young*, 239.
250) Dunlap은 그의 "Methodist Theology in the Great Britain," 477f에서 아래와 같이 결론을 맺는다. 왓슨과 클라크의 신학은 "중요한 웨슬리안 선재은총의 교리"에서 "웨슬리의 신학과 다

3) 은총으로 말미암는 구원(Salvation by Grace)

구원에 대한 논의에 있어서, 왓슨은 자신의 기본입장(heritage)에 매우 충실하였다. 왓슨에 의하면, 회개로 하나님께 처음 나가는 일은 "마음속에 있는 성령의 역사"로부터 일어난다. 왓슨은 인간이 하나님의 은총을 벗어나서는 회개할 수 없다고 했다. 그러나 그는 말하기를 하나님은 사람의 동의 없는 회개를 의미하는 것이 아니며, 회개는 인간의 동의 없이는 안 되는 것이라고 철저히 주장한다. 성령은 인간과 겨루어 마침내 인간이 자기의 타락한 상태를 알고, 절망 속에서 도와달라고 외치게 한다.[251] 그러나 회개는 단지 하나님을 영접하고 깨끗해지기 위한 예비 단계이다. 기독교의 구원은 홀로 회개만으로 용서를 받고 거듭나는 것이 아니다. 기독교의 구원을 믿음을 통하여 받는 것이다. 믿음이 구원의 필수적인 조건이다(Ⅱ, 96-102).

왓슨은 믿음의 본질을 묘사함에 있어서는 밀접하게 웨슬리를 따르고 있다. 믿음에는 두 가지 요소가 언급되었는데, "첫째는 동의(同意) 또는 설득의 요소이고, 둘째는 확신 혹은 신뢰의 요소이다"(Ⅱ, 243). 첫째 요소가 왓슨에게는 보다 이성적인 것으로, 그에게 있어서 믿음

르다." "선재은총을 말하고 있는 것은 사실이나, 그 수용에 있어서는 웨슬리보다 훨씬 덜 중요한 것으로 나타나 있다. 왓슨과 클라크에게 있어서는 이 선재은총보다 더 중요한 것은 협력적 은총(cooperant grace)에 대한 뚜렷한 강조이다. 이것은 인간의 자유의지와 그 '행함'을 더 강조하는 그들의 특성을 나타낸다. 여기에 구원에 있어서 하나님의 은총과 그 주도권에 대한 강조로부터 인간의 행위와 그 역할을 강조하는 것으로의 그 변화의 증거가 있다. 이것은 펠라기안주의(Pelagianism)와 소시니안주의(Socinianism), 그리고 인본주의적인 도덕적 전망(humanistic-moralistic perspective)에 대한 문을 열어 놓았다." 150f를 보라.
251) Works, Ⅵ, 346; see 339-46; Sermons, Ⅱ, 356f, 399, 409.

은 계시종교의 진리에 대한 하나의 동의이다. 그러나 그는 이 지성적 행동이 마음의 사역(a work of heart)에 의해 보충되어야 한다고 말한다. 따라서 "참 믿음은, 그리스도의 속죄와 하나님의 약속에 대한 인격적인 신뢰이다. … 그리고 만일 이러한 참 믿음에 기독교 진리에 대한 신뢰가 따르지 않는다면, 잘못은 우리 마음에 있는 것이다."[252] 믿음은 하나님께 대한 인간의 자연적인 응답이 아니라 성령께서 인간의 마음과 양심에 역사하심으로 하는 지적인 동의이다. "칭의에 있어서의 믿음의 역할"에 대한 견해는 우리가 칼빈주의자들과 "의견을 가장 일치하는 부분들" 중의 하나라고 왓슨은 말하고 있다.[253]

믿음에 기초한 칭의는 죄인들이 받아야 할 형벌을 면제해주는 죄의 용서와 사면을 말한다. 칭의는 "하나님이 하시는 일이다. 곧 하나님이 모든 과거의 죄를 용서하고 죄인들을 은혜의 자리로 받아들이며 인간을 바르고 의로운 자로 대하시는 것이다."[254] 이러한 이해는 칭의에서 그리스도의 의의 전가에 의해 인간이 바르고 의롭게 된다는 그릇된 생각을 배제한다. 의에 대한 믿음의 전가는 오직 그리스도를 믿는 믿음을 통해 인간의 죄가 용서받고 하나님의 사랑은 받는 자리로 회복되어지는 것을 의미한다(Ⅱ, 213-42). 이와 같이 왓슨은 웨슬리와 전적으로 일치한다. 두 사람은 모두 불의한 도덕폐기론자들에게서 나온 그릇된 견해에 일침을 가하고 있다.

칭의는 죄에서 사함 받고 용납되는 것, 곧 용서와 양자됨

---

252) Sermons, Ⅱ, 387-90, 109; Ⅰ, 120, 337; Works, Ⅴ, 414.
253) Works, Ⅶ, 195, 223ff.
254) Sermons, Ⅰ, 289; *Conversations for the Young*, 59, 231.

(adoption)을 말하는 것이다(Ⅱ, 212). 칭의는 하나님과의 객관적 관계의 변화를 의미한다. 곧 죄인의 관계에서 아들의 관계로 변화되는 것을 말한다. 의롭다함을 받는 믿음의 행위는 인간 내면의 본성을 갱신하기 시작한다(Ⅱ, 267). 칭의는 죄의 죄책과 그에 따르는 형벌을 제거한다. 중생은 인간에 대한 하나님의 성령의 회복을 의미한다. 이 성령의 회복은 부패의 세력을 깨뜨리고 인간으로 하여금 점진적 성결의 삶을 살 수 있는 능력을 주신다. 중생은 죄의 속박으로부터의 해방인 동시에 하나님을 기쁘시게 하는 모든 선한 일들을 행하게 하는 능력이다.[255] 분명히 이러한 인간 본성의 재창조는 오직 하나님에 의해서만 이루어질 수 있는 것이다.

계속해서 왓슨은 중생(혹은 신생)이 성화의 과정의 시작이라고 말한다. "이전의 마음의 부패성은 남아 있으나" 그것들이 인간의 "내적 습성(inward habit)"은 아니다. 그 부패성은 이제 "더 이상 지배할 수 없다"(Ⅱ, 269). 비록 죄의 뿌리가 남아있기는 해도 죄의 세력은 깨어진 것이다. 하나님의 더 추가된 은총의 사역으로 인하여 인간은 "모든 영적인 부패와 마음의 타락 [그리고] 의식(senses)의 방종으로부터"

---

255) 중생은 "성령의 역사에 의한 인간의 큰 변화이다. 이 중생으로 인해 일찍이 죄가 그를 지배하던 자연적 상태나 그의 참회에 맞선 한탄과 투쟁은 무너지고 사라져 버림으로, 이제는 그는 전적으로 의지의 선택과 올바른 사랑의 힘으로 하나님을 자유롭게 섬기게 된다."(Institutes, II, 267; 또한 Sermons, II, 33, 413f.을 보라). Dunlap은 "Methodist Theology in the Great Britain," 133에서 왓슨과 초기 메소디스트들의 속죄의 의미를 이렇게 요약한다.: "메소디스트들의 속죄의 핵심은 하나님을 향하여 무엇을 하는 일에 있지 않고, 속죄가 인간에게서 행해지는 것에 있다. 속죄의 근본적인 중요성은 그것이 칭의(혹은 중생)에 관련된 것보다는 성화에 관련된 것이다. 속죄는 관계적이다-속죄가 목적하는 것은 인간을 하나님께서 창조하신 부자지간의 관계로 회복시키려는 것이다. 곧 그 관계 회복 자체이다. 그리고 보니 속죄의 목적은 성화와 기독자 완전에 있다고 할 수 있다."

해방된다(Ⅱ, 450). 성화의 과정은 점진적이며, 그리고 "하나님의 약속을 믿는 믿음의 행위에 따른 열매"이다(Ⅱ, 455). 이 성장의 과정과 순간적 역사는 은총의 사역으로서, 이는 믿음으로 받아들이는 것이다.[256] 온전한 성화(entire sanctification)는 그리스도의 사역과 상관없는 것이 아니다. 온전한 성화는 성령의 역사와 함께 하는 그리스도의 사역에서 비롯되는 것이다.(Ⅱ, 169, 456).

구원의 최종 목적은 영생이다. 그리스도를 영접하는 자들에게는 그들이 죽은 후 영혼이 축복의 상태로 바로 들어가 마침내 영생으로의 부활에 이르는 약속이 있다(Ⅱ, 457). 의롭다함을 받고 성화된 자는 궁극적 은총의 선물인 영화에 다다른다. 그리고 인간은 자신이 한 일들에 대하여 "이차적이며 부수적으로" 상급을 받게 된다. 이 상급의 절대적인 근거는 그가 믿음으로 받아들인 그리스도의 사역이다(Ⅱ, 263ff.).

3. 마일리의 구속에서의 하나님이 하시는 일에 대한 견해 (Miley on the Divine Activity in Redemption)

19세기 미국 감리교에서의 은총론에 대한 변화는 존 마일리의 신학에서 가장 명료하고 조직적으로 나타났다. 레이몬드(Raymond)와

---

256) Peters는 기독자 완전에 대한 그의 연구 *Christian Perfection and American Methodism*, 109에서, 말하기를, 비록 왓슨이 "웨슬리안의 강조점들을 부인하지는 않았지만," 그는 점진성을 강조함으로써 "성화를 중생의 교리와 합변시키는 경향이 있다고 했다.

랄스톤(Ralston)은 속죄의 교구설(rectoral theory)에 대단히 개방적이었다. 웨돈(Whedon)과 브레드소(Bledsoe), 레이몬드와 웨이크필드(Wakefield)는 인간의 도덕적 존재(moral agency)에 관하여 메소디스트가 채용한 견해를 전폭 지지하고 있다. 1840년부터 1900년까지의 거의 모든 감리교 신학자들은 칭의와 성화의 교리를 동일하게 취급하고 있다. 그러나 마일리에게서 이러한 모든 발전들이 적당하게 그리고 논리적으로 설명되며 일관되게 표현되었다. 마일리는 일선에 나선 감리교 신학자들 중 최후의 인물이요 대표적 신학자로서, 웨슬리안-알미니안의 유산을 의식적으로 보존하며, 동시에 새로운 시대의 흐름과 소통하려고 힘썼던 신학자였다. 그러나 마침내, 그렇게 이 두 가지 모두를 견지하려는 그의 노력은 완전한 성공을 거두지 못했다.

1) "그리스도의 속죄(The Atonement in Christ)"

1879년에 마일리는 「그리스도의 속죄」(*The Atonement in Christ*)라는 그의 첫 번째 조직신학서를 출간했다. 이 책은 폭넓은 주목을 받았으며, 1880년에 연구과정에 채택되어 사실상 1908년까지 지속되었다. 그가 쓴 「조직신학」(*Systemic Theology*) 가운데, 기독론은 참으로 일관성 있고 포괄적으로 기록되었다. 그리하여 그의 책은 그 후 1894년까지 거의 수정 없이 출판되었다. 스코트(Scott)는 평하기를, 마일리의 그리스도의 사역에 대한 연구는 "그의 다른 어떤 저서보다도 유일하게 중요한 것이다."라고 했다. 남부교회의 썸머스

(Summers), 타이커트(Tigert), 켈리(Kelley), 그리고 북부교회의 웨돈과 와렌(Warren), 레이몬드도 모두 이 책에 대해 좋은 반응을 나타냈다. 어떤 이들은 이 책을 전적으로 추천했다.[257] 어떤 이는 속죄에 대한 그의 이론이 "다소 무게가 없고, 내용 또한 만족할 만한 것이 못 된다."고 공박하기도 했다.[258]

마일리는 속죄의 통치설(governmental theory)을 논리적으로 설명하는 일에 큰 관심을 가졌으며, 그가 주장한 속죄론은 감리교 신학에 있어서 중요한 발전들 가운데 하나이다(II, 166-69). 그는 감리교 내에서의 속죄론에 대한 절충안에 대해 비판적이었다. 그리고 그는 단지 두 가지 속죄론만이 가능한데, 이 두 이론은 상호 배타적임을 주장했다(II, 112). 그에 의하면 속죄의 필요성은 하나님의 상업적 정의나 하나님의 진노에서가 아니라, 하나님의 통치의 정의에서 설명되어야만 한다. 앞서 배상설(Satisfaction theory)을 말하는 왓슨과 썸머스까지도 하나님의 정의는 도덕적 통치에 관심을 기울임으로써 유지된다고 주장했다.[259] 그러나 마일리는 "일관된 알미니안주의" 안에서는

---

257) Scott의 "Methodist Theology," 426, 436, 그리고 MQR, 62(1880), 184에 있는 Whedon의 글.
258) William Kelley(MQR, 76(1894), 836); 또한 J. J. Tigert(MQRS, 40(1894), 260); Henry C. Sheldon의 *A System of Christian Doctrine*, 400을 보라. McChesney는 "The Methodist Doctrine of Atonement"(MQR, 76(1894), 268-73)에서 마일리가 속죄의 통치설을 위해 배상설을 버린 것을 하나의 큰 타격(blast)으로 보았다. 그는 왓슨이 마일리보다 메소디즘에 훨씬 더 규범적이라고 하였다. 즉 마일리는 그로티안(Grotian)이 아닌 알미니안(Arminian)이라는 것이다.
259) Sheldon은 *American Journal of Theology*, 10(1906), 41에 있는 "Changes in Theology Among American Methodists"라는 글에서 다음과 같이 말했다. "메소디즘의 확정된 이론은 온건한 배상설이었다. 곧 이 학설은 그리스도 사역의 통치에 경의를 표하고, 동시에 그리스도의 사역 안에서, 그 사역을 통해 공물(tribute)을, 단순히 통치자로서의 하나님의 요구에 의해서가 아니라, 윤리적 성품을 지닌 하나님께 바쳐졌다."고 주장하는 학설이다. 마일리 때까지는 이 이론은 통치설에(전적으로는 아니지만) 크게 밀려 있었다. Wade C. Barclay의 *History of Methodist*

형벌배상설은 있을 수 없다고 하며 그 학설에 연관된 모든 요소들을 제거시켜 버렸다(Ⅱ, 146-48).

배상설은 인간이 치룰 수 없는 형벌, 곧 죄에 대한 형벌을 치러야 한다는 생각에서 나온 학설이다. 그리하여 이 이론은 그리스도께서 대신 징계와 대신 복종하였다고 말한다(Ⅱ, 134). 그러나 마일리의 한 열성적인 평론가가 인정했듯이, "만일 도덕적 원칙과 같은 것을 인정한다면 죄와 형벌은 다른 사람이 대신 질 수 없는 것이다."[260] 예수의 속죄론에 있어, 그리스도의 대속은 하나님의 정의와 인간의 복지에 대한 관심 때문에 필요하였다는 견해를 선호함으로 해서 배상설은 부정되어야만 했다. 하나님의 처벌하려는 의지는 인간을 향한 연민적인 사랑과 균형을 이루고 있기 때문에 하나님에게는 죄를 벌해야만 하는 단호한 정의는 없다. 인간은 자신이 지은 죄의 과실 때문이 아니라, 하나님의 섭리 안에 있는 다른 피조물들의 권리와 이익을 보호하기 위해 벌을 받아야만 한다. 이러한 방법으로 하나님은 "자신의 법에 대한 신성함과 보호해야할 이익들을 위한 그의 깊은 관심"을 보여주셨다(Ⅱ, 180). 그리스도의 속죄는 이러한 모든 목적들을 충족시켰다. "그리스도가 대신 고난당하심은 죄에 대한 대속으로서, 그가 형벌을 조건적으로 대신 받으신 것이다. 이로써, 도덕적 통치 안에서 죄의 용서와 정의를 지켜야 한다는 것과 그리고 형벌이 수행된 것이다."(Ⅱ,

---

Missions, Vol. Ⅲ, Widening Horizons, 1845-95, 70; 그리고 Scott의 "Methodist Theology," 429-32를 비교해 보라.
260) Whedon의 MQR, 62(1880), 185에 있는 글을 보라. MQR, 59(1877), 406-9에서 마일리는 Pope의 Systematics를 논평하면서, 포프가 속죄에 있어서 배상의 요소를 지나치게 강조하였는데, 이는 그들이 죄책과 의의 개인적 특성을 가볍게 보았기 때문이라고 비판했다.

68).

마일리에게는 웨슬리와, 그보다는 덜하지만, 왓슨에게도 있었던 하나님의 거룩성과 정의에 대한 주장들이 확실히 약화되어 있다. 마일리는 하나님과 인간 간의 관계에 대한 적용범위를 제한했다. 첫째는, 도덕적 책임에 대한 개인적 개념을 극단적으로 강조함으로써, 둘째는, 속죄의 필요성이 단지 도덕적 통치의 요구에 근거하고 있다고 주장함으로써, 그리고 셋째는 정의에 대한 견해 중 어느 견해를 강조하느냐에 따라서, 오직 두 개의 속죄론만이 가능하다는 그의 주장에 의해서 그랬다.[261] 마일리는 웨슬리안 선배들 곧 일관성이 없다고 생각된 그 선배들이 유지했던 그리스도의 사역의 깊은 실재들을 손상시키거나 거절하는 대가를 치르면서까지 '일관성'을 선택했다고 볼 수 있다. 그의 이론은 논리적인 면은 있으나, 인간의 죄와 속박과 하나님의 정의와 자비와의 관계를 깊이 있게 탐구하지는 못했다.

마일리는, 폭넓은 감리교의 전통을 지키면서, 예수의 속죄가 미치는 범위는 우주적인 것으로서, 하나님의 참된 주권과 악의 상태와 모든 인간에게 공통적으로 필요한 것을 잘 드러냈다고 주장한다(II, 193, 217-39). 단순히 하나님의 정의뿐만 아니라, 하나님의 거룩함과 지혜, 그리고 선하심은 속죄가 "인류 전체에까지" 미쳐지기를 요구하고 있는 것이다(II, 224). 그러나 마일리는 이 보편적 속죄를 왓슨보다 덜 강조하고 있다. 이러한 강조의 변화는 두 가지 곧 점차 증대되는 일반적 선택(general election)에 대한 칼빈주의자의 양보와 이와

---

261) Scott의 "Methodist Theology," 434f.

더불어 기본적 논점이 속죄의 범위에서 의지의 자유 문제로 옮겨짐을 반영하는 것이다.

마일리는 속죄의 혜택에 대해 다음과 같이 조심스럽게 설명하고 있다. 속죄의 즉각적인 혜택들(immediate benefits)은 아무런 조건 없이 모든 인간에게 주어졌다. 이 혜택은 실제적 구원에 앞서 예비적으로 주어지는 것이다. 여기에서 마일리는 웨슬리안의 전통을 충실하게 따라, 즉각적이며 무조건적인 속죄의 혜택을 다음 네 가지로 말했다. (1) 아담의 죄에 대한 징벌로 죽게 되었던 인간이 현재 살고 있게 되었다는 사실, (2) 모든 사람에게 은혜로 도우심을 주신 사실, 곧 이 도움으로 거듭나지 않은 사람들에게도 도덕적으로 그리고 종교적으로 살려는 경향이 있게 된 사실, (3) 시련을 감내할 수 있는 능력을 마련하신 사실, (4) 영아들(infants)의 구원. 곧 영아들이 부패성을 가지고 태어났으나, (선재은총으로 죄책을 면제하였기에) 영아로 죽으면 그리스도를 통해 영적으로 거듭나 구원에 이르게 된다는 사실들이다 (Ⅱ, 242-48).

두 번째 속죄의 혜택의 그룹은 조건적 혜택(conditional benefits)이다. 이 혜택들이 도와서 실제 구원을 얻기 위해서는 명확하고 적합한 행동이 따라야만 하는 것이다. 구원은 "속죄의 즉각적인 혜택이 아닐뿐더러, 불가항력적인 하나님의 은총을 통해서 주어지는 것도 아니며, 구원은 그에 적합한 지시에 복종함으로만 얻어질 수 있는 것이다."(Ⅱ, 249). 구원의 놀라운 일들은 모두가 조건적이다. 즉 칭의, 믿음, 중생, 구원의 유지, 그리고 미래의 축복도 모두가 조건적인 것이다. 이것들은 각각 인간의 자유로운 개인의 행위에 의하여 좌우되는 것이다. 이러한 확신의 결과로, 마일리는 웨슬리안의 구원론에 관계된 일반적인 문제에 직면하게 되었다. 곧 인간의 자유로운 인격적 행위, 그리고 속죄의 즉각적이며 무조건적인 혜택이 구원에 대한 하나님의 조건적 제의 곧 구원은 그리스도 안에서 믿음을 통해서만 이루어진다고 하는 하나님의 구원제의와 어떻게 연관되느냐 하는 문제에 직면하게 된다(II, 252f.)

2) 은혜로 인하여 생긴 동기(Gracious Motives Freely Chosen)

마일리가 말한 대로, 개인의 자유로운 응답이 구원의 조건이라고 말하는 알미니안주의에 대한 논리적 대안은 칼빈주의의 체계이다(II, 254). 그러므로 구원을 선택하는 인간의 자유는 "심리학의 가장 심오한 질문"이며 "윤리의 체계에서 대단히 중요하다." 그리고 신학에서도 "가장 중요한 문제"이다(II. 274, 283). 마일리의 조직신학에서 "선택의 자유"라는 장(chapter)은 속죄의 혜택이라는 장과 이신득의(justification of faith)라는 장(chapter) 사이에 있다. 교리적 면에서뿐만 아니라 방법론적인 면에서도 마일리는 선택의 자유를 결정적인 것으로 만들고 있다. 그에게 있어서는 선택의 자유가 알미니안주의의 가장 근본적인 원칙이요 "우리의 교리체계의 형태를 결정하는 것이다."(II, 275; I, 523).

마일리는 자유를 다룸에 있어서 웨돈과 다소 비슷한 입장을 취하고 있다. 두 사람은 모두 자명한 원칙, 곧 능력(ability)이 책임을 말함에는 필수적이며, 이는 도덕적 감각의 보편적 직관에 의해 확인된 원리라는 것을 강조했다. 여기에 상식철학의 영향이 있었음을 볼 수 있다. 그러나 마일리는 선택의 이성적 특성을 보다 강조하고 있는 것이다.[262] 자유는 이성적인 자기 행동의 힘과 연결되어 있다. 선택을 심리학적으로 분석하면 네 가지 요소가 드러난다. 즉 목적, 동기, 판단, 그리고 선택의 결정이라는 네 가지 요소가 나타난다. 어떤 것을 선택할 때에 이성은 먼저 목적과 동기를 곰곰이 생각하고, 그것을 숙고하여 판단하고, 그리고 선택을 결심하는 가운데, 목적에 대해서 자기의 행동을 결정한다(Ⅱ, 286). 하나의 목적이 선정되는 것은 그 선정의 동기가 성신적으로 이해되고 인정된 근거(reason)에서 선정되는 것이다. 동기가 없는 선택은 변덕스러운 것 곧 아무 이유도 없는 것이 될 것이다(Ⅱ, 288).

더욱이 사람(mind)은 그것에 주어진 동기에 대해 종종 숙고할 필요가 있다. 만일 동기의 충동과 그것을 결정하는 의욕 사이에 깊은 생각과 판단이 없다고 하면, 거기에는 이성적 삶이 있을 수 없다. 그러나 마일리는 말하기를, 이러한 의견(reflection)과 심의(deliberation)에는 "이성으로 결정한 선택(rational suspension of choice)에 의하

---

262) 위의 글을 보라. chapter II와 Scott의 "Methodist Theology," 619, Appendix 18, "Whedon의 The Self-Conscious Reality of the Will's Alternative Freedom"을 보라. Bledsoe의 초기 저서인 Theodicy, 131에서 마일리와 웨돈에 대하여 언급하고 있다. 여기에서 그는 도덕적 특성이 없다는 이유로 필연성을 말하는 모든 주장들(schemes)을 비판한다. 곧 "미덕과 악은 감각의 수동적 상태에 있지 않으며, 어떠한 다른 정신의 불가피한 상태에도 있지 않고, 의지의 행위와 그런 자유로운 자발적 행위의 반복에 의해 형성된 습관에 있다."고 그는 말하였다.

여 도달할 수 있다고 하였다. 그리하여 사람으로 하여금 그 동기들과 그와 연관된 목적들을 검토하여 보게 하고, 그 일에 관하여 바른 판단을 할 수 있게 한다고 마일리는 말한다(Ⅱ, 291-96). 인격적 행위자가 동기의 목적을 상기하거나 혹은 그것을 잃어버림에 따라 사람은 목적과 연관된 동기의 상태를 조정(control)한다. 이와 같이, 인간은 동기를 지배하는 힘이 있다. 그리하여 인간은 그것들을 선택하는 것이 합당한 것인지 아닌지를 판단할 수 있다.[263]

선택이 참으로 자유롭게 되려면 충분한 동기들이 요구된다. 마일리는 타고난 부패성의 교리를 인정하여, 선한 동기가 부패한 데에서 나올 수 없다고 주장하였기에, 그는 도덕적, 종교적 동기들이 존재한다는 것을 어떻게든 설명해야만 했다. 여기에 그는 선재은총의 교리를 상기시키면서 이를 설명했다. 즉 선한 동기들은 그리스도의 보편적 속죄를 통해 타락한 인류에게 은혜로 수여되었다는 것이다. 그러나 마일리는 이러한 동기들은 하나님의 은혜에서 유래했다고 말하면서도, 그는 "도덕적 자유에 대한 문제에 있어서, 이것이 선천적인 것인지 혹은 은혜에 의한 것인지는 중요하지 않다고 애매한 말을 했다. 그렇지만, 성서의 진리에 일치하기 위해서는 선한 동기들은 은혜에서

---

263) *Systematic Theology*, Ⅱ, 301f.를 보라. "욕구와 열정의 충동보다도 우리는 이성적이고 도덕적인 것을 떠받들 수 있을 것이다. … 우리는 어떠한 무의식적인 충동이나, 2개 혹은 그이상의 많은 반대적 성향을 갖고 있는 더 강한 충동들 밑에서 무기력하게 수동적이지 않다. 우리는 이러한 동기를 막거나 억누를 수 있는 직접적인 의지력을 갖고 있지 않다. 그러나 우리는 그 목적을 향한 어떠한 의지나 행위를 뒤로 미루거나 억제할 수 있는 직접적인 힘을 가지고 있다. 따라서 숙고와 판단을 통해 우리는 이성과 양심의 동기들을 실현할 수 있으며, 생활할 수 있다." Scott는 "Methodist Theology," 459에서 Miley의 이성적 판단의 중지를 그 선임자들인 Bangs, Fisk, Shinn, 그리고 Whedon과 관련시켜 말하고 있다.

온 것이라고 해야 했다."(Ⅱ, 304). 이와 같이 웨슬리가 지녔던 하나님의 선물에 대한 깊은 감사의 마음이, 왓슨에게서는 결여되지 않았었는데, 마일리에 와서는 아주 약화되었다. 선재은총에 대한 믿음이 마일리의 책임의 도덕적 직관에 대한 편애로 인하여 그 빛을 잃게 된 것이다. 마일리가 경험적 확신에 따르기보다는 웨슬리안의 이 기본적인 교리에 충실했으면 오히려 성경에 복종하는 것이 되었을 듯하다.

마일리는 더 나아가 주장하기를, 은총에 기초한 도덕적 동기와 종교적 동기들도 다른 모든 동기들이 그러하듯 이성적 행위자의 지배를 받아야 한다고 했다. 그러나 이 지배하는 힘은 은혜로 주어진 것이라고 우겨댄다. 성령은 항상 선한 동기를 선택하도록 도와주며, "종종 노넉석 이성의 빛으로 또한 양심을 소생시키는 힘으로 활동한다."(Ⅱ, 305). 그러나 선을 선택하는 것과 그 선을 성취하는 것은 별개의 것이다. 이러한 선택은 하나님의 은총의 도움과 인간의 적합한 영적 행위를 통해서 이루어질 수 있는 것이다. 이것은 신인협동설에 속한다. 즉 하나님과 사람이 협동함으로 이루어지는 것이다. 선택된 새로운 삶이 실현되는 것은 오직 성령의 역사를 통해서만 이루어질 수 있다. 이것은 엄격한 신단동설에 속한다. 즉 하나님이 홀로 행하시는 것이다(Ⅱ, 336).

마일리에게 있어서는 자유가 독특한 교리가 되었다. 그는 이 교리를 속죄와 칭의 사이의 접촉점으로 체계적으로 다루었다. 표면상으로 자유는 은총에 의해서 있게 되었다고 말한다. 즉 하나님이 영적인 동기들을 주시고, 이 영적 동기가 선을 선택할 수 있도록 한다고 말한다. 그러나 타락한 상태에 있는 인간조차도, 그 개인의 능력(personal agency)은 앞에 놓인 동기들 중 하나를 자유롭게 선택할 수 있다고 마일리는 말한다.[264]

이 기능의 실행(exercise)에 있어 필수사항은 "이성적 선택의 결정"이다. 이것이 합리성에 높은 가치를 두는 마일리의 확신이다(II, 291-96). 목적들이 우리의 이성적 생각에 의해 인정되거나 버려짐에 따라 동기들도 오고(come) 간다(go)는 가정 하에, 마일리는 보다 큰 힘이 합리성에서 나온다고 여겼다. 인간의 비이성적 측면에서 나오는 피상적인 결정(facile control)은 죄의 실재를 제대로 인정 못하며 또한 성서와 웨슬리안 유산의 증거와 모순되는 것이다. 마일리의 견해는 그의 인식론, 죄론, 그리고 그가 자유로운 행위와 책임의 즉각적인 도덕적 직관을 옹호하는 것과 일치하고 모순이 없다. 그러나 그런 일관성을 이루게 된 데는 큰 희생을 치렀을 것이다.

---

264) *Systematic Theology*, II, 306f.를 보라: 이성적 자유(rational freedom)는 "선택할 수 있는 힘을 가진 인격적 행위자의 자유이다. 이 자유는 우리의 책임 있는 삶을 갖게 한다. 즉흥적인 충동은 종종 비이성적이고 사악한 것을 하게 한다. 그리고 많은 경우에 이전의 부도덕한 탐닉이 더 심하게 그것을 하게 하는 경향이 있다. 그러나 이성적이고 도덕적인 행위자로서의 우리는 그들에 대항하는 자비로운 힘을 가지고 있다. 우리에게는 사색과 고찰, 도덕적 이성과 양심의 두려움, 갖가지 의무(obligation)와 영적인 행복에 반대되는 동기들이 일어날 수도 있다. 이런 것들은 하나님과 구속, 그리고 영원한 운명들에 대한 생각 때문에 일어날 수 있을 것이다. 그러나 우리에게는 귀중한 동기와 은혜롭게 도우시는 성령의 빛과 축복이 있기에 우리는 악에 대항하여 자유롭게 선을 선택할 수 있는 것이다. 이것이 선택에 있어서의 자유의 실재이다." Kelly는 MQR, 76(1894), 837에서 마일리의 "인간의 '선택의 자유'라는 장(章)"에 대해 훌륭하고 강력한 지지를 표현하고 있다. Miner Raymond는 *Systematic Theology*, II, 316에서 대체로 자유에 대해 같은 의견을 표현하였다: Scott의 "Methodist Theology," 311과 비교하라. 보다 정통적 입장을 취하고 있는 Pope는 그의 *Compendium of Christian Theology*, 364에서 선재은총이 "의지의 기능에 행동할 수 있는 힘을 회복시키는데 필요하다는 것과, 이 은총은 결코 상실되지 않는다"는 것을 부인하고, 선재은총은 지성인들에게 종교가 근거하고 있는 진리를 제시하고, 이 진리에 마음을 고정시킴으로써 희망과 두려움의 애정을 지배하게 하는데 필요하다고 하였다.

선한 동기를 갖게 하는데 있어서, 선재은총의 역할이 별로 없다고 마일리는 말했다. 그렇다면 생각하건대, 거기에 선행적 은총이 하는 일은 극히 적을 것이다. 그리고 죄가 중요하게 인정되지 않는 곳에서는 은총이 하는 일이 없게 될 것이다. 도덕적, 종교적 동기들이 없는 행위가 이루어질 때는 그 행위가 근본적으로 부적절하다는 것과 같다. 마일리는 인간의 타락과 인간의 책임을 조정하는 알미니안의 은혜 안에서의 자유(freedom-in-grace)의 교리를 세우려고 열심히 노력했다. 그러나 그의 주의 깊은 사역은 부분적인 성공을 거둘 뿐이었다. 실제로, 그의 작업은 인간을 자유롭고 손상되지 않은 인격적 행위자로 만드는 데 그쳤다. 역사적으로는 은혜로 인하여 생기는 동기들(gracious motives)에 관한 세밀한 연구는 하지 못하게 되었다. 그러나 현실적으로는, 이성의 성향은 일단 알려진 보다 더 좋은 편을 선택하려고 한다는 주장은 입증될 수 없었다.

3) 칭의와 중생(Justification and Regeneration)

마일리에게 있어서는, 인간의 참여가 구원이 이루어지는 각 사건의 필요조건이 된다. 동시에 이들 구원의 사건은 전적으로 성령으로부터 온다. 도덕적 중생에 있어서 하나님은 "엄격한 신단동설의 교리"에 따라 역사하신다(Ⅱ, 305). 그러나 칭의, 믿음, 중생, 그리고 성화를 논함에 있어서 마일리는 엄격한 신단동설에 대한 자신의 주장을 입증하는 데 큰 어려움을 겪는다.

웨슬리안이 말하는 대로, 마일리는 칭의는 죄사함 곧 죄의 용서를 의미한다고 해석한다. 칭의는 그리스도가 인간을 대신하여 고난 받으셨다는 사실에 기초하여 인간에게 부과된 벌을 제거하는 것이라고 해석했다. 그리고 이것에 의하여 그는 하나님의 도덕적 통치에 대한 관심을 고양시키며, 하나님을 믿으므로 죄사함이 가능케 되었다고 말할 수 있게 되었다(II, 309, 317). 그러나 칭의는 단지 개인의 죄책을 다룬 것이다. 여기에 아담의 죄책과 관계가 있다는 것은 명백히 부인했다(II, 316). 이와 같이 통치적 정의의 필요에 근거하고 자범죄에만 적용시킴으로써 그리스도 안에서의 용서는 웨슬리에서 그랬던 것보다는 훨씬 기계적이 되었고, 덜 엄격해졌다.[265]

믿음에 대한 이해도 또한 수정되어야 했었다. 마일리에게 있어서는 믿음에는 "지적인 이해(mental apprehension)"가 있어야 한다. 그리고 "지적인 이해에서 얻은 진리는 증거에 근거한 것이라야 한다."(II, 321). 영적인 감각들이 은혜로 회복되어야 한다고 강조하는 웨슬리안의 입장에 반하여, 마일리는 여기서 신적 진리가 인간 본래의 이성에 의한 것처럼 보게 만들었다. 객관적 진리는 필요한 도움의 약속과 이 약속이 믿을만한 것이라는 확신을 내포한다. 따라서 인간은 그리스도에 관한 증거의 기초 위에서 믿는 것이다.

---

265) Shipley는 "Theology of American Methodism," 262에서 마일리를 다음과 같이 평가했다. "마일리의 구원론과 인간의 곤경에 대한 분석에 있어서 도덕적으로 설명한 것(moralistic revisionism)은 신학에 창의적인 공헌을 하기에는 너무 깊이가 없고 심리학적으로도 모순 내지 부적절하다. 이는 속죄론에 대한 메소디스트의 강조를 도덕적 합리주의의 구조에로 수정하게 만들었다. 이런 가운데서 그리스도의 성육신과 그리스도의 구원사역의 의미를 주로 인간의 자유의지를 따르는 선한 동기들을 고양시키는 일과, 그리하여 선에 대한 인간의 이성적 선택을 통한 신의 도덕적 통치를 실현하는 일과 연관시켰다.

또한 믿음은 "참된 회개"를 전제한다. 왜냐하면, "올바른 믿음은 그러한 정신상태 안에서만 경험될 수 있기 때문이다."(Ⅱ, 323). 회개는 비록 그것이 하나님의 도움을 요하는 것이기는 하나 "우리 자신이 행해야 할 일들 중의 하나이다."(Ⅱ, 102). 믿음은 칭의의 한 조건이지만, 회개가 "언제나 앞서 있어야 한다."(Ⅱ, 323). 이와 같이 마일리는 웨슬리와는 달리 회개가 절대 필요한 것이라고 주장한다. 더 나아가 마일리는 "믿음은 그 자체가 하나님의 선물이라는 견해"를 명백하게 부정한다. 오히려 믿음에 대한 설명은 "믿음은 자유로운 인격적 행위"로 보는 믿음의 성격에 일치해야만 한다고 주장한다(Ⅱ, 252). 일반적으로 그는 이러한 인격적 행위가 하나님의 은혜에 의존한다고 덧붙여 말해야함은 기억하고 있지만, 그러나 회개와 믿음에 있어서의 인간이 기여하는 능력을 더 강조했다.

몇 군데서 마일리는 중생이 "엄격한 신단동설"의 범위에 있음을 확언한다. 그러나 칭의에 있어 그랬듯이, 중생도 같은 믿음의 행위에 의존하는 것으로, 역시 인간의 자유로운 인격적 행위에 의해 이루어지는 것이라고 주장한다. 중생이 결정된 후에만, 그 실현이 전적으로 하나님으로부터 이루어진다고 말한다(Ⅱ, 305, 306). 그러나 이러한 "엄격한 신단동설"의 견해는 기독교 사상사에서 거의 지지를 받지 못했다.[266] 그리고 성화에 대한 마일리의 논의는 매우 약하다. 성화는 순

---

266) Raymond의 *Systematic Theology*, Ⅱ, 355, 358에 나타난 그의 중생에 대한 견해는 기본적으로 마일리의 견해와 같다. 그러나 그는 이것을 보다 정확히 설명하였다. 그는 "중생의 사역(work)이 어거스틴주의의 인간론에서 확인되듯이 신인협동설적이지, 신단동설적이지 아니다."라고 했다.

간순간(moment-by-moment) 믿음 안에서 유지되는 것이라고 강조하는 웨슬리의 주장은 마일리에서는 나타나지 않고 있다. 마일리에 의하면 성화는 성령의 역사로서 성령이 점진적으로 인간의 부패성을 완화시키는 것이다. 그러나 성령을 받음으로 믿음에 의하여 이루어진다고 겨우 언급되고 있다. 온전한 성화(Entire sanctification) 곧 믿음의 결정적인 행위에 의해 "두 번째로 받는 축복"(second blessing)으로 받는 온전한 성화는 주로 부정하고, 성화는 중생이 점진적으로 실현되는 것이라고 주장했다(Ⅱ, 362-72). 성화를 말함에 있어 대체로 웨슬리안 모티브들이 나타나 있지만, 그들의 기본적 오리엔테이션은 수정되어 있었다.[267]

끝으로, 마일리는 최후의 축복도 조건적인 것으로 보고 있다. "자유로운 인격적 행위 없이는 죽기까지 충성한다는 것은 있을 수 없다."(Ⅱ, 253). 그러나 인간의 영성이나 인간의 공적이 영원한 구원을 보증하지 못한다. 인간은 전적으로 하나님께 의존하며 "하나님의 허락 없이는 영원히 살 수 없다."(Ⅱ, 427).

마일리는 가장 좋은 두 개의 세계를 가지려고 한 것 같다. 즉 웨슬리안의 복음주의와 논리적으로 도덕화된 신학을 지키려고 결정하였다. 그는 인간이 구원을 이룰 수 있게 하는 힘은 하나님의 은혜에서 온다고 형식적으로 인정한다. 그는 구원이 전적으로 하나님께 달려있

---

267) Peters의 *Christian Perfection and American Methodism*, 159-61. 마일리는 그의 *Systematic Theology*, Ⅱ, 365에서 말하기를, "성화의 실재는 영혼 안에서의 사역의 방법(mode)에 관한 어떠한 질문보다는 아주 깊이 우리 자신에 관한 것이다. 성화는 부분적이든 전체적이든 간에 성령의 도래(到來)와 능력의 양에 달려있다. 성화는 성령의 현존과 능력을 통해 악한 경향이 정복되고 영적 생활의 지배가 이루어질 때 온전해진다."

음을 주장한다. 그러나 일반적인 그의 논의의 방향은 이러한 신뢰에서 흔들리고 있다. 인간의 자유로운 행위에 대한 그의 입장은 죄의 교리에서 뿐만 아니라 은총의 교리에서까지 모든 곳에서 명확하다. 선재은총의 역할에 대한 엄격한 제한과 이성적 인간의 자유에 대한 강한 주장으로, 그의 구원에 대한 그의 신학은 본래의 웨슬리주의를 반대하며, 그에서 명확한 이탈을 나타내고 있다.

4. 누드슨의 그리스도와 구원에 대한 견해(Knudson on Christ and Redemption)

왓슨에 의해 제기되어 마일리에게서 명백해진 은총의 교리에 대한 수정은 누드슨에 이르러 정밀하게 공식화되었다. 이러한 수정을 뒷받침하는 원칙들이 공공연하게 인정되었으며 조심스럽게 설명되었다. 즉 종교적 지식과 일반적 지식에서 하나같이 입증된 하나님과 인간 사이의 연속성, 상반된 선택을 할 수 있는 분명한 실재, 그리고 하나님의 성품에 대한 "계시"의 초자연적인 능력들의 원칙이 설명되었다. 웨슬리안의 유산 대신에 이들 원칙들이 신학의 재건을 지배하며 현저한 단일화를 이루었다. 구속의 교리들은 회개와 믿음을 약화시켰다. 구원은 더 이상 구원받지 않으면 안 되는 소망 없는 인간을 구원하는 것이 아니고, 단지 구원은 인간의 조건을 향상시키기 위한 인간의 자유로운 결심이 하나님의 도움을 받아 이루어지는 것으로 되고 말았다. 인간은 "구원받는 것이 아니라, 구원받는 과정" 가운데 있다는 것이다. 이 목적을 이루기 위해 그리스도 안에 있는 하나님의 계시는 인간이 전심을 다해 응답하게 하고 그 결과 그의 도덕적, 영적 변화를 가져오게 하는 가장 유익한 기동력이다. 메소디스트 안에서 자유주의의 정신과 원칙에 따라 이루어진 신학의 재건은 누드슨의 인격적 관념론에서 그 절정에 달했다. 그보다 앞의 변하는 시기의 신학자들이나 그를 따랐던 정통주의 신학자들은 모두 누드슨보다 신학을 문화적 요구에 더 적게 적응시켰다. 그리고 역사적으로 명시된 그리스도의 요구들에 더 의존했다.

1) 그리스도 안에 계신 하나님(God in Christ)

누드슨은 인간은 구원을 받아야 한다고 주장한다. 인간이 직면한 커다란 어려움, 이상(the ideal)의 긴박한 욕구, 그리고 인간의 제한된 자유는 인간이 자신을 구원할 수 있다는 가능성을 배제한다(Ⅱ, 406). 인간은 자신의 힘이 아닌 다른 힘에 의해 구원되어져야 한다. 이 힘은, 아주 유일하게, 그리스도인들이 그리스도의 인격과 사역에 연결시키는 힘이다(Ⅱ, 282f.). 그리스도는 하나님과 인간 사이에서 성부를 완전히 계시하는 자요 그리고 인간의 삶을 구원하는 능력이시다. 누드슨에게 있어서는 그리스도의 인격과 사역 사이에는 엄밀한 분리가 없다. 오히려 속죄의 논의에 대한 비판적 입장에서 그는 "성육신(incarnation)이 속죄의 보증이며" 성육신이 속죄의 전제라기보다는 대속의 본질이다(Ⅱ, 378).

그리스도는 일원적인 존재로서, 그의 신성은 신적인 본성에서가 아니라, 오히려 "하나님께 대한 독특한 의존"에서 찾아야 한다. 이 의존은 그리스도와 "강한 하나님에 대한 의식(God-consciousness)"을 갖게 하는 성령 사이의 신기한 상호작용에 의하여 야기된 의존이다. 따라서 예수는 이상적인 인간인 동시에 하나님의 분명한 계시이다.[268] 성육신은 우주에 내재하시는 하나님을 상세히 드러낸 것으로 이해했다. 이렇게 이해함으로써, 성육신은 "추상적"이거나 "비인격적"이며 또한 "인간에 대한 하나님의 자유로운 관계"를 제한하는 모든 속죄론을 부적절한 것으로 만들었다(Ⅱ, 366-369). 오직 도덕감화설(the moral theory)만이 용납되고 있었다. 이 주장은 화해의 장애물이 언제나 인간에게 있지 결코 영원히 인간을 구원하고자 하시는 그 하나님께 있지 않다고 주장한다. 왜냐하면 하나님은 그리스도 안에 계셨고, 그의 죽음이 하나님의 사랑의 희생적 본성을 나타내 보였고 또한 절대적인 성실함의 예를 감동적으로 보여주었기 때문이다. "그리스도 안에 있는 하나님의 현존이 그의 죽음에 즉각적으로 계시적 가치를 부여한다. 그리고 이렇게 계시된 하나님의 희생적 사랑이 인간의 마음에 사랑으로 응답하도록 일깨워 준다. 이것이 죄인인 인간이 구원

---

268) *Basic Issues in Christian Thought*, 140-48; *The Validity of Religious Experience*, 220ff.와 비교하라. Kenneth Cauthen은 *The Impact of American Religious Liberalism*, 122f.에서 다음과 같이 설명한다. "누드슨의 신학에서는 그의 기독론보다 더 진보적인 부분은 없다." 그리스도의 인성에 대한 그의 견해는 내재론(內在論)을 전재한다. 두 개의 실체, 곧 성육신과 내재성은 그리스도 안에서 병합된다. 성육신은 누드슨에 의해 모든 사람들과 자연계로 펼쳐진다. "게다가 어느 점에서도 이 체계에서 발견되는 근본적인 분열이나 장벽은 없다. 자연과 일반인, 그리스도 그리고 하나님은 한 유기체 전체의 모든 부분인 것이다."

받을 수 있는 유일한 길이다. 더 자세히 말하면, 인간은 도덕적이며 영적인 변화를 통해 구원을 받는 것이다. 진정한 기독교의 구원은 이런 것일 뿐, 그 외에 다른 종류의 것은 없다."[269]

속죄는 하나님과의 객관적인 관계를 지니고 있지 않다. 또한 인간의 죄책과도 관계가 없다. 인간이 속죄를 받아들임에 있어서도, 인간은 어떤 종류의 부패에 의해서 방해를 받지 않는 것처럼 보인다. 이것을 웨슬리가 "동조할 수 있는 교리"(agreeable doctrine)라고 말할지는 모르겠으나, 웨슬리는 속죄가 그 유일하고도 절대적인 하나님의 행위와 빈약하나마 연결되어 있으며, 하나님은 그 행위를 통하여 그리스도 안에서 구원의 조건을 마련하시고, 인간으로 하여금 그 조건들을 접할 수 있게 하신 것이라고 주장할 것이다. 누드슨의 입장에 국한한다면, 그것은 정죄 아래 있는 죄인의 신음과 그리스도 때문에 죄사함을 받은 죄인의 기쁨을 설명하기가 아주 어려울 것이라고 웨슬리는 말할 것이다.

---

[269] *Basic Issues in Christian Thought*, 148; 또한 Crozier Quarterly, 23(1946), 51-64에 있는 *A Doctrine of the Atonement for the Modern World*를 보라. Curtis K. Jones는 "Personalism as Christian Philosophy," 192, 195에서 다음과 같이 주장한다. "그리스도의 사역에 대한 이 감화설은 보우네(Bowne)가 인정하였듯이 관례상 하나의 속죄론으로 불릴 수 있다. … 그것은 하나님의 계시의 사역으로서 인간에게는 중생의 사역을 가져오게 한다." 이것은 인간의 죄의 깊이와 하나님의 자비로운 은총을 공정하게 평하지 않는 "다소 깊이가 없는 도덕주의"가 되는 것이다. Cauthen은 *The Impact of American Religious Liberalism*, 125에서 누드슨의 도덕감화설은 하나님 안에 있는 거룩과 사랑의 연속성을 주장하여, "객관적 속죄가 필요치 않은 것처럼 만든다."고 했다. 하나님의 거룩함을 약하게 주장하면 인간의 죄를 가볍게 보게 만든다. 그러면 구원은 그리스도가 이루신 하나님과의 객관적 화해가 아니라, 인간의 어려움을 극복하는 도덕적 힘을 부여하는 것이 되고 만다.

2) 형이상학적 자유와 하나님의 은총(Metaphysical Freedom and Divine Grace)

인간의 자유와 하나님의 성격(personality)은 "기독교 신앙에 있어서 가장 기본적인 두 개의 교리"이다.[270] 이미 살펴본 바와 같이 인간의 교리에 있어서 누드슨은 인간의 "형이상학적 자유"가 창조된 본성의 일부라고 주장한다. 그는 이것을 "구속의 절대적 전제"라고 부른다. 웨슬리에게 있어서는 자유의 종교적 중요성은 구원의 질서 안에서 고려되어야 했었다. 그러나 누드슨에게 있어서는 논리적이며 신학적 고려가 창조의 질서 안에서 이루어져야 한다고 주장한다. 그러므로 자유에 대한 누드슨과 웨슬리의 견해를 비교하기 위해서는 일반적으로 체계화된 문맥 속에서 하나하나의 관련된 논점을 깊이 살펴보아야 한다. 이 흐름은 중요한 신학적 변화를 드러낸다.

누드슨은 영혼의 자유를 절대적으로 주장한다. "인간에게는 스스로 결정하는 능력이 있다. 이 능력으로 인해 다른 일을 할 수도 있다. 그리고 단독으로 어떤 특별한 과정을 취할 것인가를 결정할 수도 있다. 이것 또는 저것을 자유로이 선택할 수 있는 능력(power of contrary choice)이 형이상학적 자유의 본질이다."(Ⅱ, 123). 단지 "탁상의 논리(closet logic)가 자유 또는 자유의지론(indeterminism)

---

270) *Basic Issues in Christian Thought*, 51. 이들 두 교리는 밀접한 관련이 있으며, 상호 의존적이다: "하나님의 인격은 우리 자신의 인격의 체험을 통해서만 이해될 수 있다. 그리고 인간의 자유는 인격적인 하나님의 자유로운 창조적 활동을 가정함으로써만 만족스럽게 설명될 수 있다."(p. 51).

이 목적도, 동기도 없는 행동, 그래서 변덕스러운 행동을 반드시 수반한다는 것을 주장하려 할 것이다. 인간 자신의 본성에서 나온 동기(motives)들에 따라 행동하는, 자유로운 행위자로서, 우리 자신의 행동은 바로 우리가 결정한다. 인간은 자기 자신의 의지(volition)에 의하여, 자기의 동기들이 가치가 있고 흥미 있는 것을 발견하고 그리고 선택한다."(Ⅱ, 123-25). 인간은 자신이 인식하는 것 이상으로 더 자신의 존재와 주변세계의 숨겨진 힘에 더 의존한다. 그러나 그럼에도 불구하고 인간은 "그 자신의 영혼의 주인이며 자기 운명을 결정하는 자"이다(Ⅱ, 160). 인간은 가치가 있고 구원의 가능성이 있다고 보는 전체 그리스도인의 인간관은 인간의 자유와 자기통제, 그리고 상반된 선택의 능력을 기초로 하고 있는 것이다.[271]

누드슨은 형이상학적 자유, 또는 양자택일의 능력이 왜 실제의 본성에 맞는 것인가에 대해 3가지 "결정적인 이유"를 들고 있다. 즉, 이는 "상식의 압도적인 증거이다. … 이것 없이는 참된 도덕성이나 영성이 있을 수 없다"는 것, "지식의 추구는 그것을 전제한다"는 것,[272] 마지막으로 사람은 자연적인, 신학적인 결정론(determinism)을 간략하게 다루고 있다. 형이상학적 자유에 대한 그들의 결론들에 있어서는

---

271) *The Principles of Christian Ethics*, 64, 82. *Basic Issues in Christian Thought*, 60, 76을 보라: "이들 형성세력[환경과 유전] 외에 우리 안에는 다른 가능한 행위들 가운데서 하나를 선택할 수 있는 능력(self-directing power)이 있다." "자유의지가 없다면 인간은 도덕적이고 책임 있는 존재가 될 수 없을 것이다." 이 자유의지에 대해 비슷한 평가를 하고 있는 Olin Curtis의 *The Christian Faith*, 40-42, 그리고 Sheldon의 *A System of Christian Doctrine*, 294-96을 비교해 보라.
272) *Basic Issues in Christian Thought*, 77-79, 59-61; 또한 MQR, 111(1928), 529-43, 549-60에 있는 "The Theology of Crisis"를 보라.

저들은 같다는 것이다(Ⅱ, 143-58).

특별히, 구원에 있어 어떻게 인간의 자유가 하나님의 은총과 연관되는가 하는 문제에서, 누드슨은 그리스도인의 삶이 전적으로 하나님의 은총의 역사라는 것을 부정하고, 대신에 은총이 인간의 행동과 결합되어야만 한다고 주장한다. 논쟁할 때에, 종종 하나님의 역사가 선행한다고 하지만, 은총과 인간의 행동 사이에 적절한 균형이 지켜져야 한다. 즉 "하나님과 인간, 종교와 윤리, 예배와 사역(work)은 모두가 그리스도인의 경험에 필수적인 요소로 인정되어야 한다."[273] 이에 덧붙여서 누드슨은 인간이 소유한 자유가 인간을 하나님의 지배를 받지 않게 만드는 것은 아니라고 말한다. 인간의 자유는 매우 제한되어 있고, 삶의 상태 또한 "너무나 어렵기 때문에 인간은 계속적으로 하나님의 도움을 필요로 한다. 또한 인간의 자유가 하나님의 섭리의 교리를 위태롭게 하지는 않는다. 은총과 섭리는 그것들을 받아들이며 또한 협력하는 인간의 능력을 전제한다(Ⅱ, 152). 결국 인간의 자유는 바리새적인 자만을 부추기거나 하나님께 대한 신앙을 감소시키지도 않는다. 자유 선택의 능력은 감사함으로 행사되어야 할 창조의 선물이다.[274]

인간의 자유와 하나님의 은총은 현격하게 분리되지 않는다. 인간의 자유 행사는 은혜를 배제하는 것이 아니라 은혜에서 행해지는 것이다. 은총은 인간의 요소를 부인하는 것이 아니라 인간 요소의 극대의

---

273) *Basic Issues in Christian Thought*, 164; *The Validity of Religious Experience*, 201ff.
274) *The Validity of Religious Experience*, 213; *The Principles of Christian Ethics*, 82.

표현이다. 그리스도인의 경험에서의 신적 요소와 인간적 요소의 상호 호혜적 관계를 주장하는 신학적 신인협동설은 그리스도인의 삶에 대한 합리적 설명에서 주장되어야 한다고 누드슨은 강조한다.[275] 그는 웨슬리가 이 견해를 다른 누구보다 더 인정하고 받아들였다고 생각한다.[276] 한 문맥에서 누드슨은 자유로운 선택(contrary choice)의 능력이 인간의 본질적 본성에 속한다고 말한다(Ⅱ, 158-60). 그리고 또 다른 곳에서는 그는 자유가 은총의 선물이라고 주장한다(Ⅱ, 164-68). 그러나 자세히 조사해 보면, 그는 자유는 창조의 "선물"이라고 말하고 있는 것이다. 그렇다면 이 자유는, 일반적으로 웨슬리안의 전통이 말하고 있는 바, 구속적 경륜에 의하여 회복된 자유가 아니다. 마일리조차도, 자유로운 인격적 행위에 대한 애착과 은총을 강조하는 전통적인 주장에 충실하려는 것과의 사이에서 고뇌했으나, 그는 자유의 근거는 은총이라고 공적으로 인정했다. 누드슨은 아주 근거 없는 재해석이지만, 웨슬리를 재해석함으로 인해, 자기의 입장을 지지하는 가운데 웨슬리라고 주장할 수 있었다.

---

275) *Basic Issues in Christian Thought*, 165. "인간에는 하나님을 아는 타고난 지적 능력이 있다; 우리는 하나님을 위하여 창조되었다. 그러기에 우리 인간의 경험에는 신적 요소가 있을 수 있는 것이다. 인간에게 있는 신적 요소는 인간성의 부정이 아니라 인간성의 극치이다. 바꾸어 말하면, 하나님은 인간의 삶속에서 높은 수준으로 그 자신을 나타내셨다. 여기에 하나님과 인간 사이의 호혜적인 상호작용이 있는 것이다. 한편으로 우리는 하나님을 찾고 발견하며, 다른 한편으로는 하나님은 우리에게 말씀하시고 우리는 그에 응답한다. 이러한 상호관계가 기독교 신앙의 핵심이다. 이것이 신단동설주의자와 구별되는 신학적 신인협동설주의자의 가르침이다." *The Validity of Religious Experience*, 204를 보라. "우리는 선택(contrary choice)의 제한된 힘을 가지고 있다. 이 힘에 근거하여 알미니안은 도덕적 책임과 도덕적 구속의 가능성을 주장하는 것이다."
276) *The Validity of Religious Experience*, 212; *Basic Issues in Christian Thought*, 166.

3) 그리스도인의 삶(The Christian Life)

누드슨은 "회심(conversion)"에 있어서의 하나님의 은총의 독특한 종교적 역사에 대해서 아주 간략하게 고찰하고 있다. 회심에는 일반적으로 신적인 측면과 인간적인 측면이 있다고 한다. 인간적 측면은 회개와 믿음으로 표현되며, 신적 측면은 칭의와 중생으로 표현된다. 인간은 "회개하고" "믿도록" 부름 받지, "의로워져라" "거듭나라" "거룩하여져라"고 부름 받지 않았다(Ⅱ, 407). 회개와 믿음은 하나님이 돕는다 할지라도 기본적으로 인간이 행하는 것이다. 그리고 칭의, 중생, 그리고 성화는 분명히 하나님이 하시는 일이다.

하나님을 향한 그리스도인의 올바른 자세는 한마디로 요약될 수 있는데 그것은 바로 믿음이다(사랑이라는 말이 더 좋을 것이다). 믿음은 단순한 확신이나 감정적인 신뢰(trust) 이상이다. 믿음은 의지의 올바른 방향을 포함한다. 그것은 "믿고 신뢰하기에 하나님께 전심을 다하는 헌신"이다(Ⅱ, 404). 회개는, 믿음과 연결 없이는 불가능하지만, 회개는 믿음에 앞서 있다. 회개는 "믿음의 소극적인 한 쪽"으로 간주될 수 있을 것이다. 회개는 슬픔과 뉘우침으로 과거를 바라보게 하여 그것으로부터 돌아서게 하는 것이다. 나아가 믿음은 하나님께 대해 전적인 헌신을 드리는 것으로서 인간이 할 수 있는 가장 심오한 행동이다(Ⅱ, 408). 따라서 믿음은 기독교에 있어서 최고(primacy)의 위치에 있는 것이다.

누드슨은 믿음이 하나님의 독특한 선물이며, 다른 모든 인간의 경험과는 질적으로 다르다는 것을 부인한다.[277] 믿음이 상대적으로 독특한 면은 그 도덕적 깊이와 내재성에 있는 것이다. 이것은 자유로운 인간의 "심오한 내적이며 윤리적인 행동이요 경험이다." 이는 또한 믿음의 대상이 "하나님, 우리 주 예수 그리스도의 아버지"라는 점에서도 독특하다. "결국 이런 믿음의 대상이 주관적인 믿음을 결정해 주며, 믿음이 가질 수 있는, 모든 계몽적이고 구속적인 일들을 가지게 해 준다."(Ⅱ, 409f.).

회심에서의 인간적 측면인 믿음과 회개는 문자 그대로 이해되어져야 하지만, 신적인 측면을 나타내는 용어들은 법정이나 가족관계, 그리고 예배의식에서 사용되는 말들에서 가져온 단순한 은유들(metaphors)이다. 만일 이러한 은유 곧 비유적인 말들이 교리들로 변형된다면, 혼란과 실망, 고민거리가 생겨나게 된다. 이런 말들은 그리스도인의 경험에 다양하게 나타나는 하나님의 행위를 지적한 것이고, 실제적으로 발생한 과정들을 묘사한 것이 아니다(Ⅱ, 410-16). 비유적으로, 경험적으로 해석되어진 이 말들은, 하나님의 신비스럽고 객관적인 사역들을 표현하기보다는, 하나님의 은혜가 주관적으로 나타난 일들, 예로서, 기쁨, 평강, 신뢰, 확신 등을 표한 것이다. 하나님의 하시는 행위는 "의식의 흐름 속에 신비적으로 신비한 유입(流入)"되는 것이 아니라 "질서 있는 인간 정신의 과정"에서 파악되는 것이다. 이는 그리스도인의 삶에 있어서 특별하거나 낯선 일이 아니다. 이

---

277) *The Validity of Religious Experience*, 216: 누드슨은 웨슬리에게 있어서는 믿음은 "신의 행위일 뿐 아니라 인간의 행위"이며, 그것은 하나의 "도덕적 개념"이라고 주장한다. 그리고 "믿음은 자유로우며, 도덕적 행위"라는 것이 자신의 굳은 확신이라고 말한다.

는 그 삶을 "더욱 도덕적이며 영적으로 완전하게 하는 모양으로 나타난다."[278] 이는 인간이 의식하는 도덕적이고 영적인 경험에 나타나는 것이지, 모든 마술적인 모양이나 "영혼을 노예화하는 운명론(soul-enslaving fatalism)"과는 거리가 멀다. 기독자 완전(perfection)은 누드슨에게는 하나의 "신학적 편협(theological provincialism)"일 뿐이었다. 그러나 누드슨은 만일 기독자 완전이나 성화의 교리가 "완전히 도덕적 생활을 완성한 것"을 의미하는 것이라고 한다면 그 교리들에는 긍정적인 의미가 있다고 보았다.[279]

비록 누드슨은 자아(self) 혹은 영혼, 그리고 그의 실재와 자유를 소중하게 여겼지만, 자아가 연원한 존재(natural immortality)는 아니라고 한 것은 매우 유익하다. 많은 사람들이 사후(死後)에도 자아가 계속 있다고 믿고 있지만, 영혼은 "불멸(immortality)을 형이상학적으로 주장하고 있지 않다. 우리 소망의 한 가지 기초는 하나님의 은총과 그의 이성의 작용에 있지, 이외의 다른 기초는 없다."(Ⅱ, 497). 영혼 불멸에 대한 그의 주장이 기독교 전통이 허용한 것인지, 그의 기본적인 인격주의의 절충안인지는 해결되지 않은 문제이다. 아마도 그가 영혼의 불멸을 주장하는데 주저하는 것은 주로 자아중심적인 고립의

---

278) *Basic Issues in Christian Thought*, 169, 175, 153. "연속성의 원칙이 자유주의자들의 구원론을 지배하였다."고 Cauthen은 *The Impact of American Religious Liberalism*, 120f.에서 말한다. 누드슨에게 있어서는 구원은 "종교적이고 윤리적이며, 개인적이고 집단적이며, 현재적이고 미래적이다. 이들 한 쌍의 단어들은 서로 밀접한 관계에 있으며, 상호 조화 있게 연관되어 있다." 이렇게 명백한 연속성은 모든 점에서 라인홀드 니버(Reinhold Niebuhr)에 의해 예시된 현대의 정설과 모순된다는 것이 Cauthen의 견해이다.

279) *The Validity of Religious Experience*, 217. 또한 *The Principles of Christian Ethics*, chap. Ⅵ, "The Principles of Perfection"을 보라.

범주를 넘어서기 위해서는 믿음으로 주장해야 한다는 그의 "인식론적 실재론"에서 나온 것일 것이다.[280]

인간은 구원받을 가치가 있으며 또 구원받을 수 있는 피조물로 보는 누드슨의 견해는 뚜렷한 기본적 가정들(assumptions)을 만들어냈고, 이 가정들은 19세기 후반을 통해 점차 빈번하게 드러났다. 본질적으로 죄에 손상되지 않은 자유선택(contrary choice)의 능력에 기초한 형이상학적 자유가 인간론의 중심이 되었다. 전통적인 웨슬리안 신학은 하나님을 향한 자유(freedom-for-God)는 타락으로 인해 상실되었으며, 그 자유의 회복은 제한적이긴 하지만 하나님이 마련하신 구속의 경륜(redemptive economy)에 달려있다고 주장해 왔다. 그러나 자유에 대한 누드슨의 논리는 주로 성서나 전통에 서 있지 않고, 그보다는 도덕적 감수성과, 본질적으로, 인격주의의 기본 원리들에 호소하고 있는 것이다.

그의 신학에서는 구속에 대한 인간의 자유로운 응답은 중요하다. 그러나 그 중요성의 강조가 웨슬리가 취했던 것과는 질적으로 다른 것이다. 누드슨은 철저하게 수정한 죄에 대한 교리는 구원에 있어서 인간의 자유를 그가 확대할 수 있게 만들었다. 그렇지 않으면, 아마도 구속과 죄에 대한 두 교리는 그가 선택한 출발점 곧 자아(self)의 실재와 본래의 상태(integrity), 그리고 자아의 책임이라는 출발점에 의해 결정적으로 영향을 받았을 것이다. 만일 자유로운 자아가 모든 것을

---

280) *The Philosophy of Personalism*, 326. 많은 인격주의자들은 불멸의 진리에 대한 확신은 "하나님에 대한 믿음"에 달렸다고 주장한다. 그리고 그들은 자아의 실체가 불멸을 필연적으로 내포하지 않는다고 주장한다(p. 75).

"설명"하는 근본적인 기준이라면, 죄와 구원의 교리의 중요한 수정은 불가피하다. 2차원적인 모자이크(mosaic)에 죄와 구원의 교리를 짜 맞추기 위해 엄격한 실재들의 그 날카로운 모서리들을 원만하게 함으로써, 이 신학은 바로 시작하는 과학적이고 낙관적인 시대에 호소하며, 또한 적합한 것 같이 보였다. 그러나 이 모자이크에는, 웨슬리안 신학의 심원함이 있음에도 불구하고, 그의 신학 배경, 곧 관념과 개념의 구성에 기본적인 일치가 없는 그 배경에는 신학의 긴장상태와 불연속이 종종 나타난다.

1) 신학적 변천의 개요

2) 변천의 연속

3) 변천의 동력

4) 변천의 불가피성

5) 영원한 불변성

제6장
실제적 적용을 위하여
(Toward A Practical Application)

제6장
실제적 적용을 위하여
(Toward A Practical Application)

역사적 감리교의 교리적 표준 가운데 하나인 「존 웨슬리의 표준 설교집」은 마지막으로 고찰함에 권위 있는 자료가 될 것이다. 웨슬리의 설교집은 교리적 해석을 많이 담고 있기는 하지만, 웨슬리는 그 설교들을 배우지 못한 청중들과 독자들이 심각하게 받아들여, 그들의 삶에 적용하기를 기대했다. 그의 설교에서는 하나의 공통된 말의 형태가 있음을 볼 수 있다. 즉 웨슬리는 설교의 끝에 이르러서 다음과 같이 선언하곤 했다는 것이다. "나는 이 말씀들의 실제적인 적용을 말하며 끝맺고자 합니다." 또는, 다시 "이제 우리 자신들의 실천을 위해 우리는 몇 가지 간단한 결론을 추리할 수 있을 것입니다." 혹은 "이는 앞서 말씀드린 말씀들이 여기 하나님 앞에 있는 모든 분들에게 적용되기를 원하고 있는 것입니다."[281] 이러한 말의 형태에서 웨슬리가 바랐던 의도는, 비록 독창적인 것은 아닐지라도, 그의 전 생애와 사상과 분명히 일치한다. 설교는 실생활과 연결되어야 한다. 추상적 이론은 구체적인 존재를 내포해야 한다. 신학은 복음적인 실재와 결합되어야

---

281) 이 인용문들은 Sermons, Ⅰ, 94; Ⅱ, 101, 415에서 인용한 것이다. 이와 유사한 말들이 Sermons Ⅰ, 173, 382, 451; Ⅱ, 25, 105, 237, 426, 434에도 있다. 비교해 보라.

한다. 따라서 이 연구 곧 신학적 관련과 실제적 적용들에 관한 연구는 웨슬리의 설교 성향과 조화를 이루는 것이어야 한다.

1) 신학적 변천의 개요(A Profile of Transition)

웨슬리로부터 누드슨에 이르는 미국 감리교 신학의 수년간의 순례는 최근까지 별로 주의를 끌지 못했다. 기독교 사상의 광대한 전망에 빗대어 볼 때, 그를 다루고자 주장하는 이가 적었다. 그럼에도 불구하고 이 신학사의 줄기에 대한 연구는 미국 기독교 사상의 공백을 메우는 데 기여하며, 오늘의 감리교가 자신의 정체성을 찾고자 하는 데 도움이 될 것이다. 더 나아가 이 연구는 신학사(神學史)의 원동력을 이해하는 데도 공헌할 것이다.

지금까지 이야기를 했으니까, 이제는 우리 신학의 수년간의 흐름을 간략하게 요약해 보는 것이 좋을 것 같다. 이 연구에 있어 몇 가지 지침을 정하고 시작하려 한다. 첫째로, 우리 신학의 계속과 변화를 다룸에 있어 웨슬리 신학을 기준으로 삼는다. 그러므로 웨슬리가 희망하는 바를 존중하고, 그의 글을 꾸준히 참조한다. 둘째로, 이 연구는 웨슬리의 가장 중요한 교리인 계시, 죄, 은총에 대한 연구에 집중하기 위해서 그 외의 다른 "메소디스트의 특징들"은 다루지 않는다. 셋째로, 이 연구는 웨슬리의 신학에 집중했으며, 그리고 그의 대표적인 후예라 할 수 있는 세 명의 신학자, 리차드 왓슨, 존 마일리, 알버트 누드슨의 신학을 중점적으로 취급한다. 이 세 사람은 각각 한 세기 정도 서로 떨어져 사역한 신학자들이다.

웨슬리에게서 시작하여 누드슨에 이르는 기간 동안의 신학적 발전의 광범위한 고찰을 배경으로 삼고 이야기를 전개하고자 한다. 그 한 세기 반의 기간은 세 기간으로 나눌 수 있다. 곧 1790년에서 1840년까지의 기간은 영향력 있는 영국 메소디스트의 스콜라적 신학으로 흐르는 시대요, 또한 새로운 세계의 요구를 반영하는 미국의 신학적 저술들에 의해 특징 지워졌다. 그리고 1840년에서 1890년까지의 기간은 신학의 내용을 급진적으로 "도덕화(moralization)"하며, 미국의 조직신학으로의 통합이 두드러졌던 기간이다. 1890년에서 1935년까지의 기간에는 새로운 문화 세력의 충격이 있었고, 자유주의에 따라 신학을 광범위하게 재건하는 기간이었다.

우리가 다룬 논의의 주된 내용은 웨슬리안 구원론에 기초가 되는 세 가지 교리, 즉 계시, 죄, 은총의 교리들에서 일어난 주요한 변천들(transitions)이었다. 첫 번째 변천은 "계시에서 이성으로"로의 변천이다. 이 변천은 웨슬리가 계시를 성서적, 체험적 종교 인식에서 이해한 것이, 왓슨을 통하여, 성서의 권위를 확증하는 일(authenticate Scripture)로 변했고, 마일리에서는 신학을 과학적으로 확실시 하려고 논의하는 일로, 그리고 누드슨에 와서는 인격주의적 관념론에 의하여 신앙을 이성적으로 설명하려는 일로 변천되어 왔다. 즉 우선순위가 계시적 만남과 그 설명에서부터 계시되었던 것에 대한 이성적 합리성을 추구하는 것으로 옮겨짐에 따라, 신학은 이성과 자연신학을 점점 더 중요하게 여기게 된 것이다.

두 번째의 주요 변천은 "죄인인 인간에서 도덕적 인간으로의 변이"이다. 여기에서 웨슬리의 죄의 본성과 결과에 대한 전통적 견해가 자유로운 도덕적 행위라는 관점에서 죄를 윤리적으로 새롭게 정의(redefinition)하는 변화를 나타냈다. 이렇게 되면서, 원죄의 죄책과 함께 부패성의 상속을 주장하던 입장은 일찍부터 의심받게 되었으며, 결국에는 부정되고 말았다. (인간의 자유는) 선행적 은총에 기인한다는 웨슬리의 주장은 점진적으로 변하여, 그 자유는 창조된 인간 본성에서 나온다고 말하며, 하나님을 떠난 인간의 소외감(estrangement)과 무력함은 별로 강조하지 않게 되었다. 또 죄가 모든 인간 행동의 전제요건이라는 견해는 사라지고, 죄는 결국 알려진 의무를 범하는 자발적 행위들에서만 생긴다고 생각하기에 이르렀다.

세 번째 감리교 신학에서의 변천은 "값없이 주시는 은총에서 자유의지로의 변이"이다. 웨슬리는 그의 은총의 교리에서 하나님의 은총은 값없이 모든 사람 안에, 모든 사람을 위하여 주어지는 것이고, 이 은총이 구원의 유일한 힘이라고 주장했다. 그런데 이에서 떠나, 구원은 인간 자유에 의하여 이루어진다는 견해가 지속적으로 증가되었다. 그리스도의 속죄는 구원에 있어 더 이상 하나님과 인간에 의해 객관적으로 요구되는 절대적 수단이라고 인정하지 않게 되었다. 그 대신에 속죄의 근거를 통치상의 필요에서 설명하고, 그의 중요한 의의는 주로 주관적인 도덕적 영향에 있다고 주장하기에 이르렀다. 결국 회개와 믿음은 하나님의 선물이 아니요, 본질적으로 인간의 행위로 간주되었으며, 구원 자체는 인간의 생활을 교화하고 정화하려는 인간

의 노력 곧 하나님의 도움을 받은 인간의 노력이라고 주장하게 되었다.[282]

따라서 성서적 계시에 대한 견해는 증거와 논리적 설명에 관심을 갖는 이성에 의하여 손상을 입었다. 인간은 그의 죄의 속박 아래 있는 자라기보다는 그의 도덕적 능력을 지닌 자로서 확인되었다. 그리고 구원에 있어서 하나님의 주권적 은총은 인간의 본질적인 자유에 의해 약한 것이 되고 말았다.

계시, 죄, 그리고 은총의 교리에 있어서의 이러한 내적 수정에 덧붙여 그것들과 그들의 깊은 의미간의 폭넓은 관계를 살펴보아야 하겠다. 다음 장에서는 변화의 순서 혹은 연대기에 대해서 고찰하고, 그 다음 장에서는 다양한 교리들의 상호의존 관계에 대해서 고찰하고자 한다. 그런 다음 전반적인 연구의 기초 위에서 감리교의 신학적 전통에 대한 몇 가지 코멘트를 하고자 한다.

2) 변천의 연속(The Sequence of Transition)

돌이켜 볼 때, 이러한 변화들이 발생한 순서에 대한 문제로 시작해서, 신학적 변천의 분석과 그 의미에 관해 몇 가지 고찰을 해보고자 한다. 어느 신학적 변화들이 발생할 것에 따르는 시간상의 순서(sequence in time)가 있는가? 감리교 신학의 역사에는 그런 일이 있

---

282) 이들 세 교리의 번이를 Scott가 *Religion in Life*, 25(1955), 87-98에서, 그의 논문을 요약해서 쓴 것과 비교하여 보라. 이하는 생략함(역자). E. Dale Dunlop가 쓴 "Methodist Theology in Great Britain," 484ff.을 보면, 영국 감리교에서도 비슷한 변화가 일어났다. 이하는 생략함(역자).

었던 것으로 보인다. 연대순(chronological order)에 따라 전통이 기본적인 수정을 받게 되었는데, 그 연대순이 조직신학에서 계시, 죄, 은총 등이 논의되어진 논리적 순서와 부합되는 것 같다. 즉 양자는 모두 인식론으로 시작하여 인간론으로, 구원론으로 옮겨 갔다. 왓슨과 마일리, 그리고 누드슨의 특징적인 선입견들(preoccupations)을 차례로 간략히 살펴보면 이러한 추정이 맞는 것 같다.

그 주된 것에 있어서, 왓슨의 신학은 의식적으로 웨슬리안이다. 죄에 대한 그의 교리는 웨슬리안의 전통과는 미미한 변화를 보인다. 그런 몇 가지 변화를 가지게 된 것은 웨슬리 자신의 애매한 표현 때문에 생긴 것이다. 그의 구원에 대한 교리는 거의 예외 없이 웨슬리안이다. 그러니 계시와 이성에 대한 그의 이해와 신학방법론은 웨슬리에서 급진적으로 이탈했다. 그의 입장은 웨슬리에게서는 그 근거를 거의 찾을 수 없다. 왓슨의 "증거"와 "확인"에 몰두하는 그의 선입견이 그로 하여금 자료들을 추적하게 하고 그리고 웨슬리에게는 아주 생소한 사고방식을 이끌어내게 한 것이다. 명백히 영국 메소디스트들의 저술의 영향 하에 있던 미국 감리교회사의 첫 시기에 있어서 웨슬리안 전통의 가장 중요한 수정은 계시의 문제를 다루는 것에서 발생했다.

마일리는 웨슬리의 방법론이 대폭적인 점검 정비가 필요하다는 것에는 동의하지만 왓슨의 제안에 대해서는 그렇게 크게 만족하지 않았다. 그리고 그 자신의 몇 가지 제안들을 내놓았다. 그 제안들은 원칙에서 보다는 세부적인 면에서 왓슨의 그것과 다르다. 마일리의 가장 열정적인 관심은 죄의 교리에 대한 논의에서 명백히 나타난다. 그는 웨슬리의 인간론에 대한 왓슨의 소극적인 수정을 회피하고, 자유로운 인격적 행위와 상관이 없는데 죄책이 있고 책임이 있다고 하는 논리들은 모두 단호히 배격했다. 모순되게도, 그는 거기에는 죄책이 없다고 하면서도 인간의 유전된 부패성에 대한 주장은 간직했다. 은총에 대한 논의에 이르러서는, 그는 비록 엄격한 통치설을 선호해서 속죄에 대한 설명을 수정했지만, 웨슬리의 입장을 일반적으로 받아들이려고 하며 수정하고자 하는 의도는 별로 보이지 않았다. 이와 같이, 감리교 신학사의 두 번째 시기에 있어서 가장 실질적인 신학적 수정들은 죄에 대한 교리에서 이루어졌다.

누드슨은, 이성에 대해 보다 포괄적이며 옹호할 수 있는 위치를 마련하고자 노력하는 가운데, 역사적으로 이해하고 주장해온 계시관을 모두 기꺼이 떨쳐버렸다. 그는 어떠한 종류의 부패성이나 원죄도 거부하면서, 마일리의 죄관에 대한 수정을 완결했다. 그는 인간의 자유를 창조된 본성의 본질적인 것으로 여겼으며 또한 구원에 있어서 인간의 행사(exercise)도 본질상 손상되지 않는 것으로 보았다. 요컨대, 그는 대체로 이미 진행되고 있는 변화들을 완료한 것이다. 그러나 은총의 교리에 대한 그의 철저한 재정의(再定義)는 새로운 근거를 개간했다. 그는 하나님이 객관적으로 관여하신 속죄는 없는 것으로 하고, 의인과 성화의 교리를 인간의 형이상학적인 자유에 근거한 보다 포괄적인 회개와 믿음으로 대체했다. 은총의 교리에 대한 이러한 변화들은 세 번째 시기에 가장 독특하게 일어난 일이었다.

이렇게 감리교의 신학 전통에 있어서의 교리 수정의 순서는 계시로부터 시작하여, 죄로, 그리고 은총의 문제로 거행되었다.[283] 아마도 교리의 변화가 이러한 순서를 따른 것은, 권위의 문제나 방법은 복음주의적 삶의 중심 실재에 대해 본질적인 것이 아니기 때문인 것 같고, 또한 그것들에 대한 수정은 삶을 위태롭게 할 것 같이 보이지 않았기 때문에 그리 된 것 같다. 혹은 세상 "정신"(mind)에 대해 관심을 갖고 있는 변증론적 신학이 그 정신을 허용하는 경향이 있기 때문에 그런지도 모르며, 다른 한 편, 혹은 인간의 자유정신이 하나님을 근원적으로 신뢰하지 못해서, 이성적 외부의 도움을 구하기 때문에, 감리교 신학의 변화는 이러한 순서를 따랐던 것 같다.

그러나 변화의 연대순 배열의 현실은 그 원인에 대한 이러한 추론들에 의존하지 않았나. 즉 변화의 순서가 인간의 본성과 가능성에 대한 견해가 크게 변한 것이 우선 신학을 인식론적, 방법론적 수정을 하게 했을 것이라는 개연성에 의존한 것이 아니다. 또는 인간을 은총의 경험이 없는 인간으로 보려는 인간관의 변화에 의존한 것도 아니다. 여기에서 의도하는 모든 것들은 기본적인 수정이 나타난 순서에 대해 관찰하는 것이다. 즉 계시의 교리에서의 변화가 바로 받아들여지매, 인간에 대한 수정을 공개적으로 논의하게 되었다. 이런 일은, 그다

---

283) 다른 교파의 신학적 전통의 수정에 있어서도 이와 똑같은 역학(dynamics)이 있었는가 하는 것은 더 연구해 봐야할 과제이다. 그리고 이런 교리수정의 순서와 보다 일반적으로 인지된 패턴의 관계는 스콜라주의(Scholasticism)에서 나타났고, 그리고 경건주의적 도덕주의(또는 도덕적 경건주의)로 이어졌는데, 이를 이론적으로 접근하면서 이를 문화적으로 받아들이게 되었다. 많은 해석자들 가운데, John Dillenberger와 Claude Welch는 그들의 저서인 *Protestant Christianity*를 통해 몇몇 다른 교파의 전통이나 역사적 상황에서도 그 신학적 계승은 이러한 일반적인 패턴을 따르고 있음을 확인하고 있다. 이 책의 제2장 감리교 신학사의 조망에서 감리교 신학의 변화 역시 이 패턴을 보이고 있는 것을 보게 될 것이다.

음에, 결국 구원에 관한 교리들을 재건하도록 만들어진 것이다. 기독교 신학의 핵심(the inner citadel)인 구원에서의 은총은 오랫동안 가장 잘 지켜져 왔다. 그러나 은총을 믿음에 근거하여 희미하게나마 지지하던 것이 사라진 후에는, 결국 은총은 이성으로 바뀌고 말았다.

3) 변천의 동력(Dynamics of Transition)

신학의 변화에 있어서 교리들 간의 구조적 상호관계의 성격은 우리가 고찰해 보아야 할 또 하나의 중요한 문제이다. 이들 기본 교리들에 끼친 상호 영향의 양식(pattern)을 알아내는 것이 가능할까? 이러한 상호의존은 확인될 수 있으며, 이는 변화의 순서에 관한 관찰들을 우선적으로 살피는 것보다도 이러한 상호관계를 먼저 알아보는 것이 신학에 있어 더 명확하고 뜻 깊은 일인 것 같다. 조사해 보아야 할 중요한 관계들은 계시와 이성의 관계, 그리고 죄와 은총의 관계이다.

이들 두 쌍의 교리들은 모두 인간과의 관계에 있어 하나님이 먼저 시작하신 일이다. 여기에 채택된 웨슬리 신학의 해석에는 바로 이 점을 강조하고 있는 것이다. 웨슬리는 일관되게 하나님과 인간의 관계에 있어 하나님이 주권적인 것을 약화시키는 것을 거부했다. 웨슬리의 견해가 하나님의 주권을 너무나도 철저하게 주장하였음으로 인하여, 때때로, 다른 사람들이 웨슬리를 질책했다. 즉 그들은 그런 논리가 웨슬리의 동료인 휫필드(Whitefield)가 주장하고 있는 예정(election)과 유기(reprobation)의 교리를 시인하게 한다는 오해를 받을지 모른다고, 웨슬리를 질책했다.

하나님의 주권은 하나님의 본성 때문만이 아니라 또한 인간의 필요 때문에도 근본적(basic)이다. 하나님의 주권적인 사랑은 하나님이 계시와 은총으로 인간에게 다가오는 데서 나타난다. 계시와 은총은 그의 창조물을 향한 넘치는 하나님의 구속의 의지를 나타낸다. 그러나 더구나 인간 존재의 특성은 하나님의 선행하는 이 사랑을 필요로 한다. 웨슬리에게 있어서는 인간의 이성이 주체가 되게 만든 왜곡들과 또 이런 왜곡들에 대한 주장들은 하나님의 치유하시는 계시가 없이는 해명될 수 없으며 또는 없앨 수도 없다.

더구나 죄에 속박된 인간 존재는 하나님이 먼저 그에게 오시기 전에는 하나님과 인간 사이에 죄에 의해 고정된 깊은 틈을 도저히 건널 수 없다. 이 문제에 대해 이미 지적한 바와 같이 웨슬리 신학은 확실하다. 이와 같이 하나님과 인간의 관계는 거룩한 사랑으로서의 하나님의 성품뿐만 아니라 자만과 굴종의 인간 존재에도 근거하여 서술되고 있는 것이다.

이러한 관계의 또 다른 특성은 삶과 사유에 있어 가장 어려운 문제들을 산출해낸다. 인간은 하나님과 경쟁 상태에 있다. 인간은 새롭게 되거나 자유롭게 되기를 원치 않는다. 적어도 그가 자유롭게 됨에 따르는 굴욕과 결핍을 받아들이려고 하지 않는다. 그러므로 인간과 하나님 사이에 불가불 긴장이 생기게 된다. 다시 말하면, 이성과 계시 사이에 그리고 죄와 은총 사이에 이러한 긴장이 생기는 것이다. 이러한 계시와 이성 간의 긴장들은 웨슬리신학에 있어서 중요한 역할을 한다. 이런 긴장을 얼마큼 받아들이지 않으려는가(degree)가 계승자들의 신학에 있어서의 신학의 변화의 경향을 예시하고 있다.

이런 주장에 대한 증거는 우리의 연구에서 나타난다. 현재로서는, 우선 계시와 이성 간의 긴장을 완화하여 온 몇 가지 숨은 측면들을 간략히 재검토하여 보고 이어서 죄와 은총 간의 긴장 완화에 대하여 재검토해 보고자 한다.

첫째로, 웨슬리 신학에 있어서, 계시(revelation)는 성서에 기초하고 복음적 경험에서 확증 된 것으로서, 계시 자체가 진정한 것임을 확증한다. 외적인 확인의 중요성은 이차적인 문제이다. 본질적으로 계시는 (왓슨과 마일리에게서 주장된 바와 같이) 구원을 위한 만남(saving encounter)이지, 이성의 판결을 요하는 진리의 명제들(propositions)이 아니다. 왓슨은 웨슬리에게서 아주 벗어나, 계시에 대한 증거는 그것이 실제적으로 효과를 나타내기 전에 이성적으로 수긍되어야만 한다고 생각했다. 그러므로 왓슨은 성서의 "신빙성"을 증명하려고 애썼다. 마찬가지로 마일리도 "신학적 학문"에 대한 "필요한 확실성"을 확립하려고 노력했다. 그리고 누드슨은 인격적 관념론(personal idealism)에 의해 신앙을 이성적으로 변호하려고 노력했다. 그 결과 계시는 이성이 제공하는 외적인 증거보다 하위에 놓이게 되고, 계시와 이성 사이의 중요한 긴장은 얼버무려지고 말았다.

두 번째, 웨슬리의 계승자들은 이성의 중요성을 확대하면서 계시와 이성 간에 내재하는 대립을 감소시키고자 했다. 웨슬리에게 있어서 계시와 이성은 종종 대립한다. 그런 대립들을 해소하는 데 있어서, 이성이 계시에 순복하게 해야 했었다. 왓슨에게 있어서는 계시의 명제들은, 비록 그것들이 인간의 이성과는 상충할지라도, 하나님이 주신 이성(divine reason)과는 결코 상충하지 않는 것이었다. 마일리의 경우는, 인간의 이성과 신의 이성은 같은 성질의 것으로서 양립할 수 있으며, 계시의 진리들과 상충되는 일이 없는 것이었다. 누드슨에게 있어서는, 계시는 독립적인 실체가 아니다. 따라서 계시는 이성과 겨룰 수가 없다. 그에게 있어서는 종교적 진리는 특별한 근원이나 지위도 없다. 종교적 진리는 여러 사람의 경험에서 나온 것이며, 이는 이성의 일반적인 검증을 받는 것이었다.

마지막으로, 웨슬리의 계시에 관한 신학에서는 약간의 자연신학의 요소가 있을 뿐이었다. 그런데 왓슨에게 와서는 자연신학이 현저하게 작용하며, 그의 신학 방법론은 주로 합리적 성향을 띠게 되었다. 마일리는 더욱 더 신학에 있어서의 계시의 위치와 역할을 제한했다. 그러면서 자연과 이성의 위치와 역할을 확대했다. 누드슨은 자연신학과 계시신학을 구분하는 것을 거부하며, 두 가지 형태의 신학적 구조들을 모두 거부했다. 그러나 그가 주장하는 단일구조는 거의 전적으로 이성의 영역에 속하며, 그런 구조에서는 계시가 귀화한 시민처럼 되고 말았다.

죄와 은총 사이의 긴장의 영역들은 계시와 이성 간에 있었던 갈등보다 더 많이 메소디스트 신학의 변화에서 나타났다. 첫째로, 웨슬리는 죄책과 부패성이 원죄에서 온 것임을 인정했다. 그는 부패성을 말할 때 이는 현실로 부패한 것을 의미한다고 묘사했다. 이는 치명적으로 오염된 부패이며 질병이다. 왓슨과 마일리도 부패성이 있다는 것은 인정했다. 그러나 그는 성령의 떠남으로 부패는 생기는 것이라고 주장하면서, 부패의 적극적 성격을 부정했다. 누드슨은 부패라는 것은 비윤리적이고 있을 수 없는 개념이라고 설명했다. 웨슬리는 죄책을 말함에 있어, 죄책은 원죄에 부착된 것으로서, 영원한 죽음을 수반하는 것으로 생각했다. 왓슨에게 있어서는 원죄의 죄책은 개인의 책임을 의미하는 것이 아니라, 단지 형벌을 면치 못할 상태를 의미할 뿐이었다. 마일리와 누드슨은 왓슨의 주장은 부도덕적 모순이라고 하며 거부했다. 이와 같이 웨슬리안의 전통은 죄의 교리에 있어 죄책과 부패성을 주장하는 것이었는데, 결국, 마일리와 누드슨의 죄의 교리는 죄책과 부패성, 그리고 원죄까지, 모두를 부정하는 것이 되고 말았다.

둘째로, 웨슬리 신학은 '자연인(natural man)' 곧 원의(original righteousness)에서 멀리 떨어져 있는 사람이라고 웨슬리가 묘사하는 그 "자연인"에 대해서 자주 언급하고 있다. 여기 자연인이라는 말은 은총으로부터 떨어져 있는 인간의 상태, 또는 아마도 인간이 은혜의 영을 질식시키고 몰아낸 이후의 인간의 상태를 뜻한다. 그러나 웨슬리의 주석가들은 이 "자연인"을 단지 추상적 개념일 뿐, 전적으로 하나님의 은총에서 분리되어, 전적으로 자연의 상태에 인간은 존재하지 않는다고 분명히 밝혔다. 이런 웨슬리의 자연인에 대한 개념은 웨슬리의 계승자들에게서는 완전히 결여되어 있다. 하나님의 선행적 은총 밖에 있는 자연인(natural man)에 대한 개념이 웨슬리의 후예들에 의해 부정된 것은 아니다. 그러나 그들은 추상적인 상태를 해석한다는 것은 마치 쓸데없는 것처럼 여겨, 이 개념을 무시하고 만 것이다. 그러나 이 개념의 포기는 인간의 부패와 무능력함에 대한 강조를 약화시켰다. 따라서 죄에 대한 강조와 은총의 역사 사이의 변증법적 긴장을 모호하게 만들고 말았다.

셋째로, 다소 이와 유사한 모양으로, 웨슬리의 계승자들은 웨슬리의 선행적 은총의 교리를 서서히 포기했다. 이 교리는 웨슬리에게 있어서 가장 중요한 것으로서, 이 교리가 하나님의 구원의 의도의 보편성에 대한 그의 신조를 표현한 것이며, 또한 구원에 있어서 인간의 책임적 참여에 대한 그의 강조의 토대를 제공한 것이었다. 그러나 이제 처음으로부터 모든 인간에게 주어진 이 은총은 인간의 본성과 구분되지 않게 되었다. 인간이 무엇을 실세로 하는 것을 본성에 의해서 하는 것인가, 아니면 은총에 의해서 하는 것인가 하는 문제가 극히 미미한 것일까? 비록 그것이 미세한 구분일지라도, 그것은 엄청난 차이를 만들 수 있다. 이러한 변화의 결과로서 메소디스트 전통은 점차로 인간의 본질적 자유라는 관점에서 구원에 있어 인간의 역할을 확대시켰고, 결과적으로 죄와 은총 사이의 본질적 상충을 흐르게 했다.

넷째로, 속죄의 교리에 대한 메소디스트의 수정은 하나님과 인간과의 간격을 역시 꾸준히 약화시켜 왔다. 웨슬리의 배상설은 하나님과 인간 사이의 무한한 간격이 있음을 인정하며, 하나님의 그리스도 안에서의 희생적 행위를 뺀다면 큰 모순이라고 주장했다. 그리고 그 동안 인기가 있다고 마일리에서 완성된 그로티안(Grotian)의 통치설은 하나님의 거룩함과 인간의 죄사이의 반목(antagonism)을 거의 인정하지 않는다. 이런 가운데, 속죄는 인간의 도덕적 번영을 촉진시키는 것이 되고 말았다. 즉 이 주장에 의하면 죄와 속박으로부터의 인간의 해방은 본질적인 것이 아니다. 도덕적 영향으로 이해된 속죄는 하나님과 인간 사이의 간격을 전제하지 않는다. 여기에서 인간은 그리스도 안에서 보여준 고결한 귀감에 자유로이 응답하는 것이다. 이와 같이 속죄의 교리에 있어서의 변화는 하나님과 인간을 재회시키는 일에 있어 보다 단순하고 어렵지 않는 방법을 제공하는데 이바지했다.

하나님이 주권적으로 먼저 시작하심이 계시와 은총의 불가결한 기초라는 웨슬리의 고견을 웨슬리의 계승자들은 유지하지 않았다. 그들은 계시와 이성 간의 그 긴장을 완화함으로써 "추론하는 믿음(reasoning faith)"과 "확실한 이성(faithful reason)"이 결국 같다고 주장하게 되었다. 또한 그들은 죄와 은총 사이의 긴장을 완화함으로 인간의 창조된 성품 곧 죄로 물들지 않은 인간 본성이 하나님과의 관계를 정한다고 주장하게 되었다. 이들 두 쌍의 실체는 대위법적이어서, 그들은 서로 피할 수 없을 만큼 서로 의존적이어서 한편에서의 변화는 필연적으로 다른 한편의 변화를 일으킨다. 이와 같이 논의 중에 있는 변화들은 널리 다르게 해석되고 있는 "자연인(natural man)"에 관한 것으로 시작했다. 그러나 종국에 가서는, 그 다른 해석들이 하나의 같은 것으로 귀결되었다. 곧 우리는 계몽된, 이성적인 도덕적 인간이라고 결론짓게 되었다.[284]

---

284) 기독교 신학에서의 불가피한 긴장은 또한 연속성과 불연속성의 원칙과 더불어 논의된다. 많은 20세기 미국신학자들의 업적을 설명하는 두 개의 계몽적인 연구가 이 주제에 대한 세밀한 손질을 위해 고려될 수 있을 것이다. 이에 대한 연구가 Mary Frances Thelen의 *Man as Sinner in*

기독교 사상과 삶 속에 있는 불편하고도 어려운 긴장관계에서 탈출하려는 유혹은 모든 세대에 있었다. 그런 유혹은 너무나도 자주 있어 왔다. 그 결과로 생기는 신학의 간이화(simplification) 즉 갈등의 해소는 비참한 것이 될 것이다. 그러나 구원 받은 삶의 실재들에서 은연중에 이루어지는 간이화는 보다 심각한 것처럼 생각된다. 만일 인간의 죄의 길과 하나님의 길 사이에 실제로 불가피한 긴장이 있다면 신학이 값을 치루지 않고서 그것을 무시할 수 있을까?

이와 같이 간이화된, 신학은 그 긴장의 부담으로부터의 해방을 감추려고 할 것이다. 이렇게 단순해진 신학은 인간의 고독을 억제하기 위해, 신학을 하나님과의 만남보다는 오히려 "기독교 신조"에 몰두할 것이다. 이 신학은 죄의 실새를 무시하면서, 인간의 어쩔 수 없는 소원(疏遠)함을 인정하기보다는 인간의 자유를 주장할 것이다. 이 신학은 인간 삶의 부적절함을 억누르면서, 은총의 예기치 않은 침범에 대하여 인간이 호응할 것을 격려하는 것보다, 오히려 인간의 선함과 능력을 주장할 것이다. 그러나 이러한 방법들 속에서, 신학이 인간의 진정한 상황을 감춤에 따라, 그 신학은 하나님이 자신의 선한 목적을 위해 사용하시는 그 만남, 말씀, 그리고 관대하심에 인간이 접하지 못하도록 만들었다.

인간 삶의 낭패적인 실재들과, 은총의 주권적인 특성, 그리고 그 둘 사이의 긴장에 대한 공정한 인정은 신학에서 기본적인 것이다. 만일

Contemporary American Realistic Theology, 그리고 kenneth Cauthen의 *The Impact of American Religious Liberalism*에 있다.

그렇다면, 인간과 하나님 사이의 모든 긴장을 가장 신실하게 다루는 신학이야말로 가장 격찬 받아야 하는 것이 아닌가? 이것이 바로 왜 웨슬리의 신학이 감리교에 있어서 중요하게 지속되어야 하는가의 이유이다. 그리고 또 이것이 왜 미국 감리교 신학의 역사는 여러 면에서 비극적 역사였다는 이유를 말해주고 있는 것이다.

4) 변화의 불가피성(The Inevitability of Transition)

신학사에 있어서 이 연구가 과연 신학의 활력을 증진시키는 일에 도움을 줄 수 있을까? 그리스도인의 삶과 믿음에 대한 진지한 관심은 그러한 질문을 하며, 활발한 교회와 교회의 신학이 가능할 것이라는 긍정적 답변을 기대한다. 비록 감리교 내에서 기성시대의 대다수는 교회의 신학이 고무적으로 확장할 것이라고 전망하지만, 감리교 신학의 150년 역사는 그런 신학적 활력에 대한 낙관적인 전망을 안겨 주지 못했다.

쾌활한 낙관주의를 명확하게 보강하기보다는, 오히려 이런 역사를 보는 한 견해는 우리를 경고한다. 첫째, 과거 교훈들의 연구를 참작해 지나치게 많은 것을 바라지 말고, 우리의 기대 뒤에 있는 동기들을 자세히 조사해 보아야 한다. 둘째로, 감리교 신학의 역사는 신학적 변화의 불가피성을 증거하고 있는데, 그 신학적 변천은 거의 인간이 통제할 수 없는 것이다. 셋째로, 신학의 적응성을 확보하고자 하는 바로 그 결정이 세상과의 비극적 타협을 초래할지도 모른다는 것이다. 그리고 넷째로, 갱신을 위한 첫 걸음으로, 지적인 것보다는 더 실존적으로, 과거의 회복이 필요하다는 것을 절실히 인정해야 한다. 그러나 미래에 대한 이러한 진지한 생각들보다 이상으로, 메소디스트의 신학전통은 많은 타협과 패배가 있었음에도 불구하고, 그 신학의 지속적인 대상과 메소디스트 역사의 주(Lord)는 주권자이신 하나님이라고 지적하고 있다.

역사와 신학의 연구를 실용적인 것으로 활용하고자 하는 욕망은, 처음에 생각한 것보다는 더 답답하고 바람직하지 않게 보일지도 모른다. 바로 이 욕망이 정당하며 중요하기 때문에 그 욕구가 조장한 왜곡들은 찾아내기가 더더욱 어렵다. 그러므로 신학을 새롭게 살리기를 추구하는 사람들은 그들의 하는 일이 어떤 면에서 믿음의 결과가 아니라 믿음의 변화를 초래할 것인가 아닌가를 조사해 보아야 한다. 역사를 다루는 데 있어, 기독교인이 그의 믿음을 배신하도록 이끌지 모르는, 세 가지 명백한 유혹들이 생긴다.

첫째로, 신학사의 교훈들을 현대생활에 적용시키고자 하는 충동은, 복음에 의해서 부과된 구원의 필요성들을 수용하기보다는 지성과 계략에 의해 기독교의 열매들을 소유하고자 하는 욕망에서 나왔을지도 모른다. 그러나 기독교 신앙과 역사는, 연구가 그것이 역사의 연구이든 혹은 신학의 연구이든 간에, 인간이 영적 개발의 과정을 지시하거나 바꿀 수 있게 하는 은밀한 지식이나 급진적 수단을 발견할 수 없을 것이라고 충고한다. 극히 간단히 말해서, 한 인간이나 한 시대를 크리스천 되게 하는 지름길이나 쉬운 길은 없다. 신학적 활력을 보전할 처방들(prescriptions)을 탐색하려는 모든 종류의 영지주의 (Gnosticism)는 모두 배척되어야만 한다.

둘째로, 기독교의 실재를 고양시키기 위한 신학의 추구가, 그가 하나님이 그렇게 할 것이라고 하나님을 신뢰할 수 없을 경우에, 자기 자신의 필요를 충족시키고자 하는 인간의 의도적 결심을 약하게 할지도 모른다. 인간의 하나님에 대한 표면적 신뢰의 저변에는 우리가 모르는 무기력과 절망이 놓여 있을 것이다. 따라서 믿음이나 소망이 아닌 공포와 절망에서 그는 하나님의 행위를 의도적으로 강하게 요구할 것이다. 그러나 큰 믿음은 하나님 앞에서 인내를 가지고 기다릴 수 있는 그 능력이다. 순종은 종종 열광적인 행위보다는 신뢰하며 기대하는 것을 의미한다. 우리들이 과거의 교훈을 구원의 목적들로 활용하려고 할 때, 인내심을 가지고 하나님을 기다리라는 충고는 대단히 중요하다. 왜냐하면 우리들이 공포에 쪼들린 일들을 없애게 해달라고 하나님께 강하게 요구함으로 인하여, 하나님-인간의 관계(divine-human relationship)가 묘하게 거꾸로 인간-하나님의 관계로 변할지도 모르기 때문이다.

셋째로, 과거부터 배운 교훈들에 의해서 미래를 개선하고자 하는 노력은 현재의 요구들을 모면하려는 하나의 숨겨진 계략일지도 모른다. 기독교의 복음은 항상 그리고 적절히 구원 받아야 할 인간의 필요를 전해왔다. 그러므로 사람으로 하여금 그의 무지와 속박을 회피하게 하는 일은 모두, 그것이 비록 잠시 동안일지라도, 하나의 교활한 속임수이다.

과거의 문제와 실수에 대한 선입견, 혹은 미래의 계획이나 소망에 대한 선입견이 삶의 즉각적인 요구들을 진실하게 시작하는 차원인, 현재에 직면한 대결을 회피하는 데 이용되지 않도록 해야 한다. 살아계신 하나님과의 복음적 만남은 현재에서 일어난다. 하나님과의 만남이 신학 활동을 시작하게 한다. 그러나 신학 활동이 우리의 복음적 만남을 모호하게 해서는 안 된다.

만일 종교생활에 있어 신학의 완전한 상태(theological integrity)를 추구하는 것이 그렇게 부지중에 여러 가지 면에서 잘못될 수 있다면, 우리는 미래에 대한 그릇된 희망을 갖지 않도록 주의해야 한다. 물론 신학이 추구하는 것을 단지 지적인 생각으로 기독교 신앙을 소유하려는 노력으로, 혹은 인간이 갖는 두려움 때문에 하나님의 도움을 의도적으로 요청하는 것으로, 혹은 과거 또는 미래에 은신함으로 현재의 복음의 요구에서 벗어나려는 전략으로, 비웃듯이 처리해 버릴 수 없다는 것은 확실하다. 신학은 종교의 갱신을 기대하며 또 그 실현을 위해 도움을 준다. 인간은 각 세대마다 가능한 한 신중하고도 효과적으로 기독교의 진리를 체계화할 책임이 있다. 그러나 그리스도인과 신학자의 봉사는 잘못된 확신과 기대에서 자유로워 질 때, 감소되지 않으며 증대되는 것이다. 따라서 신학적 실용주의의 위험성에 대한 이러한 경고는 합당한 듯하다.[285]

---

285) 신학의 일반적 특성과 그 역할에 대해 좀 더 살펴보려면 이 책의 서문을 보라. 이들 단편적인 관찰들은 분명히 신학의 본질과 기능에 대한 특별한 견해(들)를 함축하고 있다. 아마도 그들이 더 많은 질문들을 야기할 것이다. 그러나 그것들과 관련하여 답하려는 것이 여기에서의 내 목적은 아니다. 이 분야에 대하여 위대한 통찰력과 유용성을 가지고 기록하는 다른 많은 사람들의 생각을 계속하여 참고하라.

잠재해 있는 유혹들을 고려해 볼 때, 감리교의 신학적 전망을 탐구하는 사람은 다음으로는 과거의 역사적 경험으로부터 적절한 증거를 조사해 볼 필요가 있다. 이와 같은 증거는 제한적이기는 하지만 신학적 변천에 있어 두 가지 가능성을 시사해 준다. 기껏해야 이것은 불확실 하지만, 다음의 두 가지 희망의 근거가 된다. 곧 신학의 퇴보를 인간의 노력으로 막을 수 있든지, 아니면 역전시킬 수 있다는 희망에 대한 근거가 되고, 다른 하나는 신학이 그 본래의 상태를 손상시키는 데 빠지지 않게 하면서 환경의 요구와 문제들에 구체적으로 관련을 맺게 할 수 있다는 희망에 대한 근거가 된다. 신학의 본래의 상태를 유지하려는 요구와 신학의 적절성을 찾으려는 요구 사이에는 불가피하게 변증법적인 긴장이 있는 것 같다. 감리교 내에는 많은 학자들이 전자를 요구하는 사람, 또는 후자를 강조하는 사람들로 나뉘어졌다.

신학의 완전성(theological integrity)을 지지하는 사람들은, 정확히 말해서, 그들은 보수주의자들이다. 그들은 전에서부터 지금까지 가지고 있는 그 진리를 여전히 간직하기를 원한다. 그들은 이 진리를 부정하는 것들은 모두 거부하며, 이 진리에서 이탈한 자들이 다시금 이 진리로 돌아오기를 예언자처럼 외친다. 감리교는 경험적이며 복음적인 것에 대한 관심이 많아서, 여러 교파들이 공유하고 있는 전통을 광범위하게 수행하지는 못했다. 그러나 근본적인 웨슬리안의 강조점들을 보존하고 혹은 되찾기 위한 일치된 노력들은 자주 있었다. 이 연구에서 이와 같은 보수적인 변증학을 많이 다루었는데, 지금 예를 들어 더 설명하고자 한다. 그러면 우리가 계시, 죄, 그리고 은총에 대하여 보다 정통적인 견해를 주장한 학자들을 차례로 살펴보도록 하자.

메소디스트 안에서, 리차드 왓슨은 계시론에서 아담 클라크(Adam Clarke)의 이성주의가 미치는 영향을 막으려고 했다. 다니엘 커리(Daniel Curry)는 웨돈이 채택한 상식 인식론에서 기독교 계시의 유일성을 위태롭게 한 것을 발견했다. 마일리와 멘덴홀(Mendenhall)은 성서의 원문 문자를 존중하며 행한 성서연구의 결과들의 대부분을 거부했다. 그 후 헤롤드 슬론(Harold Sloan)과 조지 윌슨(George Wilson)은 계시를 이성의 범주와 같게 하고, 그리고 성서에 대한 "파괴적인" 비평연구를 허용하도록 시도한 보우네와 자유주의 신학자들의 대담함을 보고 간담이 서늘했다. 그러나 계시론에 대한 이러한 논쟁은 얻은 것보다는 잃은 것이 훨씬 더 많을 수밖에 없었나.

이와 같이 변화되는 데 반대하여, 왓슨은 칼빈과 웨슬리처럼 인간의 부패성을 주장했다. 다니엘 스틸(Daniel Steele)은 웨돈과 마일리가 책임적 자유와 죄책에 관한 철학적 설명을 강조함으로 원죄론을 손상시켰다고 생각했다. 마일리는 자유로운 행위가 동반하지 않는 데는 어떤 죄책도 있을 수 없다고 주장한 후에, 그는 인간은 실제로 부패했다고 주장하려고 애썼다. 토마스 니리(Thomas Neely)와 존 포올크너(John Foulkner)는 죄에 대한 웨슬리의 견해가 1916년의 연구과정에 실렸던 대부분의 책들에 의해서 절망적으로 전복되었다고 지적했다. 이와 같이 인간과 죄에 대한 웨슬리안의 견해를 대표하는 논쟁은 여러 세대를 통하여 계속되었다. 웨슬리의 인간과 죄에 대한 심각한 논쟁이 본래의 목적을 성취하지는 못했다

칼빈주의와 과격한 인본주의에 반대하여 왓슨은 자유가 하나님의 은혜로 회복되었다는 기초에서 구원에 있어서의 인간의 책임을 주장했다. 뱅스(Bangs)와 피스크(Fisk)도 칼빈주의자들을 상대하여 똑같은 주장을 했다. 19세기 중엽에 몇몇 메소디스트들은 상식철학에서 말하는 능력의 직관적 지식에 의존한다는 주장을 비난하고, 복음적 회심을 로맨틱하고 계몽적인 확신들로 대치하는 것을 공공연히 비난했다. 웨돈과 레이몬드 그리고 마일리는 그들의 교리가 하나님만이 주실 수 있는 본래적인 능력을 인간의 것으로 돌리고 있다는 근거에서 수정 칼빈주의를 맹렬히 비난했다. 누드슨과 그 시대의 유력한 자유주의 신학자들에 반대하여 조지 셀(George Croft Cell)과 에드윈 루이스(Edwin Lewis)는 감리교가 하나님의 주도권과 주권적 은총을 강조하는 구원의 신학으로 돌아올 것을 권고했다. 다소 느린 속도이긴 하지만, 메소디스트의 은총의 교리도 또한 쇠퇴하게 되었다.

이와 같이 웨슬리 신학에서 절멸의 위험에 직면한 문제에 대한 분쟁들이 이어져 왔다. 되풀이하여, 전통에서 쇠퇴하여 뜻밖의 불행이 올 것이라고 예견하는 소리도 있었고, 그런가 하면 정통으로 복귀하라는 예언자적 외침이 나오기도 했다. 주기적으로 신학은 고뇌에 찬 재검토를 받게 되었고 또한 신학을 재건하고자 하는 상당한 노력들도 있었다. 그러나 만일 웨슬리안 유산의 "근본적인 교리"의 내용을 보존하는 것이 목표였다면, 그러면 본 연구에서 고찰하고 있는 메소디스트의 역사에서는 그렇게 되었다는 많은 증거를 제공하지 못하겠다. 보수주의자들은 항상 논쟁에서 실패한 것 같다.

역사적 증거는 신학에 두 번째로 요구하는 것이 있다. 즉 신학은 신학의 신빙성(authenticity)을 유지할 뿐 아니라 인간 사회와의 적합성(relevance)도 확립해야 한다는 것이다. 따라서 기독교인이나 기독교 공동체는 그리스도와 문화의 각기 다른 요구를 끊임없이 열심히 다루어야 한다.[286] 이렇게 하는 가운데서 그들은 불가피하게 그들의 완전성을 보호하려는 (그러나 그들의 사명을 부인하는) 초연함과 적합성을 확립하려는 (그러나 그들의 신빙성은 손상시키는) 노력 사이에서 선택해야 하는 비극에 직면하게 되는 것 같다. 정확히 말해서, 교회가 모든 인류와 더불어 모든 것들을 추구하려 한다면 교회는 세상과 관련됨으로 인하여 자신의 생명과 메시지의 신빙성(integrity)을 손상시킬 각오를 해야 한다. 신학이 복음에 타격을 수지 않으면서 주변문화와 관계성을 유지할 수 있다는 가능성에 대해 메소디스트의 역사가 어떤 도움을 줄 수 있을까? 우리는 사람들이 지극히 중요한 신앙의 진보를 위해 계시와 죄, 그리고 은총에 관해 보다 폭넓게 이해하려고 노력했던 몇 가지 경우를 살펴보고자 한다.

성서의 계시가 믿을만할 것이라는 것을 증명하기 위해서 리차드 왓슨은 이신론자들의 논의를 많이 사용했으며 또한 종종 자청해서 그들과 대화하기도 했다. 웨돈과 마일리는, 왓슨의 주장을 수정하려고 상식철학의 인식론을 활용했다. 그리고 그것과 계시에 대한 보다 전통적인 견해 사이에 조화가 있음을 증명하려고 했다. 와렌과 쉘던, 누

---

286) 니버(H. Richard Niebuhr)의 책 *Christ and Culture*는 기독교의 완전함(integrity)과 그 관계성(relevance)의 이중적 요구에 대하여 잘 설명하고 있다. 이와 관련된 주제들이 또한 틸리히(Paul Tillich)의 책, *The Protestant Era*와 *Theology of Culture*에서 잘 전개되고 있다.

드슨 그리고 복음적 자유주의자들은 슐라이에르마허, 리츨, 그리고 헤겔철학의 다양한 방법론을 받아들인 비평적 성서연구의 결과들을 인정했다. 그리고 증거에 대한 과학적 주장과 경험적 실증을 공식적으로 인정했다. 대개 메소디스트 신학은 신학의 수정을 언급하고 있는 사람들 가운데서 폭넓게 논의되었다. 그러나 대체로 신학을 수정한 일들은 결국 초기의 신앙적 입장 또는 강조점들의 일부를 잃어버리는 결과가 되고 말았다.

초기의 미국적 상황에서 개척자의 독립정신과 개인주의는 인간에 대한 비관적인 견해를 모르는 사이에 덜 갖게 만들었다. 웨돈과 마일리는 죄와 죄책, 그리고 책임에 대하여 논의함에 있어서 많은 사람들이 요구하는 도덕적, 이성주의적인 수정에 응답했다.

와렌(Warren)은 복음적 죄의 교리를 과학적이요 철학적인 견해들과 걸맞은 말로 고치고 보전하자고 주장했다. 보우네와 누드슨 그리고 다른 사람들은 인간은 진보하고 있으며 퇴보하지 않는다고 주장한 다윈주의(Darwinism)의 많은 이론들을 받아들였다. 이와 같이 메소디스트 신학이 미국사회에서 많은 추종자를 확보했지만, 죄의 교리에서 강조하던 것들은 점차로 변경되고 말았다.

개척자들과 부흥운동의 요구에 동정적으로 응답함으로, 메소디스트가 온전한 복음을 복음적으로 호소하는 일들로 바꾸게 했다. 뱅그스(Bangs), 피스크(Fisk), 웨돈, 그리고 뎀프스터(Dempster)는 신학교육의 중요성을 강조했다. 그리고 지적 계몽시대를 위해 믿음을 고상하게 해석할 것을 요구했다. 일반에게 평판이 좋은 수정 칼빈주의와 신학적 경쟁으로 인해, 메소디스트는 신학적으로 비합리적인 것과 윤리적으로 모호한 것들을 모두 제거하려고 힘썼다. 문화전체에 만연되고 있는 낙관주의는 구원의 본질과 방법, 그리고 목적을 재검토하도록 강한 영향을 미쳤다. 메소디스트 신학은 은총의 교리에 대한 접촉점을 수립했다. 그러나 그렇게 함에 있어, 메소디스트 신학은 일련의 양보를 하여, 마침내 한걸음 한걸음 다른 교리를 만들어 내고 말았다.

이와 같이 감리교는 세계와의 연대를 맺는 가운데 웨슬리안이 강조했던 복음을 단지 유지하고 있었다. 감리교가 채택한 표현들은 종종 웨슬리안의 교리를 충분히 드러내지 못했다. 아마도 그중에 어떤 것은 강조점에 차이가 있어서 그랬을 것이다. 또는 어법과 용어를 바꿈으로써 미국생활의 주류로부터 메소디스트 신학이 소외되는 것을 막고, 또한 복잡하고 어려운 세계의 정반대의 압력에도 불구하고 기독교가 많은 가능성을 가질 수 있게 하려고 했기 때문에 그랬던 것 같다. 그러나 세상이 이해하는 언어를 찾으려는 노력은 하나의 비극적 결과(necessity)를 수반했다. 이 노력을 수행한 사람들은 그렇게 함으로 승리한 만큼, 패배에 직면했다. 복음을 그 시대가 좋아하는 언어로 설명하려는 일은 논쟁, 구체화, 그리고 상실의 위험을 수반했다. 이것이 메소디스트의 역사를 통해 얻어진 교훈들 가운데 하나이다.

이제 웨슬리안 신학의 전망에 대한 조사는 경험에 의해 나타난 개연성에 대한 조사로부터 적절하게 현재 아직도 살아있으며, 또한 그와 같이 미래를 결정짓는 과거의 일들을 고려해 보는 일로 옮겨갔다.

이러한 실재들이 요구하는 응답은 어떤 것일까? 널리 영향을 미칠 수 있는, 메소디스트 신학(Methodism)의 미래는 이들 과거의 실재들을 회복하는 데에 달려있는지도 모른다. 기억되는 감리교의 과거의 일들 가운데는 많은 영역의 경험이 있었다. 그 가운데 어떤 것들은 생동적이나 스스로 드러내지 않았고, 또 어떤 것들은 무력하고 무익한 것들이었다. 그 가운데는 영감적이요 다시 자신을 갖게 하는 위대한 능력의 시절도 있었다. 그러나 실제에 있어서, 메소디스트 신학이 한 일들은 자랑스럽게 종종 언급된 약간의 업적들 외에는 별로 한 일이 없다. 메소디스트의 전통에는 전혀 다른 수준의 진상(fact)과 중요한 것이 계속 살아있었다. 그런데 그들 중 많은 것들은 거의 이해되지 않았고, 감추어져 있었으며 혹은 상기시키지도 못했다. 메소디스트의 영적생활을 위해서는 이런 유산을 발견하고 받아들일 필요가 있다는 것은 자명한 일이라고 말할 수 있다. 이 유산들은 우리의 신앙을 실천함에 있어 필요하고 긴요한 것이다. 사실 우리의 생활은 이 신앙고백과 연관되어 있다.

과거에 있었던 잘못과 영광을 회복하는 것은 몇 가지 중요한 일에 있어 인간과 그의 전통에 도움이 된다. 이 일은 인간으로 하여금 자신이 기억하는 것을 이해하게 하고 또 잊어버린 것을 기억하게 하며, 또한 그가 이렇게 배운 것을 수용할 수 있게 한다.[287]

첫째, 과거에 관한 인간이해에는 두 가지 사실이 분명하면서도 혼

---

[287] H. Richard Niebuhr의 *The Meaning of Revelation*, 109-21을 보라. 이 책의 제2장에서 그는 위에서 밝혀진 주제에 직접적으로 관련되는 외적인(external) 역사와 내적인(internal) 역사의 구분을 잘 다듬고 있다. 이 책은 역사의 의미를 연구하는데 도발적인 식견을 담고 있다.

란스럽다. 곧 인간이 일치된 역사적 회상에 대해 내리는 다양한 해석들과 이들 회상에 대한 일치된 해석에 대한 동의를 배제케 하는 저항세력이다. 무엇이 그렇게 과거를 이해하기 어렵게 만드는가? 자신이 기억하는 것을 이해하지 못하는 인간의 무능력은 지적인 혼동에서 보다는 오히려 영적인 저항에서 오는 것이 아닐까? 이 가정이 사실이라면 과거를 이해하는 일은 본질적으로 영적인 문제이며, 그 해결은 하나님의 계시(illumination)에 달려있는 것이다. 즉 사건들의 내적 의미를 분간하려면 하나님의 계시가 필요하다는 것이다. 그렇지 않으면 그 사건은 흔하고 무의미한 것이 되고 말 것이다.

둘째, 잊어버렸던 많은 것들을 되찾아야 한다. 우리의 전통의 자세한 내용과 넓은 의미에 대한 폭넓은 연구는 그농안 잊어버렸던 것을 상기시키는 데 도움이 될 것이다. 그러나 보다 많은 것이 요구된다. 역사적-신학적인 지식은 불충분하다. 왜냐하면 이런 지식은 우리의 과거에 형성되어 지금도 영향력이 있는 그 숨겨진 내적 체계들을 간파할 수 없을 뿐 아니라 다를 수도 있기 때문이다. 지금도 지속되고 있는 이런 체계들에는 아직도 해결되지 않은 죄책이 붙어 있다. 그리하여 이 죄책이 우리를 노예로 만들고 무기력하게 만든다, 즉 끊임없는 방어와 합리화를 강요하는 강압된 실수, 그리고 과거를 정화하려는 요구를 완강히 거부하는 정평 없는 주장들을 하게 한다.[288] 이런 악마

---

288) 비록 그것은 숙련된 솜씨를 요하지 않지만, 감리교 전통 안에 있는 실수와 주장을 그런 것을 알지 못하였거나 또는 알려고도 하지 않는 사람들에게, 설명하는 것은 별 의미가 없다. 즉 크라스 모임에서와 감리회 전체 모임에서 은총의 역사가 사라진 일, 기독자 완전에 대한 고귀한 약속을 상실한 일, 복음적 실재를 대신하여 인간의 능력을 찬양하는 일, 행동주의에 의하여 복음주의의 무력함 없는 버릇 등을 자세히 설명하는 것은 별로 의미가 없다. 이러한 세력들과 힘의 지배로부터

적인 세력을 깨트리려면 이런 실제들을 밝히 드러내야 한다.

셋째, 밝혀진 것들은 책임 있게 받아들여져야 한다. 단순히 객관적인 외적 역사로 보여진, 감리교 신학의 유산은 우리 자신의 개인적인 내면적 역사가 되도록 해야 한다. 이 유산을 받아들이는 것은 우리들의 역사를 통해 추적한 죄와 믿음의 이중적인 흐름을 포함해야만 한다. 그리고 죄와 믿음은 그 한계가 없기 때문에, 그것들을 전용하는 일은 우리를 과거의 동료들과, 그들이 우리들의 전통에 있든지 혹은 다른 전통에 있든지 간에, 그들과 연결이 된다. 이는 우리로 하여금 개인뿐만 아니라 모든 인류와 더불어 공동체를 형성케 한다. 기억이 개조되고 그것의 파괴적이며 분열시키는 세력들이 회복되고 받아들여질 때에, 그런 세력은 사라지고 새로운 가능성이 떠오르게 된다. 이와 같이 과거에서의 개조는 그 미래의 소유를 위한 전주곡이다.

과거의 비밀들을 회복하는 것은 하나님의 은총의 역사이다. 하나님의 도움 없이는 인간은 자신의 죄와 허물의 짐을 받아들일 수 없는 것은 물론이요 그것을 직면할 수도 없다. 결과적으로, 개인이나 단체의 과거에 대한 아주 깊은 의미는 하나님께서 인간이 그것을 이해할 수 있도록 진리의 빛을 던져 주실 때에야 비로소 분명해진다. 우리가 과거를 부정함으로써 곧 고칠 수 없을 것이라고 단순히 생각함으로써 이를 피하려고 함은 매우 걱정스러운 생각이다. 그러나 우리가 우리의 개인과 단체의 과거에 대한 중요한 의미를 진지하게 이해하기를 원할 때, 비로소 우리는 통일되고 완전한 개성들을 소유하게 될 것이

자유를 얻는 것이 감리교의 장래를 위하여 가장 중요한 일이다.

다.

 그러므로 우리로 하여금 과거를 되찾도록 지시하는 것은 그리 쉬운 권고가 아니다. 오히려 그러한 권고는 개인의 역사나 집합적인 역사와 분열과 창피스런 대결을 가지게 한다. 이는 인간의 결정에만 의지해서는 거의 성공할 수 없다. 그러나 하나님의 은총 안에는 과거로부터 해방될 수 있는 길이 있으며, 길이 열릴 것이다. 그러나 특별히, 메소디스트의 유산을 회복하는 길에는 어려움이 있고 요구되는 것이 많다고 하는 것은 메소디스트 전통에 대해 우리가 가지고 있는 안일한 전망과는 모순되는 것 같다.

5) 영원한 불변성(The Eternal Constancy)

 인간 마음의 경직성을 알고 있다고 주장하는 그리스도인들이 자신들의 전통의 모호한 점에 부닥칠 때는 좌절하지는 않지만, 그렇게도 종종 당황하는 것은 이상하다. 그리고 이들 전통들이 하나님의 구속적 선하심이 승인한 것이라고 믿는 그들의 확신과 반대되기 때문에 그들은 계속 괴로워한다. 왜냐하면 하나님의 선하심은 영원하고, 사라지거나 잊힐 수 없으며, 미리 예측되거나 조정될 수도 없기 때문이다. 그것은 인류에 대한 끊임없는 사역을 수행하며, 때때로 부흥의 시기에는 매우 분명하게 나타난다. 하나님의 선하심은 인류를 위해 계속 역사하신다. 이런 일은 종종 부흥의 기간에 넓게 나타난다. 이는 믿음의 사람들이 절대 확신을 가지고 계속 받아들일 수 있는 실재이다.

메소디스트들이 대 복음적 부흥운동의 초창기의 역사를 회고해 보면, 하나님의 구속적 은총은 분명하게 메소디스트들에게 나타났다는 것을 알아야 한다. 메소디스트들은 새로운 전통을 가지고 존재하며 하나님의 자비로운 역사를 증거했고, 또한 하나님의 계속적인 섭리와 변화시키는 능력을 분명히 확신했다. 이런 확신이 감리교를 자기의 운명을 스스로 해결해야 한다는 무거운 확신에서만 아니라 미래에 대한 슬픈 걱정으로부터도 구해 낼 것이다. 그러므로 하나님이 섭리하신 과거를 기억함으로, 감리교는 하나님의 자비하심에 대한 그들의 믿음을 재확인할 수 있었고 또한 역사를 주관하시는 하나님의 영원한 주권에 대한 그들의 희망을 확인할 수 있을 것이다.

다시 한 번, 오늘의 세대에서, 하나님의 자유로운 구속적 계획을 메소디스트의 삶과 사상의 발전 속에서 분명히 이해하게 될 수 있을 것이다. 사실상, 지난 한 세기 반 동안의 중요한 신학적 변천에 있어서 한 가지 아주 중요한 역전(reversal)이 1935년부터 일어났었다. 웨슬리의 중요한 교리들은 호감을 샀으며, 점점 증가하는 많은 교수들과 성직자, 그리고 평신도들에 의해서 받아들여졌다. 이런 신학적 르네상스는 지역 교회 안에서 복음적 갱신이 일어날 징조들을 동반했다. 이 두 가지의 움직임은 기독교 세계의 전역에 일고 있는 같은 추세들에 의해서 지지를 받았다. 이런 발전들의 영구적 가치를 평가하기에는 너무 이른 감이 있지만, 이 세대에서 감리교는 새로운 활력을 얻기 위한 "개방"에 직면하고 있는 것만은 분명하다.[289]

---

289) 1930년대 유럽의 위기신학에 대한 감리교의 반응을 주의 깊게 살펴보기 위해서는

더구나, 감리교의 구원의 신학은 절대적으로 은총이 필요하다는 것과 은총의 효과를 강하게 증거하고 있다. 기독교 신학에서 이렇게 권위 있게 설명하는 교리들은 구원을 현재 구체적으로 체험한 일에서 확인되어 왔다. 이 교리들이 인간의 부적당함을 강조한다면, 이 교리들은 또한 하나님의 능력을 강조한다. 사실, 메소디스트의 전통은 하나님의 은총은 충만하고, 값없이 주시는 것이라고 분명히 주장하고 있다. 동시에 메소디스트는 "은총의 낙관주의"가 "싸구리 은총(cheap grace)"을 의미하는 것은 아니라고 하며, 은총을 받아들이는 데는 대가를 지불해야 한다고 주장했다. 웨슬리는 하나님 안에서 새사람이 소생되기 위해서는 옛사람이 죽어야만 한다고 주장했다. 그의 가장 큰 관심은 그리스도인의 구원문제였다. 웨슬리의 후계자들은 이와 똑같은 관심을 가지고 이것을 수정하고 왜곡하는 일에 반대함으로써 그들의 신학적 유산에 충실했다.

끝으로, 150년간의 메소디스트 신학의 변천을 통해 차분히 미래를 생각해 본다면, 이들 시기와 역사의 모든 것이 하나님께 속해 있기에, 바로 그 주권자이신 하나님을 주시하도록 철저하게 재확인 하는 것이 필요하다. 만일 그들의 업적에 대한 기록이 인상적이지 못하거나 유망한 것이 아니라면, 정직한 사람들은 그들의 영역을 초월하시는 하

McCutcheon의 "Praxis: America Must Listen," *Church History*, 32(1963), 452-72를 보라. 또한 최근의 발전에 대한 요약을 보려면 *The History of American Methodism*, III, 315-27에 있는 "Since 1939-Methodist Theology Today"를 보라. 그리고 질문에 대한 토론을 보려면 *Religion in Life*, 29(1960), 491-539에 있는 "Is there a Neo Wesleyanism?"를 참조하라. 다음에 나오는 부록 "Methodist Theological Literature"에서는 1935년 이후 완성된 웨슬리 신학과 미국 감리교신학에 대한 많은 관련된 책과 연구들이 언급되고 있다.

나님의 비전에 의해 절망으로부터 구원될 수 있을 것이다. 하나님의 주권과 구속의 은총에서 그들은 최선의 소식과 가장 깊은 확신을 발견했다. 이 사실이 그들에게 절대적으로 중요한 것임을 새삼 확인하기 위해 메소디스트들이 웨슬리의 일지(Journal)를 다시 읽는 것도 좋을 것이다.

그리고, 충분히, 웨슬리가 "기쁨으로 놀랐듯이" 그렇게 그의 후계자들도, 아마도 우연히, 저들이 찾는 갱신은 그들이 순종하고 신뢰하는 생활을 하며, 그것을 얻기 위해 침울하게 투쟁하는 것을 멈출 때에, 분명히 온다는 것을 알게 될 것이다. 진실로 미래를 위한 구체적인 계획을 추구하지 않는 것은 위험하며 또한 몹시 두려운 일이며 또한 그것은 믿음과 희망에 대한 냉소적인 포기처럼 보일 수 있다. 그러나 하나님을 신뢰하고 매일같이 순종하는 삶이 결코 자기를 부인하거나 패배를 인정한다는 것이 아니다. 그렇게 하는 것이 가장 확실한 믿음을 반영하고, 모든 것에 대한 지속적인 희망을 약속하는 것이다.

종교적 삶과 신학적 형성의 변천 이면에서 또 이를 넘어서, 믿음의 사람들은 하나님의 영원한 원리를 발견한다. 이러한 비전을 가진 사람들은 업적에 대한 자만이나 절망의 헛됨으로부터 해방된다. 그들의 유산을 통한 하나님의 선물들에 대해 감사하며 그들은 미래를 굳게 바라보며 위대한 선하심이 여전히 하나님으로부터 올 것을 확신했다.

부록

| 부록 |

메소디스트의 신학 문헌(Methodist Theological Literature)

이제 이 논제들을 추적하려는 사람들을 돕기 위해 이 연구에 관련된 문헌들을 소개하려고 한다. 또한 이 연구에 중요하게 공헌한 이들에 대해서도 간략하게 설명하려 한다.

웨슬리 신학 연구를 위한 최초의 원 자료들은 많다. 웨슬리의 중요한 견해는 13권 이상의 그의 저서에 빠짐없이 기록되어 있다. 본 연구는 이 모든 저서들을 활용했다. 웨슬리가 지시한 대로 저자는 그의 「표준설교」(Standard Sermons)와 「신약성서주해」(Notes upon the New Testament)를 중요시하고 그들을 우선적으로 참고했다.

그리고 또한 서그덴(Sugden), 잭슨(Jackson), 텔바드(Telbard), 그리고 커노크(Curnock) 등이 편집한 설교집(Sermons), 웨슬리 전집(Works), 편지(Letters) 그리고 일지(Journal)들을 참고했다. 「신약성서주해」에서의 인용구들은 성서를 참조함으로 확인했다. 그의 모든 저서에 있는 인용구들도 그렇게 확인했다.

지금은 웨슬리신학 연구에 대한 훌륭한 연구(책)들이 많이 있다. 본 논문을 전개하는 데 있어 보다 유용하게 참고한 몇몇 책들과 그들의 내용을 간략하게 언급하고자 한다. 웨슬리연구에 있어 가장 초기의 것으로서 지금까지 여전히 훌륭하다고 인정되는 책 가운데 하나는 1935년에 출판된 조지 셀(George Craft Cell)의 책이다. 이 책은 웨슬리에 대한 잘못된 해석에 항의하면서 웨슬리를 루터와 같은 사람으로 그리고 칼빈과는 머리카락 하나의 차이가 있는 신학자로 인상 깊게 묘사하고 있다.

셀의 책 이후에 몇몇 훌륭한 박사 논문들이 나왔다 가장 포괄적이며 사려 깊은 연구 중의 하나는 폴 훈(Paul W. Hoon)의 논문(에딘버러, 1936)으로서, 웨슬리의 신론과 구원론의 이중적 특성을 다룬 논문이다. 또 하나는 웨슬리의 신학적 주석자인 존 플레처(John Fletcher)에 대한 쉽플리(David C. Shipley)의 논문(예일, 1942)이다. 이 연구는 웨슬리안주의에 앞서 있은 "알미니안"에 대한 비평적 검토에 새로운 터전을 마련했다. 그러나 불행하게도 통찰력 있는 이들의 연구들은 하나도 출판되지 못했다.

현재 출판된 연구 가운데 첫 번째로 중요한 책은 성화에 대한 린드스트롬(Harald Lindstrom)의 저서(1946)이다. 이 책은 특별히 죄와 율법, 사랑, 그리고 기독자 완전에 대한 웨슬리의 견해를 다루었다. 이와 연결된 연구로 캐논(William Cannon)의 책(1946)을 들 수 있다. 이 책은 칭의의 교리에 대한 교리적인 내력과 그의 의미를 분석하고 있다. 이들 두 권의 책은 각기 다른 교리의 내용(곧 하나는 칭의의 교리를, 또 다른 하나는 성화의 교리를)을 대조하여 다루면서 웨슬리신학을 해석하는 데 중요한 역할을 하고 있다.

보다 최근에 데쉬너(John Deschner)가 웨슬리의 기독론(1960)에 대한 책을 출판했다. 그의 통찰력 있는 해석은 주로 웨슬리의 신약성서주해에 기초한 것으로, 이 책은 웨슬리 신학 전반에 대한 비판적 연구의 새로운 면을 보여주고 있다. 윌리암즈(Colin Williams, 1960)는 그의 책에서 웨슬리 사상에 대한 일반적인 개관을 통해 여러 가지 신학적 주제들을 다루면서 메소디스트의 신학을 현대의 에큐메니칼적 관심과 연결시켜 소개하고 있다. 스타키(Lycurgus Starkey, 1962)는 성령론에 대한 균형 잡힌 해설을 통해 웨슬리신학의 전체에 함축된 뜻을 잘 도출해 내고 있다.

미국 아닌 다른 나라에서도 웨슬리 사상에 대한 중요한 책들이 나왔다. 그중 카터(Henry Carter, 1951)의 저서는 가장 훌륭한 책들 가운데 하나이다. 이 책은 에큐메니칼 관점에서 웨슬리의 신학을 포괄적으로 이해하기 쉽게 서술하고 있다. 이전에 루터란 교회의 목사였던 힐데브란트(Franz Hildebrandt)는 그의 두 권의 책에서(1951, 1956) 종교개혁 신학과 웨슬리안 신학 사이에 본질적인 연속성이 있음을 잘 설명하고 있다. 그 외에도 라텐버리(Rattenbury), 사이몬(Simon), 베트(Bett), 피이에트(Piette), 그리고 에이트(Yates)의 저서들도 있다. 이 책들은 웨슬리신학의 특정 분야를 다루어, 공헌했다. 쿠쉬만(Robert E. Cushman)의 두 편의 소논문은 본 연구에 있어 논제들을 채택하는 데 큰 영향을 주었다. 아우틀러(Albert C. Outler)의 두 편의 논문 또한 이 연구에 도움을 주었다.[290]

내가 이 책에서 세 사람의 웨슬리 후계자들의 신학을 다루었는데,

---

290) *Methodism*, ed. by William K. Anderson, 103-15에 있는 Robert E. Cushman의 "Salvation for All: Wesley and Calvinism," 또한 *Religion in Life*, 27(1957-58), 105-18에 있는 "Theological Landmarks in the Revival under Wesley," Albert C. Outler의 "The Methodist Contribution to the Ecumenical Discussion of the Church"(n. d.), 그리고 *A Lecture to a Class on Methodist Polity*, Yale, 1951를 보라

그들의 신학에 관한 원 자료들이 많이 있다. 왓슨(Watson)의 신학에 관하여는, 13권으로 되어 있는 「왓슨 전집」(Watson's collected works)이 있다. 그의 「신학강해」나 「설교집」에서 많은 인용을 함에 있어 미국판에서 보다 손쉽게 이용할 수 있었다. 마일리(Miley)의 신학에 있어서는 그가 초기에 쓴 많은 논문들과 그리스도의 속죄에 관한 한 권의 책이 있다. 그의 대부분의 자료들은 그가 후에 쓴, 「조직신학」이라는 책에 포함되어 있다. 그의 「조직신학」(책)은 매우 포괄적이고 명료해서 그의 견해들을 잘 이해할 수가 있다. 누드슨(Knudson)은 신학과 직접 또는 간접적으로 연관된 많은 논문들과 평론을 12권 이상의 책에 수록했다. 1943년에 완결된 그의 저작목록은 그에게 헌납된 심포지엄에 수록되어 있다. 나는 그의 저서와 관련된 모든 자료들을 이용했다.[291]

또한 이들 각 사람에 대한 해석적 연구들도 이용할 수 있었다. 스코트(Scott, 예일, 1954)는 몇몇 콘텍스트(context)에서 왓슨에 대해 고찰하고 있으며, 세밀하고도 철저하게 마일리의 사상을 요약하고 있다. 던랩(Dunlap, 예일, 1956)은 왓슨의 신학에 대해 포괄적인 비평을 전개했다. 코오텐(Kenneth Cauthen)은 최근에 출간된 그의 저서에서 종교적 자유주의의 성향 속에 있는 누드슨의 신학을 비평했다. 맥커첸(McCutcheon, 예일, 1960)은 양대 세계대전 사이에 있어서의 감리교 신학에 대한 자신의 연구에서 누드슨에 대해 기술하고 있다. 존즈(Jones, 유니온, 1944)와 윌(Will, 콜롬비아, 1962)은 인격주의에

---

291) *Personalism in Theology*, ed. Edgar S. Brightman, 249-57.

대한 토론에서 누드슨의 사상을 빈번하게 언급하고 있다. 이 자료들은 왓슨과 마일리 그리고 누드슨의 신학을 보다 체계적으로 요약하는 데 참고가 될 수 있었다.

미국 감리교 신학사의 연구를 위해서는 소수의 문헌들만 활용했다. 피터스(John Peters)의 박사학위 논문(1956)이 있다. 그는 논문에서 1900년까지의 미국 감리교의 많은 신학자와 많은 문헌들에 대해 논의하고 있다. 그러나 그의 관심은 기독자 완전의 교리에 제한하고 있다. 쉴링(Paul Schilling)의 저서(1960)는 사회, 경제에 관한 메소디스트 위원회와 그 후원자들의 이해들을 특별히 추적하고 있다. 이 책은 웨슬리에서 19세기 말까지 있었던 감리교 신학의 역사는 등한시 했으나, 그 세기 전반부에서의 신학적 발전에 대해서는 유용하게 관찰하고 있다. 또한 그 외에도 메소디스트 신학사에 대해 쓴 쉽프리(David C. Shipley), 스코트(Leland H. Scott), 맥커첸(William J. McCutcheon), 샌더스(Paul S. Sanders) 등의 논문과 나의 논문이 있다.[292]

버케(Emory S. Bucke)가 편집하여 1964년 어빙턴(Abingdon)에서 출간된 세 권의 「미국 감리교사」(*History of American*

---

[292] David C. Shipley의 "Historical Theology-Postscript and Prospect," *The Garrett Tower*, 29(1953), 3-5; 그리고 "The Development of Theology in American Methodism in the Nineteenth Century," *London Quarterly and Holborn Review*, 28(1959), 240-64. Leland H. Scott의 "Methodist Theology in America in the Nineteenth Century," *Religion in Life*, 25(1955), 87-98. William J. McCutchen의 "Praxis: America Must Listen," *Church History*, 32(1963), 452-72. Paul S. Sanders의 "The Sacraments in Early American Methodism," *Church History*, 26(1957), 355-71. Robert E. Chiles의 "Methodist Apostasy: From Free Grace to Free Will," *Religion in Life*, 28(1958), 438-49을 보라.

Methodism)는 최신작으로서 완전하며, 우리가 오랫동안 필요하다고 기다렸던 작품이다. 이 책이 설명하고 있는 내용들은 아주 훌륭하다. 그 책에는 광범위한 참고문헌들이 상세하게 소개되고 있다. 또한 그 문헌들에 대한 짤막한 설명과 더불어 그 중 세 개의 장(章)은 주로 미국 감리교회 신학의 역사를 다루고 있다.

즉 그는 거기에서 다음의 문헌들을 다루고 있다. 스코트(Leland Scott)의 "초기 미국 감리교의 메시지"(The Message of Early American Methodism), 매컬로와 스미스(Gerald O. McCulloh, Timothy L. Smith)가 쓴 "1876-1919년간의 감리교 신학과 정책"(The Theology and Practices of Methodism, 1986-1919), 맥커첸(William J. McCutcheon)의 "1919-1960간의 미국 감리교회의 사상과 신학"(American Methodist Thought and Theology, 1919-60), 스코트(Scott)가 쓴 "1840-70년간의 조직신학에 대한 관심"(The Concern for Systematic Theology, 1840-70).

본서에서 4개의 박사논문이 연구하는 데 많은 참고가 되었다. 그 중에서 스코트(Leland Scott)의 "19세기 미국 감리교 신학"(Methodist Theology in America in the Nineteenth Century, 예일, 1954)이 큰 도움이 되었다. 이 책은 그 세기에 있어 주도적 역할을 한 인물들과 운동들에 대해서 상세하고도 주의 깊게 서술하고 있다. 또한 이 책은 19세기 미국 감리교 신학에 있어서의 문화적, 역사적인 요소를 조명함에 있어, 한 세대를 지냄에 있어서의 발전과 그 관계를 밝힘에 있어, 그가 제안하는 일반적인 해석들과 결론은 대단히 중요하다.

샌더스(Paul S. Sanders)의 논문 "초기 미국 감리교의 발전에 있어서 존 웨슬리의 성례전에 대한 평가"(An Appraisal of John Wesley's Sacramentalism in the Evolution of Early American Methodism, 유니온, 1954)는 1844년까지 있었던 변화를 철저하게 고찰했다. 이 책은 두 개의 장(章)에 걸쳐 조심스럽게 그 신학적인 발전을 개관하고 있으며 또한 건설적인 통찰력을 가지고 감리교의 신학적 발전에 있어서의 문화적 배경과 그리고 중요하게 영향을 끼친 요소들(forces)을 제시해 주고 있다. 아울러 교회와 성례전에 대한 신학적 기초들을 잘 정리해 주고 있다.

던랩(E. Dale Dunlap)의 논문, "19세기 영국 감리교 신학"(Methodist Theology in Great Britain in the Nineteenth Century, 예일, 1956)은 스코트의 연구와 유사하다. 이 논문은 왓슨(Richard Watson), 클라크(Adam Clarke), 그리고 포프(William Burt Pope)의 신학을 상세하게 논평하고 있다. 또한 그 외 여러 신학자들과 영국 감리교의 활동들도 소개하고 있다. 그리고 영국 감리교회에서의 발전이 미국 감리교에 있어서 유사한 점들과 대조되는 것들을 추구하여 소개하고 있다. 그리고 거기에는 몇 가지 공통적인 기본적인 결론들이 있음도 말하고 있다.

맥커첸(William J. McCutcheon)의 논문 "두 대전 사이(1919-1939)의 미국 감리교 신학"(Theology of the Methodist Episcopal Church during the Interwar Period, 1919-1939, 예일, 1960)은 그

시대의 문화, 종교적 흐름들(forces)에 직면한 감리교 신학을 철저히 연구한 책이다. 이 책은 당시의 주요 조직신학자들과 "대중신앙의 창시자들"이 주장하는 자유주의 신학에 대한 유용한 분석을 제공하고 있다. 또한 유럽 위기신학의 영향이 점차로 증대되고 있음에 대하여, 감리교가 1930년대에 어떻게 반응하였는가도 설명하고 있다.

미국 기독교에 대한 문헌이 최근 스미스(H. S. Smith)와 핸디(R. T. Handy)에 의한 《미국의 기독교》(*American Christianity*)와 스미스(J. W. Smith), 제미슨(A. L. Jamison)의 《미국생활에 있어서의 종교》(*Religion in American Life*), 이 두 권의 책들에 의해서 더욱 풍부해 졌다. 이 책들은 식민지 시기 이후 이 나라에서 만들어진 풍부한 자료들을 이해하는 데 있어 그 경향(pattern)과 전망을 제공하며 방대한 2차적 문헌에 대한 확실한 길잡이 역할을 하고 있다. 이런 서적들과 그 외에 미국의 감리교 역사와 신학에 관한 자료와 책들 가운데, 나의 이번 연구에 유용하게 도움을 준 것들을 선별하여 참고문헌(Bibliography)에 기재했다.